KB200754

우울한 마음을 안아드립니다

우울한 마음을 안아드립니다

지은이 | 마음여행
초판 발행 | 2021. 12. 15
8쇄 발행 | 2024. 12. 12
등록번호 | 제1988-000080호
등록된 곳 | 서울특별시 용산구 서빙고로 65길 38
발행처 | 사단법인 두란노서원
영업부 | 2078-3333   FAX | 080-749-3705
출판부 | 2078-3331

책값은 뒤표지에 있습니다.
ISBN 978-89-531-4124-7 03230

독자의 의견을 기다립니다.
tpress@duranno.com   www.duranno.com

두란노서원은 바울 사도가 3차 전도여행 때 에베소에서 성령 받은 제자들을 따로 세워 하나님의
말씀으로 양육하던 장소입니다. 사도행전 19장 8-20절의 정신에 따라 첫째 목회자를 돕는 사역과
평신도를 훈련시키는 사역, 둘째 세계선교(TIM)와 문서선교(단행본·잡지) 사역, 셋째 예수문화 및 경배
와 찬양 사역, 그리고 가정·상담 사역 등을 감당하고 있습니다. 1980년 12월 22일에 창립된 두란
노서원은 주님 오실 때까지 이 사역들을 계속할 것입니다.

우울한 마음을 안아드립니다

크리스천 정신과 의사들의
마음 치료 안내서

마음여행
지음

두란노

목차

이 책은 대한기독정신과의사회 부산지부 회원으로 활동하는 8명의 신실한 정신건강의학과 전문의가 정신과 환자들을 치료하면서 현장에서 보고 느낀 진솔한 경험과 지식을 기독교 신앙을 가진 이들과 나누기 위해 쓴 책입니다. 과학의 발전과 함께 현대 의학은 많은 지식과 치료적 기술의 축적과 개발이 이루어지고 있으며, 실제 치료에 적용되어 환자들이 질병에서 해방되어 건강한 삶을 회복하는 데 큰 기여를 하고 있습니다.

또한 성경에는 치유에 대한 많은 사례가 언급되어 있고, 믿음으로 회복되어 하나님께 영광을 돌린 바디매오나 나아만 장군 같은 사례도 있습니다. 예수님도 많은 각색 병을 가진 환자를 기도와 말씀 선포로 치유하셨습니다. 이러한 연유에서 오늘날 기독교 신앙을 가진 목회자나 평신도 중에서 일부는 성경적 치유를 더 강조하기도 합니다. 의료 현장에서 이러한 두 가지 상충되는 치료적 관점이 혼란과 갈등을 유발하기도 합니다. 저도 정신건강의학과 전문의로서 환자를 입원 치료하는 중에 신앙으로 치료를 하겠다고 퇴원하여 기도원으로 가는 사례를 경험하기도 했습니다.

정신의학 분야는 눈에 보이지 않는 인간의 마음과 증상을 다루기 때문에 일반인에게서도 정신과 질병에 대한 오해와 편견을 흔하게 접할 수 있는 것 같습니다. 이러한 상황에서 기독 신앙인이 더 신앙적 관점에서 치유를 고집할 수도 있을 것 같습니다. 그러나 하나님은 우리의 믿음과 신앙의 주님이실 뿐 아니라 정신의학의 주인이시기도 합니다.

이 책은 신앙의 본질을 잃지 않으면서 현대 정신건강의학의 지식과 술기를 가지고 환자의 정신 질환을 치료하는 최선의 방법을 찾기 위한 노고 가운데 나왔습니다. 뇌 과학에 기초한 정신 질환의 전문적인 지식에 더하여 믿음과 말씀에 근거한 성경적 치유의 신앙이 조화롭게 연결된 균형 잡힌 치료를 통하여 치유 효과를 극대화시키는 것이 이 책의 궁극적인 목표가 될 것입니다. 아무쪼록 이 책이 정신 질환으로 고통받고 있는 환우, 보호자뿐만 아니라 일반 신앙인, 목회자, 정신과 관련 전문가들에게 나침반과 같은 역할을 할 수 있기를 기대합니다.

끝으로 이 책이 나오기까지 노고를 아끼지 않은 집필진과 그 과정에 함께한 환우와 보호자들, 그리고 뒤에서 사랑과 자비와 지혜의 손길로 함께하신 하나님께 감사와 영광을 돌립니다.

김도훈 한림대학교 정신건강의학과 교수, 대한기독정신과의사회 회장

지난 3년간 CGNTV 방송과 유튜브에서 "유은정 원장의 마음치료코칭" 세미나를 하면서 진료실에서 많은 그리스도인 환자를 만나게 되었다. 하나님이 보내 주신 이들이라는 믿음으로 열심히 상담하다 보니 그분들이 가져온 문제들이 너무나도 무겁게 느껴졌다. 일과 후 지쳐 쓰러져 하나님을 찾았다. 그때 주신 마음은 '지금 있는 그 자리에 그대로 있으면 된다'는 것이었다.

그 자리를 지키고 있는 크리스천 정신건강의학과 의사들이 함께 모였다. 많은 분이 우울이나 공황, 분노 등 겉으로 보이는 증상으로 병원을 찾아올 때 치료자들은 이렇게 말씀드린다. "기적이다. 변화하겠다고 도움을 요청하는 것은 겸손한 마음이 없이는 불가능하다. 납작 엎드려서 '나를 고쳐 주세요. 내가 변화되길 원합니다'라고 기도하자. 하나님의 때가 왔으니 약물도 복용하고 심리 치료도 받다 보면 어느새 증상도 줄어들고 앞으로 내가 어떻게 살아야 할지도 알게 될 것이다. 그러니 이 과정을 기뻐하라. 교회에서도 누구에게도 말하지 못했던 이야기를 해 보라. 그 과정 속에서 하나님의 성품을 묵상하고 내 모습을 묵상해 보라. '나는 어떤 사람인가? 그리고 어떤 것을 좋아하는가? 지금 나에게 필요한 것은 무엇일까?'라는 질문의 답을 찾아가다 보면 어느새 새로운 비전이 주어지게 된다."

이 책을 쓰신 크리스천 정신건강의학과 선생님들은 여러분의 마음 밭을 가는 농부와도 같다. 씨 뿌리는 자의 비유처럼 말씀의 씨앗이 열매 맺을 수 있도록 마음 밭이 준비되어야 한다. 실제로 우울증이 깊어지면 말씀도 귀에 들어오지 않고 사

람들을 탓하고 교회에 대한 불만이 생기기 쉽다. 이 책은 임상 현장에서의 경험과 정신건강의학 지식, 그리고 기독교 영성이 통합되어 있어서 한 개인뿐 아니라 소그룹 모임과 교회 세미나, 상담 현장에서 유용하게 활용되리라 믿는다. "나는 이렇게 고통스러운데 하나님은 왜 가만히 계시나요? 하나님이 정말 계시긴 한가요?"라는 기도가 "주님, 주님의 사랑을 부어 주세요. 이 멍에를 잘 감당하도록 힘 주세요. 하나님의 사랑을 가르쳐 주세요"라는 기도로 달라지길 바란다. 이제 어린아이의 신앙에 머물러 있지 않고 좀 더 성숙한 신앙으로 옮겨 가야 할 때가 왔다.

유은정 서초좋은의원 원장, 굿이미지심리치료센터 대표

정신적으로 어려움을 호소하는 사람들이 늘어나고 있습니다. 코로나19 팬데믹을 지나면서 이런 현상은 더 급증하고 있습니다. 현대인들은 환경적으로 정신적 질환에 많이 노출되어 있습니다. 믿음 생활을 한다는 성도들도 예외가 아닙니다. 정신적 질환을 앓으며 목회자들에게 상담을 요청하는 사례도 늘어나고 있습니다. 뿐만 아니라 상담의 내용이 과거에 비해 심각한 주제들이 많아졌습니다. 목회자들이 다루기에 까다로운 복잡성을 가진 문제들이 속출하고 있습니다. "정신적인 문제인가, 영적인 문제인가? 아니면 둘 다인가?" 쉽지 않은 주제입니다. 정신적으로 고통스러워하고 있는 사람에게 단순히 기도하고 교회에 열심히 다니라고 하는 것만으로는 답이 될 수 없습니다.

감사하게도 신앙을 가진 정신건강의학과 전문의들이 교회 안에서 어려움을 겪고 있는 성도들을 돕고자 현장성이 있는 책을 내놓았습니다. 정신건강의학적인 전문성은 물론, 신앙인의 눈으로 고통하는 이들에게 다가가고자 하는 크리스천 정신과 의사들의 소명감이 돋보이는 책입니다. 목회자들이나 평신도 지도자들, 성도들 누구나 읽을 만한 책이 나왔습니다. 쉽게 접할 수 없는 깊이 있는 내용들을 대할 수 있어 반가웠습니다. 요즘 시대에 꼭 나와야 할 책이 나왔고 많은 분에게 도움이 되리라 기대합니다.

이규현 수영로교회 담임 목사

정신건강의학과 의사라는 업에 종사한 지 어언 35년이 되었다. 임상 현장에서 수많은 환자를 만나면서 정신적으로 건강하게 산다는 것이 얼마나 소중하고 중요한 것인지 매번 깨닫고 있다. 경제적으로나 문화적으로 보면 우리나라는 완전한 선

진국인 것 같다. 그러나 정신 건강 측면으로 보면 안타깝기만 하다. 어린 시절부터 한없는 경쟁과 비교에 지친 아이들은 불안하고 우울해하고, 너무 힘들고 답답해서 자해를 하는 경우도 폭증하고 있다.

우울이 거의 전 세대를 아우르며 우리나라를 어둡게 덮어 가고 있다. 경쟁이 치열하고 살기가 빠듯할수록 불안과 공황은 심해진다. 밤을 잊은 도시의 삶 속에서 잠을 못 이루는 사람들도 많고, 술, 도박, 쇼핑 등 많은 것에 중독되어 살아가기도 한다. 어떠한 의학적 상태로도 설명할 수 없는 통증과 기묘한 신체 증상에 시달리는 사람들도 많다.

세계보건기구(WHO)는 건강을 "신체적, 정신적, 사회적 웰빙(wellbeing) 상태"라고 정의한다. '웰빙'이라는 말은 영어 단어 그대로 '잘(well) 있다, 혹은 존재한다(being)'라는 뜻이다. 건강하다는 것은 잘 있다는 말이다. 그러나 정신적으로 건강하지 않은, 즉 잘 있지 못하고 잘 지내지 못하는 사람들이 너무 많다. 어떻게 보면 정신 건강에 대해서 관심을 두지 않기 때문이기도 하고, 잘 알지 못해서이기도 하다.

선정적인 내용을 써 대는 매스컴을 통해서 접한 정신 장애의 모습은 크게 왜곡되어 있다. 조현병 같은 정신증이라고 하면 겁부터 내고, 누구나 치매가 올까 봐 걱정하지만 당장 자기 부모의 치매 증상을 알아내지는 못한다. 특히 성도들 중에는 정신적인 문제가 생기면 신앙에 문제가 있는 것으로 오해해 치료받기를 꺼리는 경우가 많다.

이런 이들을 접하며 이 시대를 살아가는 크리스천 정신과 의사라면 누구라도 가슴을 울리는 말씀이 있다. "너희의 하나님이 이르시되 너희는 위로하라 내 백성을 위로하라"(사 40:1). 이 책은 이 말씀에 충실하고자 나선 크리스천 정신과 의사들의 정성과 사랑으로 이루어진 책이다. 대한기독정신과의사회 부산지부의 귀한 지체들이 자신들의 삶과 임상 경험을 녹여서 귀한 내용들을 나누어 주었다. 그들 한 사람, 한 사람과 사귀고 나누며 그들이 얼마나 신실하게 하나님을 바라보고 환자들을 섬기려고 했는지 잘 알기에 이 책을 통하여 하나님이 주시는 위로가 독자들에게 잘 전달될 것을 확신한다.

이 책은 그동안 마음과 고통의 본질을 잘 알지 못하고 왜곡된 믿음으로 힘들어하던 사람들에게 큰 위로가 될 것이다. 특히 최신 정신 의학의 과학적 소견을 하나님의 말씀 및 우리 삶의 원리에 통합적으로 적용한 식견은 매우 훌륭하다. 신앙을 가지고 있는 사람은 물론이거니와 비록 신앙을 가지고 있지 않은 정신건강전문가라도 그들이 그리스도인 환자를 만날 때 어떤 식으로 접근할 수 있을 것인지에 대한 통찰을 줄 수 있을 것이다.

채정호 서울성모병원 정신건강의학과 교수, 대한기독정신과의사회 증경회장

2008년 4월 18일, 13년 하고도 6개월이 지난 지금도 나는 그날을 잊지 못하고 있다. 강의 도중 나는 원인 모를 이유로 쓰러지고 말았다. 팔과 다리에 힘이 빠져 기어 다닐 수도 없는 최악의 상황이 내게 닥쳐왔다. 숨은 가빠 오고, 가슴은 뛰고, 식은땀이 나며 끝도 없이 화장실을 들락거렸다. 실려 간 병원 응급실에서는 아무런 문제가 없다고 했다. 다니던 동네 병원의 원장님은 고개를 갸우뚱거리면서 아무래도 심상찮으니 대학병원으로 연결해 주겠다고 하셨다.

그런데 놀랍게도 대학병원에서의 일주일간의 입원 치료 및 검진에도 아무런 이유를 찾아내지 못했다. 한편으로는 대학병원에서 아무런 문제가 없다고 하니 다행스러웠지만, 원인을 알 수 없는 상태에서 이러한 증세가 계속되니 그 답답함은 이루 말할 수 없는 상태가 되고 말았다.

인터넷상에 나의 상태를 소상하게 소개했더니 공황 장애 또는 불안 장애와 증세가 너무나 유사하니 반드시 정신과를 찾아 진료를 받아 보라고 했다. 순간 목사가, 그것도 신학대학교의 교수라는 사람이 정신적 질환을 가지고 있다는 사실에 무척 당황스러웠고 부끄러움이 몰려왔다. 정신과 약을 처방받는다는 것이 목사인 나에게는 마치 사형 선고를 언도받는 느낌이었으며, 나의 믿음 없음을 적나라하게 나타내는 것이라 굳게 믿었기에 나는 도무지 받아들일 수가 없었다. 그래서 망설이고 또 망설였다.

그러다 어찌어찌하여 김민철 선생님을 만났다. 선생님의 첫마디가 공포감에, 그리고 수치감에 찌든 나를 여지없이 무너뜨리고 말았다. "목사님, 독한 감기에 걸렸을 때 누구든지 일단 감기약을 먹고 감기를 다스려 나가야 하듯 이 문제 역시 똑같습니다. 감기약을 먹는다고 생각하십시오." 이후 김민철 선생님은 여러 가지 상담을 통하여 내가 이러한 처지에 이르렀던 원인들을 찾아 치료해 주었다. 특히 하나님을 신실하게 믿는 분이어서 나는 선생님이 처방해 주는 대로 착실하게 치료에 임했다. 하나님은 의사와 약을 통해서도 역사하시는 분임을 확신하면서….

그 효과는 정말 놀라웠다. 물론 당장 몸이 급속하게 좋아진 것은 아니지만, 1개

12

월, 2개월, 3개월…, 그리고 1년, 2년, 3년이 지나면서 놀랍게 회복되는 것을 느낄 수 있었다. 그 후 나는 부산장신대학교의 총장으로 선출되어 학교를 위하여, 한국 교회를 위하여 눈부시게 사명을 감당할 수 있게 되었고, 지금은 교수직에서 은퇴해 부산 대지교회에서 열정적으로 목회를 하고 있다. 아직까지 약을 완전히 끊은 것은 아니다. 다만 재발 방지를 위하여 최소한의 약물을 섭취하며 건강한 생활을 유지하고 있음은 실로 하나님의 은혜가 아닐 수 없다.

그리스도인이라면 누구나 '과연 내가 그리스도인으로서 정신과 치료를 받아야 하는가?'라는 심각한 질문이 들 수 있다. 여기서 우리가 한 가지 반드시 분명하게 짚고 넘어가야 하는 것은 우리 인간의 모든 육체적 기능이 그러하듯, 우리의 정신 문제도 하나님이 설정해 놓으신 한도 이상의 스트레스를 받게 되면 스스로 해결할 수 없는 상황에 이른다는 것이고, 또 그러한 자신을 계속 방치하다 보면 심각한 상황에 빠져 헤어날 수 없는 지경에 이를 수 있다는 것이다. 특히 오늘날처럼 경쟁이 심하고 극심한 스트레스 속에 살아갈 수밖에 없는 상황에서 그리스도인들은 하나님이 주신 육체와 정신, 즉 하나님의 거룩한 성전인 나 자신을 잘 관리하고 건강하게 지켜 나갈 책임이 있다는 것을 결코 잊어서는 안 될 것이다.

우리 인간의 정신은 영적인 문제를 벗어나 독자적으로는 절대 해결할 수 없다. 왜냐하면 우리의 혼의 세계(정신)와 영의 세계는 떼려야 뗄 수 없는 불가분의 관계이기 때문이다. 따라서 인간의 영을 이해하지 못하고 정신적인 측면에서만 치료하게 되면 전인적이며 통전적인 치료는 결코 이루어지지 않는다.

이런 측면에서 하나님을 믿고 신뢰하며 우리의 혼과 영을 창조하신 전능하신 하나님을 믿는 정신과 의사들이 힘을 합하여 우리 성도들이 고통받고 있는 정신의 문제를 영적인 능력에 의지해 치유하고자 하는 시도는 그야말로 아름답고 바람직한 일이 아닐 수 없다. 정신의 문제로 한때 말할 수 없는 고통을 받았던 나로서는 참으로 반갑고 행복한 일이다. 바라기는 이 책을 통하여 그리스도인들이 건강한 정신을 함양하고 아름답게 정신 건강을 유지함으로써 하나님의 거룩한 백성으로 남은 생애를 행복하게, 그리고 하나님과 사람을 위하여 뜨겁게 헌신하며 살아가기를 기도드린다.

최무열 전 부산장신대학교 총장, 대지교회 담임 목사

정신건강의학과 전문의가 된 지 28년이 지나고 있다. 내가 정신건
강의학과를 선택한 것은 인간에 대하여 궁금한 점이 많아서였을 것
이다. 나는 부모로부터 신앙을 물려받았다. 부모에게 들었던 하나
님에 대한 이야기와 교회 생활은 나에게 즐거운 놀이터였다. 성경
이나 설교 말씀 가운데 들은 귀신 들린 사람들의 이야기는 호기심
과 두려움을 동시에 불러일으켰으며, 부흥회나 수련회 기간에 귀신
들린 사람을 목사님이 안수 기도로 물리쳤다는 이야기는 경이로울
정도였다. 귀신 들렸던 사람들은 어떻게 되었을까? 완전히 치료되
었는지 알 수는 없었지만 더 이상 교회에서는 보이지 않았다. 예수
님의 이름으로 귀신이 물러간 것일까? 그들이 어떻게 되었는지 아
버지에게 여쭤 보니 귀신 들린 사람들은 교회를 무서워해서 오지
못한다고 말씀하셨다.

　정신건강의학을 배우면서 내가 알았던 귀신 들린 병은 정신 질환
이라는 뇌의 병과 유사하다는 사실을 알게 되었다. 수련의 시절, 정
신 질환 치료를 위해 기도원에 오랫동안 있었지만 오히려 상태가
악화된 환자들을 만날 수 있었다. 안타깝게도 그 환자들은 조현병
으로 인격이 황폐해졌고, 부모들은 자포자기 상태였다. 귀신 들림
이라는 세상의 저주와 외롭고 힘든 질병과의 싸움은 혼자 중얼거리

면서 넘기던 그들의 빛바랜 성경책과 "마귀들과 싸울지라 죄악 벗은 형제여…" 하며 심금을 울리던 찬송 소리와 함께 힘을 잃어 갔다. 그러한 모습은 그리스도인인 나에게 아픔으로 다가왔다.

정신 질환에 대한 치료는 오랜 기간 잘못된 인식을 가지고 있었다. 이는 환청이나 망상, 흥분 등의 이해하기 어려운 병의 증상들과 치료가 어렵다는 이유 때문에 귀신 들림이라는 영적 혼란 상태로 인식되어 환자와 가족들에게 큰 두려움과 좌절을 안겨 주었다.

그리스도인들도 정신 질환을 의학적인 문제보다는 영적인 문제로 인식해 의학적인 치료보다는 말씀과 기도를 통해 회복하고 싶어 한다. 신앙인으로서 충분히 공감되는 부분이다. 그러나 어느 정도 회복할 만하면 정신 질환을 부인하고 싶어 하는 환자의 심리가 목회자들의 약을 의지하지 말라는 조언에 힘을 얻어 치료가 지연되거나 방해되는 상황에 처해지곤 한다. 약물 치료의 중요성을 강조하는 치료자와 더 이상 약에 의존하지 않고 신앙적으로 극복하겠다고 말하는 환자들로 인해 치료는 중단되고, 곧 재발되어 환자와 가족들은 더 큰 좌절을 맛보게 되었다.

시간이 흐르면서 일부 교회 목회자들은 정신 질환 치료에 있어서 약물 치료를 포함한 의학적인 치료도 하나님의 치료 방법 중 하나라고 받아들여 의학적인 치료와 함께 말씀과 기도 생활을 병행해야 한다고 설득했다. 이로 인해 그 교회에 속한 환자와 가족들은 치료에 적극적으로 임하게 되었고, 확고한 믿음과 안정된 가족 관계를 통해 회복에 대한 기대와 소망을 갖게 되었다. 그들은 지금도 신앙생활과 정신 의학적인 치료를 잘 유지하고 있다. 그러나 다른 목회자들은 여전히 환자들에게 귀신이 일부분 역사했다고 확신하고 있다.

목회자들과 정신건강의학자는 정신 질환에 걸린 것과 귀신 들림을 어떻게 구분할 수 있을까? 연구자들이 나름대로 구분하려고 여러 기준들을 제시하지만, 아쉽게도 나는 구분되어야 할 상황을 아직 경험하지 못했다. 사실 임상에서 정신건강의학과 의사라는 정체성과 그리스도인이라는 정체성을 동시에 적용하기가 어려웠다. 정신과학은 합리적이고 과학적인 근거를 중심으로 하는 체계적인 의료의 분야인데 목회자들의 기도와 안수로 치료될 수 있다는 것을 이성적으로 받아들이기 어려웠고, 종교적인 색채를 드러내는 것이 부담스러웠다.

하지만 함께 생활했던 많은 크리스천 정신과 의사들은 각자의 방식대로 임상에 신앙을 접목시키고 있었다. 상태가 악화된 환자 곁에서 기도하고, 치료를 거부하는 알코올 의존증 환자를 위해 기도

한 의사들의 놀라운 간증들이 이어졌다. 기도로 치료적인 관계가 회복되고 상태가 호전되었다는 이야기를 듣고, 하나님은 사람의 마음을 치유하시는 치료의 하나님이심을 확신하게 되었다. 그 후 치료적인 관계 형성이 어려운 환자들을 만나면 잠시 기도하는 시간을 갖게 되었다. 치료에 임하면서 하나님의 도우심을 구하는 것이 치료자나 환자에게 얼마나 큰 위로와 힘이 되어 주는지 모른다. 하나님께 정말 감사드린다. 최근에는 그동안 치료가 어려웠던 조현병 환자들도 회복이 잘되고 예후가 좋아서 일상생활과 신앙생활을 잘 유지하고 있다.

간혹 환자들 가운데 일부는 교회에 열심히 참석해 집사의 직분을 받고, 직분을 감당하기 위해 교회 심야부흥회나 40일 특별새벽기도회에 참석하도록 요구받기도 한다. 한 환자는 치료자의 반대에도 불구하고 직분자로서 교회의 지침에 순종하기 위해 새벽기도회 참석 차 투약을 중지하거나 감량했다가 결국 재발해 재입원 치료를 받았다. 부모님은 재발의 원인이 교회에 있다며 교회에 출석하지 말라고 강요했다. 교회에 등록해 다니고 있어도 본인의 질환에 대해 이야기하기는 어려웠을 것이고, 목회자들도 정신 질환에 대해 잘 알지 못하는 상태에서 신앙 성장을 위한 프로그램을 일괄적으로 적용하다 보니 일어나는 문제라는 생각이 든다. 다행히 그 환자는 수개월 간의 입원 치료로 안정되었고 부모님을 설득해서 교회에 잘 다니고 있다. 치료자가 환자의 담당 목회자와 좀 더 개방적으로 상의했더라면 하는 아쉬움이 남았다.

그동안 나는 정신건강의학과 전문의로서 목회자들과 정신 질환이나 영적인 문제에 대해 이야기해 왔지만 서로의 영역에 대해 마음을 열고 대화하기가 쉽지 않았다. 그러나 최근 정신 의학이 많은 치료법과 약물의 개발로 발전하고 있고, 또 인터넷의 발달로 정신 질환에 대한 지식이 공유되면서 목회자들도 정신 질환과 귀신 들림을 구분하려고 노력하고 있다. 바람직한 일이다. 목회자는 하나님과 영적 세계에 대해 더 많이 알고, 정신건강의학과 전문가는 인간의 병리와 기질적인 문제의 치료에 더 집중하고 있다.

정신 질환을 치료하는 일은 인격을 와해시키는 질환에 대한 치료뿐 아니라 인간의 영혼에 대한 영적인 치료가 동시에 이루어져야 한다고 생각한다. 우리가 알다시피 예수님도 아픈 사람을 치료하실 때 육체적인 치료도 하셨지만 영적인 치료를 더 중요하게 생각하셨다. 정신 질환은 뇌의 기질적인 문제로 인식되어 약물 치료가 90% 이상을 차지한다고 해도 과언이 아니다. 하지만 병의 진행 과정상

급성기를 지나도 지속되어야 하는 긴 치료 과정에 영적인 도움이 있다면 하나님의 사랑 가운데 흔들림 없이 회복된 삶을 유지할 수 있으리라고 생각한다.

정신 질환에 대하여 목회자들과 치료진이 서로의 영역에서 협조하고 도움을 준다면 환자들은 질병의 관해 상태(증상이 호전되어 병전 상태와 같은 수준으로 회복된 경우)를 잘 유지하고 신앙생활을 통해 하나님과 세상에 대한 신뢰와 친밀함을 더 느낄 수 있게 되리라 생각한다. 그런 의미에서 이 책은 기독교 신앙을 가진 많은 환자와 가족, 목회자와 정신건강의학을 다루는 치료진에게 첫걸음이 될 수 있으리라 생각한다. 이 책을 통해 내가 신앙인임을 다시 인식시켜 준 대한기독정신과의사회 산하 부산지부에 감사드린다.

김상원

1부

기독교적
관점으로
정신 질환
이해하기 _김민철

1장

마음이란
무엇일까?

◉ 마음을
들여다보다

이 책은 마음에 관한 책입니다. 저는 그리스도인이자 정신건강의
학과 의사로서 오랜 시간 내담자들을 상담해 왔고 그분들의 마음을
치료해 오고 있습니다. 제게 오시는 분들 중에는 기독교적 상담이
나 정신 치료를 원하는 경우가 있어서 그분들과는 하나님의 말씀을
나누기도 하며 함께 기도하기도 했습니다. 부족하지만 그리스도의
사랑으로 내담자를 존중하며 전문적 지식뿐만 아니라 살아 계신 하
나님의 말씀을 통해 그분들과 함께할 수 있었습니다.

상상할 수 없는 고통 속에 절망하며 어떤 소망도 발견하지 못하
신 분들도 많았으며, 그런 분들을 돕는다는 것이 참으로 힘거울 때
도 많았습니다. 복음의 능력을 믿지만, 말씀을 받아들일 여유가 전
혀 없으신 분들과는 함께 있어 주는 것이 전부일 때도 있었습니다.
기도하는 마음으로 위로하고 그분들의 처지가 어떻든 존재 자체로
기뻐하는 시간을 보냈습니다. 마음 다해 함께 울기도 하고 또 웃기

도 하며, 다만 견뎌 내는 것이 전부일 때도 많았습니다.

하지만 신실하신 하나님은 방법과 때를 초월해 하나님의 은혜로 놀라운 치유를 베푸셨음을 늘 경험해 옵니다. 의학적으로는 도저히 이해되지 않게 기적적으로 회복되시는 분들을 보며 말할 수 없는 기쁨을 누릴 때도 많았고, 치유는 더디지만 상한 마음을 통해 하나님을 더 깊이 만나시는 분들도 많이 보았습니다. 아무리 노력해도 호전되지 않아 어려운 일을 겪으시는 분들을 보며 참으로 안타까워했던 기억도 없지 않습니다.

하나님의 말씀을 적용할 때 내담자가 회복되는 일을 보는 것은 치유의 통로로 살아가는 제 인생에 가장 큰 기쁨이 되고 있습니다. 내담자와 함께하는 그 모든 삶의 여정이 제게는 하나님과 동행하는 시간이었고, 내담자에게는 하나님을 소개하는 시간이었으며, 또 하나님이 직접 내담자와 저를 만나 주시고 우리의 마음을 만지시고 치유하시는 놀라운 은혜의 시간이었습니다.

그리 길지는 않은 세월이지만, 그 모든 치유의 시간을 통해서 제게 선물로 주어진 통찰과 생각, 기적 같은 간증들이 많습니다. 내담자들의 마음의 고통을 하나님이 어떻게 치유하셨는지, 하나님의 말씀의 능력이 얼마나 크고 놀라운지에 대해 터져 나오는 감격을 나누고 싶어졌습니다. 저는 신학자는 아니지만 가능한 성경적 관점을 통해, 그러나 정신의학적 관점을 놓치지 않으며 깨달아 온 마음에 대해 나눌까 합니다. 작은 도움이라도 되길 바라며, 또 하나님을 자랑하는 마음으로 함께 나눕니다.

먼저는 마음에 대해 간략히 이야기하고자 합니다. 마음에 대해 먼저 언급하는 이유는 모든 정신 병리가 마음으로부터 생겨나기 때문입니다. 하나님이 의도하신 원래의 온전한 마음이 죄로 인해서 타락하면서 생겨나는 변화를 이해하는 것이 중요하다고 생각합니다. 죄로 인해 우리의 마음은 정신 병리에 매우 취약한, 깨어지기 쉬운 상태가 되었습니다. 죄는 파괴로 이어집니다. 우리의 뇌와 육신의 마음도 마찬가지로 파괴되었습니다. 그래서 이런 연약한 마음으로 평생을 살아간다는 것이 사실 쉽지 않게 되었지요. 세상을 살아가다 만나는 수많은 트라우마와 어려움, 아픔으로 인해서 우리는 우울증에 쉽게 걸리기도 합니다.

 마음의
크기

"저는 돈도 많고 인기도 많습니다. 솔직히 잘생겼다는 말도 많이 듣습니다. 박사 학위가 있고 유명하며 명예도 주어진 사람입니다. 모든 사람이 저를 매우 부러워합니다. 모두가 저처럼 되고자 한다는 말도 많이 듣습니다. 그런데… 저는 늘 우울하고 공허합니다." - 김 집사님

사실 마음에 관해 균형 잡힌 이야기를 한다는 것이 무척 어렵게 느껴집니다. 왜냐하면 사람의 마음은 우주보다 광대해서 크기와 깊이, 너비를 가늠할 수 없어 다 알 수도, 설명할 수도 없기 때문입니다. 하나님이 창조하신 우주도 그 크기와 원리를 다 알 길이 없는

데, 하물며 하나님의 형상을 따라 창조된 사람의 마음은 얼마나 더 크겠습니까. 이 글을 쓰는 저 역시도 마음에 대해 아주 일부분만 이해하고 있다고 생각합니다. 우주가 다 밝혀지지 않은 것처럼 마음도 미지의 영역이 많으며, 그중 몇 가지에 대해 말씀드리겠습니다.

사람의 마음을 크기로 측정한다는 것이 다소 억지스럽습니다. 하지만 크기의 개념으로 단순 비교를 해 본다면 사람의 마음이 얼마나 큰지 쉽게 이해될 것 같습니다. 사람의 마음이 충만해서 완벽한 만족을 느끼려면 최소한 사람의 마음보다는 질적으로, 양적으로 더 큰 것을 마음에 담고 있어야 합니다. 이 세상에 사람의 마음보다 더 큰 것이 있다면, 그것을 담게 되면 참 만족을 느끼겠지요. 하지만 이 세상의 그 어떤 것을 마음에 담아도 참 만족은 결코 없다는 사실을 우리는 잘 알고 있습니다. 그래서 사람의 욕심은 끝이 없다고 하지요. 이 세상의 어떤 권력이나 명예, 물질이나 소유를 다 가진다 할지라도 우리의 마음은 여전히 목말라하며 더 많은 것으로 채우려고 합니다. 즉 세상의 것은 그것이 아무리 가치 있고 크고 놀라운 것이라 할지라도 마음보다는 작다 하겠습니다.

그렇다면 온 우주를 마음에 담으면 충분히 만족스러울까요? 같은 이유로 결코 그렇지 않을 것입니다. 가장 광대하다고 하는 우주를 다 담는다고 할지라도 여전히 공허함을 느끼는 것이 마음이라면, 우주보다는 마음이 훨씬 더 크다는 말입니다. 앞서 소개한 김 집사님은 세상의 많은 것을 누리고 있어도 하나님이 다스리지 못하시는 마음의 영역이 있으니 채워지지 않은 마음으로 인해 공허할 수밖에 없겠습니다.

생명의 근원인 마음

그렇다면 사람의 마음보다 더 큰 것이 과연 이 세상에 존재할까요? 무엇을 담을 때 사람의 마음은 참 만족과 행복을 얻을까요?

저는 사람의 마음보다 더 큰 것은 이 세상에는 존재하지 않는다고 생각합니다. 그 이유는 하나님의 형상과 생명을 고스란히 담아 창조된 유일한 피조물이 우리 인간이고 마음이기 때문입니다. 그래서 이 세상에 존재하는 유한한(transitory) 것이 아닌 하나님의 영원한(eternal) 것을 담을 때에만 우리는 충만을 경험하고 참 만족을 누리게 되는 것이지요. 우리의 마음을 창조하신 하나님만이 유일하게 우리 마음보다 크신 분이시고, 그래서 우리는 하나님을 마음에 담을 때에만 참 만족을 얻게 됩니다. 하나님이 우리 마음에 살아 계실 때 우리 마음은 충만해지고, 그 충만은 다른 것이 아닌 하나님의 생명으로 말미암습니다.

하나님은 오직 사람의 마음에서만 참 생명을 만드십니다. 하나님이 만드신 피조물 중 유일하게 생명의 근원을 가진 존재가 사람임은 분명합니다. 그리고 생명 역시도 하나님이 하나님의 형상을 통해 만드신 것이므로 측정할 수 없을 정도로 크고 신비합니다. 이렇게 무한대와 가까운 가치를 담은 하나님의 생명을 마음에 품으려면 그 마음이 얼마나 커야만 할지 짐작하기 어렵습니다. 생명을 담을 수 있도록 완벽하게 우리의 마음을 창조하신 하나님을 찬양합니다.

오직 하나님으로만 채울 수 있는 마음, 그래서 생명의 근원 되는 마음은 단순히 생각이나 감정, 의지, 이념이나 사상, 철학과 정보 등

만을 다루는 곳이 결코 아닙니다. 오히려 그 모든 것을 포함한 그보다 훨씬 고차원적인 영역입니다. 마음은 어느 것과도 비견될 수 없는 특별한 장소입니다. 온 세상의 창조주 되신 하나님과의 만남이 이뤄지는 곳이기도 하고, 잠언의 말씀처럼 그래서 생명을 잉태하기도 하고 동시에 죽음을 경험하게도 되는 근원적 영역입니다(잠 4:23).

생명의 근원이 마음이라는 놀라운 진리 속에 너무나 많은 내용이 포함되어 있습니다. 인공지능이 아무리 발달할지라도, 그래서 생명을 흉내 낼 수 있을지는 몰라도 생명을 창조할 수는 없습니다. 생명이라는 특권을 가진 유일한 것이 사람의 마음이기 때문입니다.

생명의 근원이 되는 마음은 아이러니하게도 죽음 또한 경험되는 독특한 특성을 가지고 있습니다. 같은 시간에도 생명과 사망을 동시에 경험할 수 있는 것이 우리의 마음이지요. "주는 그리스도시요 살아 계신 하나님의 아들이시니이다"(마 16:16)라는 완벽한 고백을 마음으로 깨달았던 베드로가 곧바로 예수님을 넘어지게 하는 사탄의 도구가 되기도 했습니다. 생명을 고백했던 베드로의 마음은 동시에 사망의 유혹에도 넘어지기 쉬웠던 것입니다.

저 역시도 아침 묵상 시간에 하나님을 경험했다가도 오후에 죄로 인한 아픔을 경험한 오늘이었습니다. 같은 날 육을 따를 수도, 영을 따를 수도 있는 것이 우리의 마음입니다. 생명과 사망이라는 인간이 다 이해할 수 없는 창조와 죽음 현상이 동시에 경험되는 곳이 우리의 마음입니다.

생명과 사망이라는 초월적 현상을 품는 마음은 그래서 너무나 심오하고 어려운 곳입니다. 측량할 수 없이 무한대에 가까운 크기를 가진 마음을 단순 상담이나 정신과적 치료만으로 치료한다는 것은 어쩌면 불가능할지도 모릅니다.

저는 우울증이나 불안 장애, 그 외 정신과적 질병을 가지고 찾아오시는 분들에게 약물 치료를 종종 권하게 됩니다. 약물 치료 자체는 많은 분이 오해하는 것처럼 비성경적인 것이 아닙니다. 하나님을 경외함으로 제대로 사용한다면 너무나 좋은 치료 방법 중 한 가지임이 분명합니다. 제가 약물을 처방한 여러 내담자들 중 한 분의 고백이 기억납니다. 그분은 목사님이셨는데 약물 복용 후 묵상이 훨씬 잘된다며 제게 감사해하셨습니다. 약물은 잘 쓰기만 한다면 하나님이 만드신 원래의 뇌로 돌아가는 것을 효과적으로 돕는 역할을 합니다.

이렇듯 하나님이 허락하신 그 어떤 것도 선하게 사용될 수 있습니다. 약물 치료뿐만 아니라 하나님이 일반 은총을 통해 허락하신 정신과적 여러 치료 기법이나 상담 기법은 큰 의미가 있고 매우 중요하다고 생각하며, 저 역시도 가능한 많은 지식과 치료법으로 내담자를 돕고 있습니다. 그 어떤 접근도 다 그 나름의 의미와 효용이 분명히 있지요. 그러나 결국에는 마음 깊이 경험되는 생명과 사망의 영역까지 다뤄야만 근원적 회복이 가능하다고 생각합니다. 단순히 생각을 바꾸고, 감정을 달리 느끼고, 행동을 바꾸는 것도 중요하지만 그 이면 깊은 곳에서 생명을 어떻게 경험하게 할 수 있을지, 사망의 시작인 죄를 어떻게 회개하고 다뤄야 하는지가 훨씬 더 중요한 것입니다.

생명과 생기를 통해 만들어진 사람은 치유 역시도 생명을 통해서 일어나야 합니다. 창조주 하나님이 마음을 만드셨으니 오직 하나님 만이 참 회복과 치유를 가져다주실 수 있지요. 이 땅의 정신과적 치료법과 모든 선한 상담 기법이 매우 중요하고 필수적이나, 거기서 더 나아가 하나님의 생명을 경험하도록 해야 마음은 참 자유와 회복을 온전히 경험할 수 있을 것입니다.

저는 개인적으로 마음 깊은 곳에 하나님의 생명이 경험되도록 돕고자 성경적 상담 및 기도 사역을 해 오고 있습니다. 그러면서 하나님의 생명으로 인해서 회복되는 분들을 많이 경험해 왔습니다. 몇 가지 구체적 경우를 말씀드리기 전에 생명의 근원인 마음에 대해서 조금 더 살펴보겠습니다.

◑ 생명을 담은 마음과 뇌

하나님은 마음을 생명의 근원으로 창조하셨습니다. 죄가 이 땅에 들어오기 전의 아담은 오직 하나님의 생명으로만 살아갔습니다. 하나님과의 생명의 관계를 통해 모든 것을 공급받고, 모든 것을 이해하고, 모든 것을 판단했습니다. 몸도, 마음도 거룩한 상태였습니다. 아담의 이성과 감정, 의지 모두가 죄와 무관한 이상적인 생명 상태였다는 말이지요.

죄를 짓기 전의 아담은 선악을 알게 하는 나무의 열매를 먹기 전이므로 악과 거짓은 전혀 알지도 못했습니다. 자신의 이성을 통해서 하나님을 정확히 이해했고, 진리를 깨달았고, 지혜가 풍성했으며, 진리에 기반한 판단과 생각과 말을 했습니다. 감정 역시도 진리에 기반한 기쁨과 평안, 소속감을 누리고 충만함을 느꼈을 것입니다. 이런 이성과 감정이 서로 하나 되어 어떤 갈등도 없이 하나님과 이웃을 사랑함으로 온전히 순종하는 자유의지와 성령의 열매, 능력이 있었을 것이 분명합니다.

저는 마음을 생각할 때 뇌를 같이 생각해 보게 됩니다. 뇌를 보면 마음에 대해 많은 정보를 알 수 있지요. 죄를 짓기 전 아담의 뇌를 상상해 본 적이 있으신지요? 저는 죄짓기 전의 아담이나 예수님의 뇌를 자주 상상해 보곤 합니다. 아담이 죄의 영향력 아래 있지 않았을 때는 육신도 온전했기에 아마도 뇌의 모든 구조가 완벽하게 작동했을 것 같습니다.

뇌는 아주 복잡하고, 다양한 구조물을 가지고 있으며, 구조 간의 관계에 따라 무한대에 가까운 기능을 발휘하는 것 같습니다. 뇌의 특정 구조가 특정 기능을 담당하기도 하지만 구조와 기능을 일대일로 짝 지을 수는 없지요. 그렇기 때문에 뇌 구조의 기능을 정확하게 구분해 낼 수 없다고 보는 것이 뇌에 대해 더 타당한 설명입니다.

하지만 독자들의 이해를 돕기 위해서 뇌를 간략히 나눠 볼 수는 있습니다. 대체적으로 이성을 담당하는 뇌 영역, 감정을 관장하는 뇌 영역, 의지를 행사하는 뇌 영역 등으로 크게는 나눠 볼 수 있을 것입니다. (뇌는 유기적으로 연결되어 기능하기 때문에 실제 뇌 구조를 이처럼 단순하게 설명할 수는 없습니다.) 죄를 짓기 전에는 이 모든 구조물이 하나님의 생명과 사랑으로 통합적이고 유기적으로 서로 연결되어 있었다는 뜻입니다. 하나님의 사랑과 진리로만 복잡한 뇌 구조가 완벽한 질서와 하나 됨을 누릴 수 있습니다.

뇌 구조 간의 질서와 통합과 연결이 잘 이뤄져 있을 때에야 비로소 사람은 행복감과 의미, 감사 등을 충만히 느끼고 직업적 성과나 관계적 조화도 잘 이루게 됩니다. 그리고 무엇보다 인격적으로도 가장 성숙한 상태가 되는 것이지요. 즉 아담은 하나님의 생명(영)을 마음과 뇌, 몸으로 경험하면서 진리에 기반한 이성(지)을 깨닫고, 은혜에 기반한 감정(정)을 경험했을 것입니다. 그리고 이러한 진리와 은혜(인격적 사랑)를 통해 아담은 자신의 하나님께 전적으로 순종(의)할 수 있었을 것입니다. 지, 정, 의의 완벽한 하나 됨이지요.

이렇게 상상해 본다면 예수님의 뇌야말로 인류 역사상 가장 완벽했을 것입니다. 예수님은 사람의 몸을 입고 오셨으므로 사람의 뇌를 가지고 태어나셨을 것이나 그분의 뇌 안에 죄는 없었겠지요. 그래서 예수님이 그토록 놀라운 성령의 능력과 성품, 지혜와 전지전능함을 나타내실 수 있었을 것입니다. 예수님의 뇌는 하나님과의 교제를 통해 날마다 생명을 공급받고, 하나님과도 사람과도 완전한 코이노니아를 이루고 있었습니다. 어쩌면 그리스도의 재림의 날에 우리가 새 몸을 입고 부활을 할 때 이와 유사하지 않을까 생각해 봅니다.

우리의 몸이나 뇌, 마음은 그래서 오직 하나님의 생명으로만 하나 될 수 있습니다. 세상의 다양한 학문이나 종교나 치료 기법들은 저마다의 방법을 통해 이상적인 회복을 이루고자 노력하지만, 생명으로 만들어진 마음을 이 땅에 존재하는 어떤 것으로도 하나 되게 할 수는 없겠습니다.

2장

마음이
고통스러운
이유

죽음으로 물든
생명의 근원

앞서 마음은 생명의 근원이라고 했습니다. 하지만 죄를 경험한 후 모든 것이 완전히 달라지게 되었습니다. 죄를 짓기 전과 죄를 지은 후 아담의 뇌 상태에는 분명 큰 변화가 있었던 것 같습니다. 당연하겠지만 죄는 몸의 타락도 가져다주기 때문입니다. 잘 아시는 것처럼, 죄는 관계를 깨뜨리고 무지함을 가져다줍니다. 아담과 하와는 죄로 인해 하나님과의 관계, 사람과의 관계가 깨어졌고, 하나님이 누구신지와 구원의 길은 무엇인지에 대해서 무지해졌습니다. 즉 죄는 진리의 부재이므로 진리에 대해 무지함을 가져다줍니다. 죄는 사랑의 부재이므로 관계의 분열과 왜곡을 만들어 내지요. 죄는 마음뿐만 아니라 육신도 죽음으로 몰고 갔습니다. 죄는 은혜(사랑)와 진리(말씀)의 부재이며, 결국 사망을 낳습니다.

성경은 아담의 뇌에 대한 어떤 직접적 정보도 주지는 않지만, 범죄 이전과 이후에 보이는 변화를 통해 몇 가지 힌트는 얻을 수 있을 것 같습니다. 범죄 이전의 아담은 하나님이 이끌어 오시는 생물을 보고 완벽한 이름을 지어 줄 수 있었습니다. 하나님의 전지함(인지, 진리)을 닮아 어떤 생물이라 할지라도 그에 대한 지식이 완벽했고 깊은 통찰을 통해 가장 적합한 이름을 지어 줄 능력이 있었던 것 같습니다. 그리고 하와를 본 순간, "내 뼈 중의 뼈요 살 중의 살"(창 2:23)이라고 하는 등 지상 최고의 로맨틱한 사랑(정서를 포함, 은혜)을 느끼고 나눌 수 있었습니다. 즉 뇌와 마음의 기능이 진리와 은혜라는 측면에서 완벽했던 상태에서의 생명의 열매입니다.

반면, 죄를 짓고 난 후에는 무지함(인지)과 두려움(정서)이 찾아왔습니다. 선악을 알게 되면 더 밝아질 줄 알았던 인지 체계는 타락해서 더 이상 하나님이 누구신지에 대해 무지해졌고, 사랑의 하나님을 두려워하게 되었습니다. 즉 영이 죽으니 혼의 기능도 죽게 된 것입니다. 우리의 마음은 더 이상 자신의 잘못을 깨달을 수 없는(부정, denial) 상태로 전락했습니다. 자신의 모습을 볼 수 없었던 아담은 하와 탓을 하기 시작하지요(투사, projection). 인지에만 문제가 생긴 것이 아니라 감정적으로는 두려움과 수치, 분노 등을 경험하게 됩니다. 인지와 정서가 타락하면서 하나님을 피해 숨거나 자기 몸을 가리거나 서로 미워하는 등 행동의 문제도 발생하게 되었습니다.

죄로 인해서 뇌 기능에 급격한 감퇴가 온 것으로 상상해 볼 수 있습니다. 이제는 더 이상 모든 것을 깨달을 수도, 이해할 수도, 사랑할 수도 없게 되었습니다. 그리고 이 땅에는 죄로 인한 고통이 초래되었습니다. 하나님을 상실하고, 관계를 상실하고, 에덴을 상실한 고통은 이루 말할 수 없었겠지요. 그 고통의 원인을 다른 곳에서 찾기 시작하며 서로 비난하고 분노하고 살인까지 저지르는 죄인으로서의 인생이 시작된 것입니다.

이제 생명의 근원이었던 마음은 죽음으로 물들게 되었습니다. 마음이 죽음으로 물들어 정신과적 질병에 취약하게 된 것이지요. 우리의 마음은 우울증, 불안 장애, 조현병 등 생각과 정서에 질병이 생기기 쉬운 상태입니다. 단순히 죄의 결과로 우울증이 생겼다는 말은 결코 아닙니다. 우리의 마음이 부서지기 쉽다는 뜻이지요. 마음을 지킬 수 있는 하나님의 영의 임재가 더 이상 없어지니, 우리의 마음은 죄로 얼룩져 연약함 투성이의 상태로 사망을 경험하며 정신병리로 고통당하기가 쉬워졌습니다.

죄로 인해 기쁨의 땅인 에덴을 상실한 후 아담은 고통의 땅으로 추방되었습니다. 하나님을 상실하고, 에덴을 상실한 후 그전에는 경험해 보지 못한 고통을 경험하게 되었습니다. 분리된다는 것은 고통을 가져다주지요. 특히나 생명이신 하나님과의 분리는 견디기 힘든 고통입니다. 이제 고통은 삶의 일부가 되었지만, 우리는 그 고통을 수용하거나 다뤄 낼 수 없는 연약한 죄인의 상태가 되었습니다.

고통보다 더 큰 생명이 있을 때 고통은 다루어집니다. 하지만 그 생명을 이제 상실했으므로 근원적 고통을 다룰 힘이 없어진 것이지요. 아담이 경험한 고통은 인생을 살아갈 때 우리도 예외 없이 경험하게 되는 고통이지만 하나님을 상실한 우리의 마음으로는 감당해 내기가 어렵게 되었습니다. 이제 우리는 고통을 경험할 때 하나님과 연결된 마음으로 넉넉히 수용하기보다는 하나님 없이 고립된 연약한 마음으로 고통으로부터 도망가게 되었습니다. 그래서 고통이

다가오면 빛보다 빠른 속도로, 본능적으로 그 고통을 피하는 존재가 되어 버린 것 같습니다.

◑ 마음의 근원적 고통은 관계 단절의 고통

고통 중에 가장 큰 고통이 관계 단절로 인한 고통이라고 합니다. 하나님이 사람을 만드실 때 하나님의 형상을 따라 관계적으로 만드셨으므로, 관계가 깨어진다는 것은 우리의 형상이 깨어지는 것이어서 그토록 고통스러운 것 같습니다. 관계가 단절되면 단순히 관계가 단절되는 것을 넘어 우리 내면이 파괴되는 고통을 경험하게 되는 것이지요. 사람의 마음의 가장 깊은 본능은 관계를 향한 본능이며, 사람은 관계를 맺지 않으면 서서히 죽어 갑니다. 친밀한 관계는 생명을 의미합니다. 친밀한 관계가 없다는 것은 생명의 부재를 의미하며, 영혼 깊은 곳에 큰 상실과 아픔을 가져다주는 결과를 낳습니다.

아담은 죄로 인해 하나님을 상실했습니다. 그래서 에덴도 상실하고, 가장 친밀했던 하와와의 관계도 상실하게 되었습니다. 죄는 관계를 상실하게 만들고, 그 결과로 우리의 영혼은 깊은 고통을 가지고 살아가게 된 것이지요. 이 고통은 내 영혼이 깨어진 고통이어서 절대적 고통이고, 영적인 고통이며, 우리 스스로 해결할 수 없습니다.

아담의 범죄 이후 우리의 유전자 깊은 곳에는 아담으로부터 내려온 이런 영적 고통이 있다고 생각합니다. 죄인으로 태어난다는 것은 감정적으로, 영적으로 고통을 갖고 태어나는 것을 의미합니다. 아무리 좋은 가정에, 훌륭한 부모님 밑에서 양육을 받는다고 할지라도 이러한 고통은 예외 없이 누구나 경험합니다. 혹시나 학대 가운데 살아간다면 관계 단절로 인한 고통은 더욱 커지게 되겠지요.

◉ 마음이 고통을 다루는 방법

마음의 고통에 대해서 먼저 드리고 싶은 말씀은 고통은 긍정적 측면이 많다는 것입니다. 솔직히 말해서, 고통은 없어서는 안 될 필수 요건입니다. 사람은 고통을 싫어하지만, 정작 적절한 고통을 경험하지 못하고 살게 되면 우리의 생명의 불은 점차 꺼져 갈 수 있습니다. 고통이 없다면 우리는 성장할 수도, 생명력을 유지할 수도 없는 것입니다. 고통은 우리 안의 저력을 발견하고 계발하도록 돕습니다. 물론 고통만으로는 불가능합니다. 고통이 사람을 발전시키는 것은 아니지만, 고통이라는 재료가 친밀한 관계를 만나면 우리는 자라 가게 됩니다. 특히나 고통과 고난을 경험하는 우리가 하나님을 만나게 된다면 당연히 순금처럼 아름다워지겠습니다.

죄로 인해 마음은 통합된 상태로 존재하지 못하게 되었다고 앞서 언급했습니다. 이제 마음은 결코 전체가 하나로 존재할 수 없으며 분열된 마음 상태로 존재합니다. 분열된 마음이라 전혀 효율적이지 못하며, 오해하기 쉬우며, 사물을 정확히 인지하지 못하게 되었습니다. 분열된 마음은 그 능력도 상실해서 더 이상 삶의 경험을 다

수용해 내지 못하게 하고, 특히나 고통을 대할 때는 본능적으로 억압하고 피해 버릴 수밖에 없는 연약한 상태로 만들었습니다.

고통을 효과적으로 다루려면 그 고통을 다루어 낼 수 있는 지성과 감성과 의지가 필요합니다. 우리는 이런 경우 마음이 넓다고 하지요. 누군가에게 발을 밟힌 경우를 예로 들어 보겠습니다. 발을 밟힌 것은 약간의 고통을 동반하겠지만 이렇게 생각할 수 있겠지요. '이 정도라 다행이다.' '시비 걸어서 좋을 게 없으니 그냥 풀자.' '용서해 주자.' 그러면 화가 더 쉽게 가라앉을 수 있겠습니다. 정서적으로는 화난 감정이 느껴지지만 평소 자신의 명랑하고 낙천적인 감정으로 인해 쉽게 풀 수 있겠습니다. 행동적으로는 발을 밟은 당사자에게 자신의 고통스러운 감정에 대해 나누고 사과를 받아 내면서 건강하게 풀어 볼 수 있겠지요.

그 반대의 경우도 예를 들어 보겠습니다. 즉 마음이 좁은 경우입니다. 발을 밟힌 같은 상황에 대해 '내 발을 감히 밟아? 가만두지 않겠어'라는 생각과, 언짢은 마음을 곱씹으며 과거의 유사한 고통까지 더해 더 고통스러워지는 감정과, 분노하며 소리치고 싸우는 행동을 통해 더욱 고통스러워질 수도 있습니다. 어떤 고통스러운 경험이든 그 경험을 충분히 소화해 낼 수 있는 지성과 감성과 의지가 있다면 굳이 고통을 피할 이유가 없겠지요.

앞의 예와 같은 간단한 고통의 경우는 우리의 마음을 넓히면 그 고통을 다루어 낼 수 있겠지요. 하지만 마음속에는 의식적으로 깨달아지기에는 너무나 큰 고통도 존재합니다. 앞서 언급한 관계 단절로 인한 고통이 그 경우입니다. 무의식적으로 하나님과의 관계를 상실한 고통이며, 이 땅에서의 또 다른 관계 상실을 경험하며 더 커지는 고통입니다. 이 고통이 얼마나 큰 고통이냐면 의식에서 인식하고 깨닫게 된다면 도저히 견딜 수 없어 내면의 극심한 혼란과 함께 심리적으로, 또 육체적으로도 죽을 수 있는 고통입니다. 이런 고통은 너무나 커서 그 고통을 우리 마음이 도저히 담아낼 수 없습니다. 아무리 노력하고 노력해도 그 고통 앞에서는 무너질 수밖에 없습니다.

그렇다면 이런 고통이 어떤 고통이기에 우리 마음이 감당할 수 없을까요? 제 생각에는 '죄로 인한 고통'인 것 같습니다. 하나님과의 생명의 관계, 하나님이 주시는 생명이 있어야 마음은 정상적으로 존재합니다. 하지만 죄로 인해서 생명의 결핍이 있으면서는 어둠의 나락으로 떨어지는 아득한 죽음을 경험하게 됩니다. 생명의 결핍이 있다는 것은 마음의 전부를 잃어버린 것이고, 가장 중요한 생명을 상실한 것 자체가 견딜 수 없는 고통입니다. 생명이 결핍되었다는 것은 죽음으로 가득 찼다는 의미가 되지요. 지옥이 왜 고통스럽냐고 한다면 생명이 없는 곳이어서일 것입니다. 천국이었던 우리 마음이 이제는 지옥이 되어 버린 것입니다.

문제는 이런 본질적 어둠으로 인한 고통이 자신의 내부에 있다는 점입니다. 죄와 그로 인한 고통과 공존하기에는 좁은 우리 마음이 감당할 수 없지만, 그 죄와 공존하지 않을 수 없는 상태가 되었습니다. 죄를 짓기 전에는 하나님과의 연결로 인해서 어떤 어려움도 감당해 낼 수 있었지만, 이제는 오롯이 혼자서 감당해야 하는 죄의 무게가 된 것이지요.

또 한 가지 문제는 마음에 엄연히 공존하는 고통이므로 우리 마음이 느끼지 않을 수 없다는 점입니다. 그러나 자신의 근원적 죄를 인식하게 된다면 우리는 또 죽을 만큼 고통스럽게 됩니다. 고통이 내 안에 있는데 그 고통을 느끼고 직면할 힘은 없고, 그렇다고 그 고통을 내 마음 밖으로 몰아낼 수도 없는, 이러지도 저러지도 못하는 상태인 것입니다. 더 이상 하나님과 함께 고통을 다룰 수 없으므로 혼자서 그 고통을 처리하는 시도를 할 수밖에 없겠지요. 바로 그 자구책 중 하나가 무의식이 아닌가 생각됩니다.

3장

무의식의
세계

마음과
무의식

죄로 인해 마음은 무지한 상태가 되었다고 앞서 이야기했습니다. 이제 우리의 인식 능력은 죄로 인해 무지한 마음이라 나도 모르는 내 마음이 생겨나기도 했습니다. 이런 마음을 저는 마음속 무의식(unconsciousness)이라 생각합니다. 무의식을 다룬다는 것은 그 내용과 접근과 개념이 방대해서 책으로 따지면 여러 권이 필요하므로 여기서 다 다룰 수는 없을 것 같습니다. 제가 강조하고 싶은 일부분에 대해서만 살펴보겠습니다.

일단 무의식이 다 어두운 곳은 아닙니다. 무의식중에 만들어진 습관과 같은 중립적이거나 필요한 영역도 당연히 있습니다. 그리고 무의식적 마음 중 성장과 성숙을 시켜야 할 영역도 방대합니다. 기질(temperament)이 대표적 예입니다. 기질은 하나님이 주신 '자기다움'이며 평생을 통해 성장시켜야 할 무의식 중 하나입니다. 기질이 다 무의식적 요소로 이뤄진 것은 아니나 무의식의 성장에 매우 중요한 부분인 것 같습니다. 이런 기질을 포함한 무의식의 성장이 중요한 만큼 그러한 성장을 방해하는 무의식적 방해 요소를 치유하는 것이 그래서 중요합니다. 이 책의 내용은 "정신 병리"에 대한 주제가 주를 이루므로 무의식의 성장을 방해하는 무의식 내 방해 요소에 대해서 살펴볼까 합니다.

"열 길 물속은 알아도 한 길 사람의 속은 모른다"라는 속담이 무의식에 해당하는 것 같습니다. 에덴을 상실한 것은 하나님의 영원의 시간 속에서 죄인의 유한한 시간 속으로 들어왔다는 뜻이고, 이제 시간에 구애받는 망각이라는 현상도 생기게 된 것 같습니다. 더 이상 우리 뇌는 모든 것을 기억해 내지 못하게 된 것이지요. 이제 마음은 결코 안정적인 상태가 아닙니다. 오히려 바람에 밀려 요동하는 바다 물결같이 깨어지기 쉬운 상태가 된 것입니다. 이런 불안정하고, 죄성이 가득하며, 무지하고, 본능적으로 고통을 피하기 원하며, 망각하는 마음을 통해 만들어진 것이 마음의 무의식은 아닐지 생각하게 되었습니다.

저는 범죄 이전에는 아담의 마음에는 무의식이 없었을 것이라고 생각합니다. 무의식은 말 그대로 내가 인식할 수 없는 마음입니다. 우리 마음이 다 연결되어 있고 유기적으로 하나 됨을 이루고 있다면 굳이 내가 인식하지 못하는 내 마음이 있을 필요가 없겠지요. 죄로 인해 고통을 수용할 능력을 상실한 마음에서 자구책으로 만든 것이 무의식인 것 같습니다. 죄로 인해 타락한 세상, 죽음으로 물든 마음은 의식으로 깨달아지면 감당하지 못할 고통스러운 내용이니, 깨닫지 못하는 마음 깊은 곳으로 억압(repression)하게 되면서 무의식이 만들어지는 것 같습니다.

이러지도 저러지도 못하는 우리 마음은 죄의 고통과 공존하면서도 동시에 살아남을 수 있는 자구책을 만들어 내게 되었습니다. 이런 고통은 의식에서 감당하지 못한다고 했습니다. 그래서 마치 이런 고통이 없었다는 듯 인식하지 못하게 만들어 버립니다. 즉 의식적으로 깨닫지 못하도록 무의식 속에 눌러 놓습니다. 무의식은 말그대로 의식하지 못하는 마음입니다. 여기에 고통을 눌러서 넣어두면 그토록 피하고 싶은 고통에서 어느 정도 피할 수 있기 때문입니다.

무의식을 단순히 정의하기에는 여러 개념이 있으나, 기본적으로 성경에서 말하는 '육'(sarx)과 밀접한 관계가 있다고 생각합니다. 육은 하나님을 의지하지 않으려는 모든 시도라고 여겨집니다. 하나님없이 혼자서 해결하려는 모든 노력도 여기에 해당된다고 봅니다. 인간은 에덴을 상실한 후 혼자 힘으로 살아가야만 했습니다. 하나님께로 돌아가서 하나님을 의지하고 살아가는 길을 포기하고 마치자기 힘으로 살아갈 수 있다고 생각했습니다. 그래서 더 이상 하나님을 의지하기보다는 자기를 의지하는 육의 삶을 살아가게 된 것이지요. 고통을 다루는 것에서도 마찬가지입니다. 하나님께로 돌아갈 길도 모르고, 하나님을 의지할 수도 없으니 스스로 고통을 해결하려고 할 수밖에 없습니다. 하나님을 상실한 인간은 부득불 무의식이 필요한 것입니다.

무의식의 생존 전략:
회개 vs 취소

인간은 에덴을 상실한 이후부터 하나님과의 관계가 깨어지고 관계 단절로 인한 고통 가운데 살아가게 되었다고 했습니다. 오직 하나님으로만 채워져야 할 무한대에 가까운 우리 마음은 죄로 가득하게 되었고, 이제는 그 죄로 인해서 뇌 기능에도 문제가 생기고 심리적, 영적, 육적 타락 가운데 하나님이 아닌 자기 자신을 의지하는(육) 삶을 살 수밖에 없게 되었습니다. 생명의 근원이 나와야 하는 마음에서 사망이 왕 노릇 하며 인간의 행위는 악할 뿐이었습니다.

이 땅에 태어나서 경험해야 할 고통은 이루 말할 수 없이 커서 죄로 가득한 뇌와 마음은 이 고통을 감당할 길이 없어졌습니다. 원래는 하나님을 의지하고 하나님과 함께 감당해야 할 지상 명령과 삶의 경험인데 그 하나님을 의지하지 않으니 혼자서 감당할 수밖에 없게 되었지요. 그런데 원래 인간은 혼자서 살아가도록 창조된 존재가 아닙니다. 하나님과 연결되어 있었던 것이 끊어지면서 결국 자기 힘으로 고통을 처리해야만 하게 되었습니다. 그렇다 보니까 문제가 생깁니다.

한 가지 예를 들어 보겠습니다. 한 그리스도인이 죄를 지었습니다. 부부 싸움 중에 분노를 이기지 못하고 그만 아내를 구타한 것입니다. 남편은 자신이 아내를 구타했다는 사실에, 자신이 그리스도인이라서 더욱 충격을 받았습니다. '어떻게 예수님을 섬긴다는 내가 아내를 홧김에 때릴 수 있을까!'라고 생각하며 하루 종일 마음이 불편했습니다. 그는 자신의 죄로 인해서 고통을 느끼며 곧장 하나님께 회개의 기도를 드렸습니다. 이후 다소 편해진 마음으로 퇴근길에 선물을 사서 아내에게 주며 용서를 구했습니다. 이 그리스도인은 진정한 회개를 한 것일까요, 아니면 인간적 후회를 한 것일까요?

사실 우리는 그가 진정한 회개를 한 것인지 정확히 알 수가 없습니다. 겉모습만으로는 진정한 회개를 한 것인지, 혹은 심리적 방어 기제인 '취소'(undoing) 행위를 한 것인지 구분하기 어렵겠습니다. 만약 진정한 회개를 했다면 회개에 합당한 열매가 드러나야 합니다. 그러므로 그의 앞으로의 삶을 주목해 보면 회개를 한 것인지, 아닌지 알게 될 것입니다. 즉 회개에 합당한 열매를 맺는지 확인해 보는 것이 유일한 구분점이라는 말입니다.

그렇다면 회개에 합당한 열매가 확인되지 않는다면 그가 한 행위는 도대체 무엇일까요? 자신의 죄에 대한 깨달음도, 죄책감도 있었고, 그래서 하나님 앞에 회개하는 기도를 드렸는데, 그리고 선물까지 사 와서 아내 앞에서 용서를 빌었음에도 이후의 삶 속에서 반복된 죄를 짓는다면 그 회개는 회개가 아닌 취소일 확률이 매우 높습니다.

취소는 심리적 방어 기제 중 하나로 회개와 유사해 보이는 육적인 정신 활동입니다. 회개는 하나님이 죄를 깨닫게 해 주셔서 중심으로부터 새로운 변화가 일어나는 진정한 영적 변화입니다. 회개는 죄를 짓고자 하는 동기까지 변화되어 생각, 감정, 행위의 전인격적 변화를 열매로 경험하는 매우 거룩한 변화이지요. 그래서 회개는 하나님 없이 나 혼자서는 결코 할 수 없습니다. 성령의 감동으로 내면 깊은 곳에서 말씀이 깨달아질 때 완전한 변화가 오는 것입니다.

반면, 취소라는 행위는 죄를 지은 동기는 전혀 달라지지 않으면서 자신의 무의식적 죄책감과 고통을 씻기 위해서 자신의 힘으로 자신이 한 잘못된 행동과 반대되는 행동을 하는 것입니다. 즉 취소라는 자신의 잘못과 반대되는 행위를 그나마 해야만 내가 지은 죄로 인한 고통과 무의식적 죄책감을 덜 느낄 수 있게 되는 것이고, 그렇게 해서라도 마음이 위장된 평화를 느껴야 심리적으로 안정감을 찾을 수 있는 것입니다.

그렇다면 그 그리스도인이 보여 준 선한 행동은 아무런 의미가 없을까요? 기도하고, 아내에게 용서를 구하고, 또 선물을 사서 주는 등 노력한 행동은 백번 양보해서 회개가 아닌 취소라는 방어 기제라고 할지라도 좋은 행동으로 보입니다. 저는 개인적으로 두 가지 측면이 있다고 생각합니다. 취소라는 행동일지라도 노력하는 것은 귀한 것 같습니다. 분명 부부 관계에 도움이 되는 행동이고 아무것도 하지 않는 것보다 훨씬 아름답습니다. 세상에서 옳다고 여겨지는 행동은 그만큼의 가치가 있는 것이지요. 그렇지만 우리는 그리스도의 장성한 분량이 충만한 데 이르기까지 하나님을 의지해서 자라 가야 한다는 점에서는 무의식적 동기까지 변화를 일으키는 회개가 요구된다고 믿습니다.

취소라는 행동을 자주 반복적으로 하게 되면 우리는 고민이 생기기 시작합니다. '왜 나는 기도하고 노력해도 같은 죄를 반복하는 것일까?'라고 인식되는 것이지요. 그런 문제의식을 느끼면서 하나님 앞에 더 나아가는 계기가 된다면 취소라는 방어 기제도 하나님이 사용하시는 성숙의 재료가 될 수 있다고 믿습니다.

회개와 취소라는 심리 기제의 공통점이 하나 있습니다. 둘 다 무의식적 차원에서 일어나는 일이라는 것입니다. 회개는 의식적 차원에서도 일어나지만, 근원적 회개를 이루기 위해서는 뿌리가 되는 무의식적 동기와 생각부터 진리로 새롭게 되어야 합니다. 그럴 때 진정한 회개에 합당한 열매(뿌리가 달라지니 열매가 달라짐)를 맺게 되지요. 취소라는 행위도 무의식적 방어 기제입니다. 여기서 한 번 더 알 수 있듯이, 우리의 드러나는 삶은 드러나지 않는 무의식으로부터 시작된다는 것입니다. 치유도 무의식의 치유가 참으로 중요하다는 생각을 한 번 더 하게 됩니다.

　앞서 살펴본 것처럼 하나님을 상실한 우리의 본능에는 하나님을 의지해서 회개하려고 하기보다는 내 행동에 대해서 취소하려는 경향이 있습니다. 어쩌면 한국 교회는 말씀을 의지해서 무의식으로부터 회개하기보다는 죄에 대해 취소하는 종교적 행위에 더 익숙하지 않을까 생각해 봅니다. 이 땅에 많은 교회가 있지만 오히려 세상은 더욱 타락해 가는 이유 중 하나가 진정한 회개를 잃어버리고 대신 취소라는 종교적 열심을 내기 때문일 수도 있겠다는 생각이 듭니다. 이런 종교적 취소 행위가 그 자체로는 육적인 행위지만 진정한 회개로 가는 시작이 되면 좋겠습니다.

　취소와 유사한 방어 기제가 우리 무의식에는 참 많습니다. 모든 무의식적 방어 기제는 우리 내면의 감당할 수 없는 고통을 처리하기 위한 심리적 기제입니다. 아담이 타락 후 찾아온 애착 고통을 처리할 수 없어서 하와 탓을 하고, 하와 역시 자신의 죄로 인한 고통을 수용하거나 해결할 수 없어 뱀 탓을 한 것이라든지, 가인이 자신의 제사가 받아들여지지 않아서 고통을 느끼지만 감히 하나님께 분노할 수 없어서 동생을 향해 분노를 표현하고 살인하게 되는 일 등은 전치(displacement)와 투사라는 방어 기제에 해당합니다. 투사 역시도 자기 내면의 공격성 등을 혼자 해결할 수도, 담아낼 수도 없어 남 탓을 하는 것이지요.

나의 문제를 깨달을 때 고통스럽기 때문에 무의식으로 억압한다든지, 감정적 고통을 느끼기에 너무 고통스러워서 감정을 고립(isolation)시킬 수 있습니다. 그 외에도 해리(dissociation), 분리(splitting), 동일시(identification) 등 감당할 수 없는 고통을 처리하기 위한 무의식적 방어 기제는 수도 없이 많습니다.

우리는 태어나면서 자동적으로 이러한 무의식적 방어 기제를 발달시켜 갑니다. 이러한 방어 기제는 본질적으로는 하나님을 떠난 육적인 행위지만, 사실 육신을 입고 살아갈 때 없어서는 안 되는 생존 전략이기도 하다는 것을 인정해야 합니다. 아마 예수님만 이런 무의식적 방어 기제를 사용하지 않으셨지, 이 땅의 모든 사람은 아무도 예외가 없습니다.

그러나 우리에게는 이런 모든 무의식적 육적 방어 기제를 초월해서 하늘나라의 방식으로 고통을 처리할 수 있다는 것이 복음의 내용 중 하나라는 생각을 합니다. 하나님과의 연합을 통해서 주님이 오시는 그날까지 우리는 미숙한 방어 기제가 아닌 하나님의 생명력으로 우리 안의 고통을 주님과 함께 해결해 갈 수 있다고 믿습니다. 예수님이 육신의 몸으로 이 땅에 오셔서 이러한 모든 연약함을 감당하셨으므로 그분 안에 모든 승리의 비결이 있음을 믿는 것이지요.

내가 반복적으로, 무의식적으로 사망의 충동적 열매를 맺고 있다면 그 뿌리와 열매를 주 앞에 고백해야 합니다. 우리가 하나님의 생명과 은혜와 진리를 경험해 간다면 절망적 무의식은 오히려 소망과 자유를 경험하게 되는 치유의 장이 될 줄 믿습니다. 결국 하나님과의 단절로 시작된 고통은 이제 더 이상 우리 몫이 아닐 수 있습니다. 예수님의 십자가로 인해 기쁨의 상태인 에덴을 회복할 수 있는 새롭고 산 길이 열려 있기 때문입니다. 정신 병리로 고통 가운데 절규하는 우리의 영혼이 하나님과 다시 연합되어 하나님 아버지의 기쁨으로 우리의 무의식적 고통이 치유될 것을 믿습니다.

무의식의 치유는 근원적 치유

의식 세계도 하나님을 따라 살지, 혹은 육을 따라 살지 늘 선택해야 하는 영적 전쟁터임을 우리는 잘 알고 있습니다. 그러나 어쩌면 더 큰 영적 전쟁터는 무의식의 세계라는 생각이 듭니다. 무의식 가운데 심긴 죄의 뿌리나 트라우마는 그 자체로 매우 강력한 원인적 요소가 됩니다. 아이가 태어날 때 이미 무의식은 존재합니다. 이 무의식은 죄 된 인간의 본질적 상태이면서도 모든 정신 현상의 시작과 뿌리가 되기도 합니다. 근원적 요소가 들어 있는 무의식을 다루지 않을 때 우리는 노력해도, 애를 써도 반복되는 죄와 증상을 경험하게 됩니다. 뿌리를 뽑지 않으면 잡초가 계속해서 자라는 이치와 유사합니다.

저는 20대 때는 사람들 앞에서 발표할 수 없었던 무대공포증을 가지고 있었습니다. 초등학교 이후로 사진 찍는 것을 두려워했고, 발표를 결코 하지 않았으며, 사람들 앞에 서면 불안해서 패닉에 빠지기도 했습니다. 이러한 문제를 극복하고자 여러 노력을 했고 어느 정도는 회복되기도 했습니다.

그러던 어느 날 치유 사역을 통해서 무의식 가운데 존재했던 무대공포증의 원인을 깨달았습니다. 4세 정도의 아주 어린 나이에 어떤 사건 하나를 트라우마로 경험하면서 그 트라우마가 주는 거짓 메시지를 믿고 살아온 것입니다. '사람들은 나를 비웃을 거야', '나는 뭔가 문제가 있는 인간이야', '나는 실수할 거야' 등 무의식적인 왜곡된 사고의 틀을 가지고 살아오다 보니 그 생각의 결과로 불안한 행동을 하게 된 것이지요. 저는 그 무의식 속으로 하나님의 말씀과 은혜를 초청했고, 하나님은 그 원인적 무의식적 기억 속에서 진리로 자유케 만들어 주셨습니다. 인간의 힘으로 한계가 있지만 하나님을 의지함으로 무의식 속에서 하나님의 은혜를 충만히 경험하며 놀라운 자유를 얻게 된 것입니다.

저뿐만 아니라 많은 내담자의 무의식 속에서 역사하시는 하나님을 보면서 죄가 관영한 무의식은 은혜와 기쁨과 회복과 자유의 장이 될 수 있고 또 그렇게 되어야 한다는 생각을 합니다. 뿌리를 다룰 때 근원적 치유가 될 수 있습니다. 근원과 뿌리가 심긴 무의식을 다루지 않고 진정한 자유를 경험할 수는 없는 것이지요.

물론 모든 무의식을 다룰 수도, 다룰 필요도 없습니다. 많은 내담자가 무의식 속에 있는 정신 병리의 원인을 언제까지 또 얼마나 많이 다뤄야 하는지 종종 묻습니다. 제 생각에는 평소 내 삶 속에서 반복적으로 일어나는 문제는 일단 꼭 다뤄야 할 것 같습니다. 무의식 속에 정신 병리의 뿌리가 있다면 그 뿌리를 통해서 지속적으로, 반복적으로 증상이라는 열매가 맺힙니다. 제가 앞서 이야기한 저의 사례에서처럼, 어린 시절의 트라우마 경험을 통해서 현재 무대공포증이라는 열매가 나오는 것이지요.

이렇게 반복해서 삶 속에 어려움을 야기하는 문제는 그 뿌리를 찾아서 근원적 치유가 필요하다는 의미가 되겠습니다. 관계 가운데 반복해서 문제가 있다면 내 마음 안에서 문제의 근원을 살펴볼 필요가 있겠습니다. 관계 가운데 갈등이 있을 때 상대방이 기여하는 문제도 있겠으나, 나는 오히려 내 안에서 문제의 근원적 원인을 찾아야 하는 것이지요. 왜냐하면 나는 내 문제만 다룰 수 있기 때문입니다. 내 문제를 다룬 후 타인의 문제를 다루는 것을 돕는 것이 성경적이겠습니다. 내 눈 안의 들보를 제거한 후 타인의 눈에 티를 제거하는 것입니다(마 7:5).

일단 의식 가운데 느껴지는 반복된 문제를 가지고 그 문제의 무의식적 이유를 찾아보는 과정이 필요합니다. 상담이나 기도나 진료를 통해서 하나님이 보여 주시는 현재의 문제를 통해 그 문제가 시작된 과거 무의식의 근원을 찾아본다면 의미 있는 시간이 될 것입니다.

◐ 무의식은 어떻게 치유되는가?

모든 무의식 속에 있는 고통이나 죄를 다 해결할 수도, 그럴 필요도 없음을 이미 언급했습니다. 하지만 삶을 살아가다 보면 하나님의 부르심에 순종하지 못하게 막는 무의식적 죄나 고통은 다뤄야 할 필요가 있습니다. 이런 무의식 속의 어두운 고통이나 내가 믿고 살아가는 거짓된 신념 등은 여러 방법으로 회복에 이를 수 있습니다. 크게 두 가지 방법이 있다고 생각합니다. 하나는 하나님의 특별 은총이고, 또 하나는 하나님의 일반 은총입니다. 보통은 일반 은총과 특별 은총이 절묘하게 조화를 이루면서 무의식은 회복되는 것 같습니다. 몇 가지 예를 들어 보겠습니다.

1. 일상적인 삶을 통해서 무의식이 다뤄질 수 있습니다.

일상이라는 것은 우리의 의식과 무의식이 작동하는 선물과 같은 시간입니다. 비록 에덴을 상실한 상태로 광야 같은 삶을 살지만 이 광야가 우리의 무의식을 치유하는 가장 좋은 환경입니다. 우리가 자연을 통해서 힐링을 경험한다든지, 꽃을 보고 하나님의 섭리를 발견하는 등 보통의 삶이 선물이니까요.

일상적 삶에는 희로애락이 있습니다. 사람들을 만나고 다양한 환경을 겪으며 한 해, 한 해 성장해 가는 삶을 통해서 우리의 무의식은 자연스럽게 성장하는 것 같습니다. 그래서 하루하루 최선을 다해 그냥 주어진 삶을 지켜 내는 것만으로도 어느덧 성장해 있는 자신을 발견하는 선물을 누리게 됩니다. 하나님과 날마다 동행하다 보면 나이 듦이 얼마나 귀하고 값진 선물인지 깨닫게 되지요. 자고 일어나는 중에 우리 안에 선한 열매들이 만들어지는 것이 이에 해당하는 것 같습니다.

2. 고난은 무의식을 회복하는 멋진 재료가 됩니다.

일상을 살다 보면 고난을 경험하게 되며 고난이 무의식을 회복하는 멋진 재료가 됩니다. 사람은 편할 때는 무의식을 다루고 싶은 마음이 전혀 없어집니다. '이대로가 좋사오니' 하는 마음으로 더 이상 성숙해 나갈 동력을 잃게 됩니다. 누구도 고난을 좋아하지 않지만, 고난은 우리에게 유익임을 우리는 잘 알고 있습니다. 고난을 겪으면 우리 마음 밑바닥에 있는 무의식적 고통과 거짓이 드러날 수 있습니다. 무의식은 드러나야 합니다. 무의식 안의 어둠이 드러나는 가장 좋은 방법이 고난인 것이지요.

역경과 고난을 통해 이런 어둠이 드러날 때 그 고난을 혼자서 고통스러워하거나 참아 내거나 눌러 버리는 것이 아니라, 하나님 앞으로 가지고 나오거나 사람들과 함께 나눠야 합니다. 그렇게 되면 어두움은 더 이상 어두움이 아니게 됩니다. 하나님과의 관계를 통해서, 사람들과의 사랑의 관계를 통해서 진리와 사랑을 경험한다면 무의식적 어두움은 빛으로 드러나고 치유를 경험하게 됩니다. 쉽게 말해, 고난을 통해 무의식이 불안정해지고 빛 가운데 드러나면 하나님의 말씀과 은혜가 무의식에 들어가 성장된 의식이 되는 것입니다.

3. 때로 감당할 수 없는 어려움을 만나는 것도 도움이 됩니다.

고난과 연결해서, 우리는 종종 내가 이해할 수 없는 상황이나 정서적으로 감당할 수 없는 어려움을 만나야 함을 한 번 더 강조하고 싶습니다. 우리가 이해할 수 없는 상황이라는 것은 내 의식적 사고 체계로 소화해 낼 수 없는 어려움을 의미합니다. 다시 말해, 내 의식적 생각 능력 밖의 상황을 경험해야 사고를 확장하기 위해서 애를 쓰게 됩니다. 내가 가지고 살아온 사고력으로 모든 인생을 감당할 수 없음을 깨닫고 더 큰 사고 능력을 만들어 가는 과정에서 우리의 무의식은 반드시 성장해야만 합니다. 그래야 사고 능력이 확장되는 것이지요.

우리의 무의식에는 계발할 거의 무한대의 재료가 날것으로 존재하기도 합니다. 이 원형의 재료를 고난을 통해 의식과 함께, 그리고 하나님과 함께 계발할 수 있다면 사고적으로 큰 성장과 성숙을 경험하게 되는 것입니다. 특히나 하나님의 진리를 통해서 무의식 안의 어두운 사고 체계가 바뀌고 빛 가운데 의식화된다면 가장 최선입니다. 도저히 내 머리로 풀 수 없는 문제가 기도하고 고민하다 깨달아지는 바로 그때가 무의식의 회복이 일어난 순간인 것입니다. 이런 식의 과정이 반복되다 보면 무의식의 회복의 양도 늘어나겠지요.

정서적인 것도 마찬가지입니다. 내가 늘 느껴 왔던 감정의 양으로 도저히 극복할 수 없는 감정적 어려움을 경험하면 역시나 유사한 이치로 감정은 성숙하게 됩니다. 꼴도 보기 싫은 사람을 예로 들어 보면, 그 사람을 대하거나 얘기하는 것 자체가 너무 고통이 되지요. 내 정서로 감당할 수 없는 경우가 됩니다. 이때 우리는 다른 사람과 의논하거나 하나님 앞에 기도하게 됩니다. 그러면 나보다 더 큰 정서적 힘이 평안과 기쁨으로 우리에게 주어집니다. 이때 역시도 우리의 무의식이 회복된 순간이 되는 것 같습니다. 은혜를 경험한 것이고, 이 경험을 통해 여태껏 힘들었던 사람이 하나님의 정서로 바라보게 되니 심지어 사랑스러워 보이는 은혜를 누리게 됩니다. 우리의 정서적 용량이 증가한 것이고, 이 재료가 되는 무의식적 미숙한 감정이 성숙으로 자란 것에 해당된다 하겠습니다.

4. 습관을 새롭게 할 때 무의식의 성장이 이루어집니다.

또 한 가지 중요한 것은 습관을 새롭게 하는 것입니다. 습관을 새롭게 만들다 보면 역으로 무의식의 성장이 이뤄지게 됩니다. 그래서 어린 시절 습관 형성이 매우 중요한 것입니다. 어린 시절일수록 무의식이 더 만들어지는 시기입니다. 어린 시절 자녀들의 습관을 만들어 주는 부모의 습관이 그래서 참으로 중요한 것 같습니다. 부모의 미숙한 무의식 상태에서 나오는 부모의 습관을 보며 자란 자녀들은 무의식적으로 부모를 닮아 미숙한 습관을 가질 수 있습니다. 반대로 성숙한 부모의 무의식으로부터의 습관을 보고 자란 아이들은 습관부터가 남다르지요.

이미 만들어진 습관을 다시 새롭게 하는 것이 쉽지는 않지만, 습관을 새롭게 하는 과정은 무의식 치유에 중요한 것 같습니다. 여러 습관 중 가장 중요한 것이 순종의 습관이지 않을까 생각합니다. 순종의 습관을 만들다 보면 여태껏 해 보지 않은 삶의 영역으로 들어갈 수 있습니다. 순종이라는 것은 때로 미지의 영역을 탐험하는 것이며, 이럴 때 앞서 언급한 여러 어려움을 만나고 그 어려움을 통해서 그토록 굳어 있던 우리의 무의식이 서서히 바뀌고 성장할 수 있습니다.

5. 무의식이 나보다 더 회복된 사람과의 관계가 필요합니다.

무의식의 성장을 더 이룬 사람의 말과 행동을 보면 그렇지 않은 사람에 비해서 상당히 강한 힘을 발휘하는 것을 봅니다. "하나님은 사랑이시다"라는 말을 똑같이 선포하지만, 자기의 무의식 저 밑에서부터 그 말을 믿고 의식적 언어와 함께 선포하는 말의 힘과 의식적이며 지식적으로만 "하나님은 사랑이시다"라고 선포하는 말의 힘은 전혀 다른 것이 됩니다.

무의식이 회복될수록 인격 전체가 하나 됨을 이루며 무의식적 믿음까지 동원되어 놀라운 일을 이루게 됩니다. 예수님의 말씀과 삶이 그토록 성숙된 이유가 저는 여기에 있다고 생각합니다. 의식과 나누어진 무의식이 전혀 없이 모든 마음이 하나로 진리 가운데 성숙된 예수님이시니까요. 무의식이 빛 가운데로 드러나고 치유될수록 성령의 열매도, 은사도, 성품도 풍성해지며, 결국 자신을 부인하고 십자가를 지는 순종의 삶을 자원함으로 감당할 수 있게 됩니다.

이렇게 무의식이 성숙된 사람과 대화나 교제, 제자 훈련을 하고 인생의 경험과 감정을 나누고 멘토링을 받는 일은 무의식이 덜 건강한 사람을 성장으로 이끌어 줍니다. 철이 철을 날카롭게 하듯 하나님이 사람을 통해서 또 다른 사람을 치유하게 하시는 원리가 되는 것입니다(잠 27:17). 어떤 면에서는 더 건강한 무의식을 덜 건강한 무의식이 닮아 가는 것이지요.

6. 정신 병리 증상 자체도 무의식의 치유에 도움이 됩니다.

우울증이나 불안 장애 등의 정신 병리가 발생된다는 것은 어두운 무의식이 다뤄지지 않은 상태로 의식 가운데 드러난 것으로 생각해 볼 수 있습니다. 정신 병리의 증상을 경험하는 것은 정말 불쾌하고 두렵고 힘들지만 그렇게라도 드러난 증상을 회복하는 과정에서 무의식이 치유되는 것이므로, 오히려 증상이 치유의 시작이 될 수 있습니다.

우울증의 증상을 경험하지 않았더라면 우리는 우리의 무의식을 그냥 덮어 둔 상태로 더 이상 성장할 생각 없이, 우리 내면이 괜찮다고 생각하며 살아갔을 수 있습니다. 하지만 어떤 이유로 정신 병리 증상을 경험할 때 내 안의 무의식에 문제가 있음을 깨닫게 됩니다. 그리고 고통스럽지만 억지로라도 치유의 길을 가게 되지요. 그렇다면 우울증은 걸림돌이 아니라 내면의 성숙이라는 축복으로 가는 디딤돌이 될 수 있습니다.

✎ 7. 상담이나 정신 치료를 통해 무의식이 성장할 수 있습니다.

우리의 무의식은 어두운 곳일수록 스스로 치유되길 원하지 않는 습성이 있습니다. (모든 무의식이 다 어둡지는 않습니다.) 무의식은 그 자체로 더 무의식으로 숨어들기를 원합니다. 이 죄가 풍성한 무의식 영역은 그 자체로 어두움이며 빛으로 나아가는 것을 거부합니다. 그래서 나 혼자 힘으로 무의식을 성장시키기가 어렵기도 하지요.

이럴 때 상담이라는 형태의 치유가 절실히 필요하게 됩니다. 정신건강의학과에는 정신분석적 정신 치료나 정신분석이라는 특별한 치유 방법이 있습니다. 우리의 무의식을 다루는 정교화되고 전문화된 치유의 방법이니 필요하시면 이런 정신 치료를 꼭 받으시길 권해 드립니다. 그 외에도 여러 형태의 무의식과 기억을 다루는 치유법이 있으니 참고하시면 좋겠습니다.

8. 하나님의 말씀이 무의식 속 죄 된 영역에 임하도록 해야 합니다.

이를 위해서는 하나님이 허락하신 특별 은총을 경험할 수 있는 모든 영적 행위가 필요합니다. 아무리 강조해도 지나치지 않는 것은 하나님의 말씀과 은혜를 경험하는 것입니다. 기도, 예배, 찬양, 묵상 등 하나님이 이미 우리에게 주신 놀라운 선물을 통해서 우리의 무의식은 자라게 됩니다. 제자 훈련, 치유 기도나 집회, 성령 집회나 성령 사역 등 필요하다면 적절한 방법을 통해서 우리의 내면을 성숙시켜 나가는 것이지요. 우리 내면에 하나님의 빛을 거부하고 스스로 살아가려고 하는 모든 무의식적 자기중심성에 하나님의 은혜와 사랑이 임하도록 하는 것이 중요합니다. 모든 것에서 질서 있고 고상하고 품위 있게 하나님을 경험하시면 좋겠습니다.

4장

정신 병리의
원인과 치유

정신 병리의
발생

정신 병리가 어떻게 생겨나는지 앞서 무의식과 연관해 설명한 부분이 있지만, 여기에서는 약간 다른 방식으로 설명을 조금 더 드리고자 합니다. 물론 정신 병리의 발생에 대해 설명한다는 것은 간단하지 않습니다. 다양한 이유나 과정에 대해 많은 의학적 지식이 있습니다. 이 책에도 학술적인 내용이나 논문, 교과서에서 언급하는 전문적 지식적 관점이 포함되지만, 그보다는 제가 강조하고 싶은 몇 가지 내용을 나눌까 합니다.

죄로 인해 뇌와 마음이 취약한 상태로 사람이 태어난다고 이야기했습니다. 그래서 우리의 마음은 정신 질환에 이환되기 쉬운 상태입니다. 근원적 취약함과 태어나서 삶을 살아가면서 겪는 상처와 결핍과 아픔이 우리의 마음에 정신 병리를 초래하게 되는 것이지요.

정신 병리는 종류가 참으로 다양합니다. 모든 정신 병리에 대해서 자세히 다룰 수는 없지만, 정신 병리가 발생되는 원인을 6가지 정도로 간략히 말씀드리고자 합니다. 보통은 이 6가지 원인적 요소가 인생 전체를 통해서 복합적으로 작용해서 정신 병리가 발생하는 것 같습니다.

1. 유전적 원인

정신 병리의 발생에는 유전적 원인이 분명히 존재한다고 생각합니다. 우울증의 가족력이 있는 집에서 태어난 자녀가 우울증으로 고통당할 확률이 일반인에게서보다 높다는 것이 한 예가 되겠습니다.

2. '고통 - 기쁨 - 평안'의 인격 성장 사이클의 문제

이제 막 엄마의 자궁에서 태어난 아이를 상상해 보겠습니다. 아이가 보이는 첫 감정적 반응은 대부분 '울음'입니다. 엄마와의 분리로 인한 불안이나 두려움의 울음인지, 죄 중에 태어난 무의식적 고통의 몸부림인지 확실하지 않지만, 그 울음을 통해 이 땅에서의 우리의 삶을 엿볼 수 있는 것 같습니다.

우리 모두는 이 땅에서의 삶이 고통인 것을 잘 알고 있습니다. 고통의 관점에서 볼 때 갓난아이는 고통을 다룰 힘이 전혀 없이 태어나는 것입니다. 자기 힘으로는 삶의 고통을 수용하고 소화해 낼 수 없지요. 그러나 양육자인 엄마를 통해 점차 고통을 어떻게 수용하고 '기쁨'으로 돌아오는지를 배워 가게 됩니다.

배가 고픈 영아는 그 고통을 견딜 수 없어 웁니다. 그러면 그 울음에 반응한 엄마는 젖을 물립니다. 아이 입장에서는 외부로부터 포근하고 안정감이 있는 젖이 공급되니 배고픈 고통에서부터 배부르고 따뜻한 기쁨으로 돌아오게 됩니다. 이런 유사한 경험이 엄마와 아이 사이에서 생후 1년간 반복되겠지요. 이런 식의 수천수만 번의 고통과 기쁨의 사이클을 통해서 아이들은 점차 고통에서 기쁨으로 돌아오는 법을 배우게 되는 것입니다.

여기서 기쁨은 즐겁거나 만족스럽다는 감정 이상의 인격적 상태를 의미합니다. 누군가가 나를 무조건적으로 사랑할 때 그 사랑은 기쁨으로 우리 마음속에 경험됩니다. 스바냐 3장 17절 말씀에서 우리는 우리로 말미암아 기쁨을 이기지 못하시는 하나님을 만나게 됩니다. 하나님은 우리를 너무나 사랑하셔서 우리를 있는 그대로 기뻐하시는 것입니다. 누군가 나를 사랑할 때 그는 나를 기뻐하는 것입니다. 그러면 그 기쁨이 나에게 전달되면서 내 안의 기쁨의 양도 증폭되어 그전보다 더 큰 기쁨의 능력을 가지게 됩니다. 이러한 기쁨의 능력이 커질수록 인생의 고난도 더 잘 감당하게 됩니다. 돈이나 명예나 인기가 힘이 아니라, 친밀한 관계에서 경험되는 기쁨이 진정한 삶의 힘이 된다는 사실입니다.

생후 12개월이 지나게 되면서 아이는 이제 걷기 시작합니다. 기어다닐 때와는 또 다른 인생의 큰 고통을 경험하게 됩니다. 걷다가 넘어진다든지 엄마가 금지하는 일이 많이 생기면서 그 고통을 수용할 힘이 없었던 아이는 다시 부정적 감정과 고통에 빠집니다. 그럴 때 양육자의 일관된 사랑과 애착은 아이로 하여금 다시 기쁨으로 돌아가는 힘을 얻게 해 주고, 이런 반복된 사이클 역시 수천수만 번 반복되게 됩니다. 그러면서 만 3세가 되면 이제는 엄마 없이도 자기 혼자서 비교적 고통을 수용하고 극복하는 인격적 틀이 어느 정도 만들어집니다. 삶의 고통에서 기쁨과 긍정 정서로 돌아오는 법을 배운 것이지요. 그래서 보통은 만 3세 이후가 되어야 엄마와 일정 시간의 분리가 가능하게 됩니다. 엄마가 없어도, 눈에 보이지 않아도 어린이집에서 오전 시간을 보낼 수 있는 능력이 만들어진 것입니다.

만 3세가 지나도 비슷한 과정이 펼쳐집니다. 학령전기에는 그 시기에 맞게 극복해야 할 고통과 어려움이 있다는 것이지요. 그 시기에 만나는 고통을 이겨 내기 위해서 부모와 친구, 선생님과 환경을 통해서 힘을 얻어야 합니다. 그러면 초등학교를 들어가기 전에 초등학교에서 만날 삶의 어려움을 이겨 낼 정서적 힘이 준비되는 것입니다. 중학교, 고등학교도 마찬가지입니다. 단순히 지식적 공부뿐만 아니라 삶의 어려움을 통과할 힘을 길러 가는 과정이 지속해서 반복되어야 합니다. 그래야 성인이 되어서 진정한 기쁨과 의미와 목적을 발견할 수 있는 정서적이고 인격적인 힘을 기르게 되는 것입니다.

이런 식으로 친밀한 관계를 통해 인생의 고비마다 기쁨이 공급되면서 우리 내면의 기쁨의 힘은 증폭됩니다. 기쁨은 감정 이상의 인격적 상태로, 내면이 건강한 에너지로 충만한 상태입니다. 기쁨이 충만한 사람들을 옆에서 보면 참으로 생기가 넘칩니다. 쉽게 지치지도 않고, 또 지친다 할지라도 금방 회복됩니다. 혼자서 극복하기 힘든 어려움을 만날 때면 의미 있는 타인과 건강한 상호 의존을 통해서 그 역경을 통과하는 사람들이지요.

그러나 기쁨이 내면에 넘치는 것으로 충분하지 않습니다. 자칫 기쁨만 넘치면 에너지 과잉이 되기 쉽습니다. 그래서 기쁨은 이제 '평안'으로 연결되어야 합니다. 보통 건강한 기쁨은 충분히 만끽한 후 내면의 평안으로 연결됩니다. 영혼의 만족을 경험하는 상태로 차분해지는 것이지요. 그래서 평안 또한 매우 중요한 인격 발달의 요소가 되는 것입니다. 평안은 인생을 살아갈 때 기쁨만큼이나 중요한 마음 상태입니다. 마치 배고픈(고통) 아이가 엄마 젖(기쁨)을 물고 나서 배부른 후 경험하게 되는 만족(평안)이지요.

하나님이 우리를 역동적으로 기뻐하심을 경험하고 난 후 우리가 평안을 경험하게 되는 것과 같습니다. 우리가 하나님 앞에서 문제(고통)를 가지고 씨름하며 기도할 때 하나님의 기쁨이 공급되면 그제야 평안이 온 마음을 휩싸게 됩니다. 그러면 현재의 고난은 그대로 있다고 할지라도 우리의 마음은 힘을 얻고 정서적, 지적 성숙으로 한 단계 나아가게 되는 것입니다. 기쁨의 용량이 커지며 더 깊은 평안 가운데 거하는 능력이 생기게 되는 것입니다. 예수님이 그토록 안정된(평안) 삶을 사실 수 있었던 것은 태초부터 하나님 아버지 품에 계시며 경험하셨던 하나님 아버지의 기쁨이 있었기 때문입니다. 하나님이 얼마나 나를 기뻐하시는지 깨닫는다면 우리는 그 어떤 십자가도 평안 가운데 감당할 수 있게 되겠습니다.

지금까지 설명한 '고통 - 기쁨 - 평안'의 반복된 사이클을 통해서 우리의 인격은 멈추지 않고 자라 가야 합니다. 이런 사이클은 사실 무의식적 과정이기도 합니다. 인지적 공부를 통해서 공부하는 것이 아니라, 보통은 가정에서 기쁨의 관계를 직접 경험하며 무의식적으로 습득되는 것이 필요합니다. 자신이 감당할 수 없는 고통은 살아가며 필연적으로 경험하게 될 수밖에 없습니다. 고통으로 힘들 때 친밀한 관계를 통한 기쁨과 힘이 공급되어야 그다음 단계로 성장하며 나아갈 수 있습니다.

이러한 과정 어느 단계에서 좌절하게 되어 고통 가운데 장시간 머물게 되거나 기쁨으로 돌아갈 수 없을 때 우리의 마음은 평안이 깨어지며 더욱 연약한 상태가 되어 더더욱 정신 병리를 쉽게 경험하게 되는 것 같습니다. 즉 부정적 감정을 경험할 때 기쁨으로 돌아가지 못하고 부정적 감정 속에 빠져 지낸다면 그것이 평안을 잃은 우울증이고, 불안 장애이며, 중독이자, 인격 장애의 시작일 수 있다는 뜻입니다.

요약하면 이렇습니다. '고통 - 기쁨 - 평안'이라는 인격 성장의 핵심 과정에 문제가 생길 때 정신 병리가 발생된다 할 수 있겠습니다. 인생에서 경험할 수밖에 없는 고통으로 인한 부정적 감정 속에 빠져 있는 것이 아니라 다시 기쁨과 평안으로 가야 합니다(회복탄력성). 그러지 못하면 부정적 감정에 빠져 지내게 된다는 의미이지요.

기쁨과 평안으로 가는 길은 어릴 때부터 부모와 친구와 선생님과 환경과 하나님을 통해 수천수만 번 무의식적으로 연습되어야 하는데 여러 요소(유전적, 기질의 억압, 상처와 결핍 등)로 인해서 기쁨과 평안으로 가는 길이 막힐 때 정신 병리의 이유가 될 수 있겠습니다. 기쁨과 평안으로 돌아가는 길을 잃은 상태에서는 부정적 감정에 익숙해지고 더 깊어지며, 부정적 감정을 습관적으로 느끼게 되어 늘 고통 속에 있는 것 같습니다. 현실에서 좋은 일을 경험해도 현실의 좋은 감정을 느끼기보다 과거에 늘 습관적으로 경험해 왔던 우울을 느끼며 힘들어합니다.

불안 장애를 가지신 분들은 현실에서 어떤 불안의 이유가 없을 때에도 불안해하십니다. 불안의 이유가 현실에 있지 않은 것이지요. 기쁨으로 돌아가지 못해서 불안한 것입니다. 우울을 느끼고 불안을 느끼는 것이 문제가 아니라 기쁨과 평안으로 돌아갈 수 없다는 것이 큰 어려움이며, 더 악화되면 정신 병리가 발생될 수 있겠습니다.

3. 기질의 억압

기질은 하나님이 각 개인에게 주신 고유한 자기다움의 기초입니다. 타고난 기질을 잘 발견하고 유지, 성숙시켜야 함에도 여러 이유로 기질이 억압될 수 있습니다. 기질이 억압되었다는 것은 자기의 뿌리를 모른 채 자신의 삶을 살아가지 않고 있다는 것입니다. 기질을 발달시키지 않는다면 하나님의 부르심에도 제대로 응답하지 못하게 됩니다. 하나님이 주신 기질대로 자라 갈 때 우리는 참 기쁨과 평안을 누리게 됩니다.

인생의 고통을 통과할 때 필요한 기쁨과 평안의 기초가 되는 기질은 아무리 강조해도 지나치지 않습니다. 기질을 살려야 예수님 안에서 사명을 발견하게 되지요. 반면, 기질 억압은 우울증, 불안 장애, 중독 등 여러 정신 병리의 원인이 되기도 합니다.

4. 상처와 결핍

상처와 결핍도 우리 인생의 기쁨과 평안을 앗아 가는 큰 이유가 됩니다. 여기서 말하는 상처와 결핍은 나의 인격적 기쁨으로 감당할 수 없는 정도의 큰 충격을 말합니다. 5세 아이가 뺨을 맞는 것과 성인이 뺨을 맞는 것은 충격의 정도가 다를 수 있겠습니다. 5세 아이는 뺨을 맞고 난 충격을 소화하기가 성인보다 어렵습니다. 그 이유는 그 충격을 다룰 내적, 정서적, 인지적 힘이 부족해서입니다.

사실 적절한 상처와 결핍은 인생에서 꼭 필요합니다. 고통도 사람이 성숙되기 위해서는 필수적입니다. 어려움은 있어야 하며, 그 어려움으로 인해서 때로 혼란스러워야 합니다. 그래야 더 큰 기쁨과 평안으로 갈 수 있습니다. 하지만 내 인격의 기쁨과 평안의 힘을 너무 벗어나는 상처와 결핍은 사실 큰 문제가 됩니다. 우리 영혼을 깨뜨리기 때문입니다.

5. 신경전달물질의 불균형 및 뇌 손상 등의 이유

심리적 원인이 없어도 정신 병리가 올 수 있습니다. 신경전달물질의 불균형이 대표적 이유가 되겠습니다. 신경전달물질은 쉽게 설명하면, 뇌에 작용하는 호르몬과 유사합니다. 이 물질이 있어야 우리 뇌는 자기 기능을 제대로 하게 되지요. 여러 이유로 신경전달물질에 문제가 생기면 우울증이나 조현병 등의 정신 질환이 발생될 수 있습니다. 그 외 뇌출혈이나 뇌경색, 뇌종양 등 뇌세포 자체가 파괴되는 여러 이유도 정신 병리의 이유가 될 수 있겠습니다. 특히 조현병이나 양극성정동장애 등의 질환은 심리적 원인보다 신경전달물질의 불균형 혹은 뇌의 문제로 발생되는 질환으로 생각됩니다.

6. 영적인 측면 - 내가 믿는 거짓말(왜곡된 사고)

앞서 5가지 이유 외에도 정신 병리를 발생시킬 수 있는 요소들은 존재합니다. 여기서는 영적인 측면을 잠시 살펴보려고 합니다. 다음 단락에서 정신 병리가 죄의 결과인지에 대한 언급이 따로 있겠습니다.

엄밀히 따져 볼 때 정신 병리는 우리 무의식의 '죄의 결과'일 수도 있다는 말씀을 드리고 싶습니다. 죄와 정신 병리를 연결하는 것은 매우 조심스럽습니다. 어떻게 표현해도 독자들이 오해하기 쉬운 주제 같습니다. 여기서 다루고 싶은 것은 지금까지 살펴본 5가지 이유로 인해서 우리의 무의식에 '내가 믿는 거짓말'이 만들어질 수 있다는 점입니다. 즉 여러 정신 병리의 원인들로 인해서 하나님의 진리가 아닌 사탄의 거짓말을 믿고 살아갈 수 있다는 것입니다. 만약 그렇다면 우리의 중심(생각)에서 진리를 믿지 않고 거짓을 믿는 상태가 되므로 그것은 죄가 된다는 의미가 되겠습니다.

엄밀히 말해, 죄는 행위라기보다는 행위 이전의 동기부터가 전부 다 죄일 수 있습니다. 예수님이 마음에 음욕을 품는 것 자체를 죄라고 하셨지요(마 5:28). 예수님은 간음한 것뿐만 아니라 마음속에 죄의 동기를 품은 것 자체를 죄라고 하십니다. 하나님이 선악과를 금하셨을 때 금한 열매는 '악과'가 아니라 '선악과'입니다. 선악과를 먹게 되면 선도 알게 됩니다. 선을 아는 것도 하나님의 생명으로부터 시작된 것이 아니면 죄라는 의미가 될 수 있지요. 아무리 선한 열매를 맺어도 하나님으로부터 오지 않은 동기와 생각으로부터의 행위는 죄입니다. 우리의 무의식적 동기가 하나님의 말씀으로부터 시작되어야 진정한 생명나무의 열매를 맺게 되는 것입니다. 그래서 앞서 언급한 취소가 아닌 회개가 중요하며, 우리 내면의 무의식적 동기부터 살펴보는 것이 진정한 회복으로 가는 길인 것이지요.

예를 들어 보겠습니다. 김 집사님은 어릴 때부터 학대받고 자랐습니다. 맞고 지내다 보니 이런 생각이 들었습니다. '나는 사랑스럽지 않아. 나는 맞아도 당연해. 나는 늘 잘못하는 아이야.' 이런 생각은 부모로부터 자주 학대를 당하다 보니 누가 가르쳐 주지 않아도 '스스로'(우리는 스스로 생각하고 살아가는 존재가 아니라 하나님의 생각을 의지하고 믿고 살아가도록 창조되었습니다) 깨닫게 된 것입니다. 20년간의 학대를 통해서 이런 생각이 자신의 무의식적 신념 체계에 녹아서 그 생각을 믿고 살아가게 된 것이지요.

이처럼 부정적 자기 믿음은 성경적으로 합당한 생각인가요, 아니면 하나님의 관점과는 무관한 거짓인가요? 자기의 경험 속에서는 '맞다'는 생각을 할 수 있지만 자신의 학대 경험이 성경적 내용을 뒤집을 수는 없겠습니다. 하나님은 우리를 사랑스럽고 존귀하게 만드셨습니다. 맞아도 당연한 사람으로 간주하지 않으십니다. 늘 잘못하는 존재가 아닙니다. 그럼에도 이런 성경적 진리를 믿지 못하고 어린 시절부터 세뇌된 자신에 대한 부정적 거짓말을 믿게 된 것이지요.

김 집사님은 사실 하나님이 자신을 보시는 관점이 아닌, 자기가 자신을 보는 관점을 더 믿고 있습니다. 이 자체가 내가 믿는 거짓말이며, 이 거짓말을 믿고 살아왔다면 이 생각을 새롭게 할 필요가 있습니다. 이런 생각으로 인해서 우울하다면 그 우울증의 원인은 거짓을 믿고 있으니 '죄'라고 볼 수 있으며, 그 내용은 내가 믿는 거짓

말입니다. 따라서 이 거짓 생각은 새로운 생각으로 변화될 필요가 있겠습니다.

이런 내가 믿는 거짓말을 새로운 생각으로 바꾸는 것을 '회개' (metanoia, 메타노이아)라고 합니다. 회개는 죄의 행동 이면의 생각과 감정과 행동 전체를 하나님의 생각, 감정, 행동으로 바꾸는 것입니다. 단순히 행동을 바꾸는 것이 아니라 무의식적 동기부터 새로워지는 회개가 진정한 회개의 완성이 되겠습니다. 이런 의미에서 김 집사님은 회개(내가 믿는 거짓말을 하나님이 주신 성경적 진리로 바꾸는 것)해야 우울증이 회복될 수 있으며, 이 경우 우울증의 원인은 죄일 수 있다고 조심스럽게 말씀드립니다.

◉ 정신과적 질병이 죄의 결과인가?

예수님을 믿는 그리스도인들에게 습관이 있습니다. 이 습관은 좋은 것일 수도 있지만 무분별하게 사용한다면 문제가 되는 습관입니다. 이 습관은 가능한 모든 것을 죄와 연결 짓는 습관입니다. 건강에 문제가 있어도, 지나가다 다쳐도, 사업에 어려움이 있어도, 우울증이 있고 불안으로 고생을 해도 다 죄의 결과라는 식의 접근이지요.

물론 성경을 통해서 생각해 볼 때 죄로 인해서 육체의 질병이나 정서적 어려움이 있을 수 있다고 생각합니다. 하지만 이런 판단은 매우 조심스럽습니다. 늘 우리의 지각을 사용함으로 연단을 받아 지혜롭게 분별해야 합니다. 앞서 언급한 것처럼 무의식 안에 거짓

(하나님으로부터 오지 않은 거짓된 생각)을 믿는 나의 신념 체계를 진리로 바꾸어 가는 진정한 의미의 회개가 필요하기도 하고, 이럴 때는 회개가 정신 병리의 치유로 연결되기도 합니다. 하지만 죄의 직접적 결과로 인해 모든 정신 병리가 발생되었다는 식의 단순한 공식은 위험하다고 생각합니다.

상담을 하다 보면 비슷한 맥락에서 내담자들의 몇 가지 건강하지 않은 생각을 발견하게 됩니다.

- · '영적인 것과 그 외의 것은 별개다.'
- · '기도와 말씀만이 하나님의 방법이다.'
- · '정신과적 질병은 영적인 문제. 신앙이 약한 증거다.'
- · '정신과적 치료를 받는 것은 비신앙적이다.'
- · '정신과 약물 치료를 받는 것도 비신앙적이다.'
- · '정신증은 귀신 들림의 현상이다.'

이러한 6가지 생각은 보완될 필요가 있다고 생각합니다. 영적인 것과 아닌 것을 구분해야 할 때도 필요하겠습니다만, 오히려 명백한 죄가 아니라면 영적인 의미를 부여해서 하나님이 주신 모든 것을 사용하는 자세가 필요하다고 믿습니다. 기도는 거룩한 치유이고 정신과 상담은 인본주의라는 식의 접근은 하나님의 다양함을 인정하지 않는 태도일 수 있다고 생각합니다.

많은 그리스도인이 정신 분석의 창시자인 지그문트 프로이트(Sigmund Freud)를 인본주의에 물든 사람으로 생각해서 적대시합니다. 제가 보기에는 프로이트만큼 죄로 인해 타락한 인간상을 제대로 설명해 주는 학자도 없는 것 같습니다. 하나님의 성경적 기준을 명확히 가지고 있다면 그 어떤 이론이나 학자들도 치유의 재료로 사용될 수 있다고 믿습니다. 물론 모든 방법이 다 선한 것은 아니지요. 그렇다고 해서 교회에서 국한해서 사용하는 행위(기도, 안수 기도, 말씀 권면, 치유 집회 등)만 거룩한 것은 결코 아니라고 생각합니다.

저는 상담을 진행하면서 예수님 이야기가 없어도, 성경 구절을 나누지 않아도 제 안에 계신 그리스도가 전달되며 치유와 회복을 경험하시는 수없이 많은 내담자를 보면서 하나님께 영광을 돌립니다. 꼭 크리스천 정신과 의사가 아니어도 다양하게 역사하시는 하나님을 기대하며 믿음으로 약을 복용하고, 믿음으로 상담을 받고, 하나님의 치유를 기대한다면 무의식의 치유와 회복을 경험할 수 있다고 믿는 것이지요.

저는 정신과적 약물 치료가 신앙의 회복에도 당연히 큰 도움이 되는 것을 자주 보게 됩니다. 정신과적 약물 치료는 적절하게만 잘 사용한다면 하나님이 원래 의도하신 뇌로 회복하는 것을 효과적으로 돕습니다. 영적인 것은 성전 되신 우리의 몸을 통해서 드러나기에 몸의 상태가 매우 중요하다는 생각을 합니다. 뇌의 건강 상태를 무시하고 영적인 성숙이나 회복은 기대하기 어렵습니다. 약물 치료는 영적인 것을 바꾸어 놓지는 않지만 뇌와 육체의 상태를 도와서 영적인 삶을 살도록 충분히 도울 수 있다고 생각됩니다.

우울증이나 정신과적 질병에 걸린다고 신앙에 문제가 늘 있는 것은 결코 아닙니다. 우리의 육체와 뇌는 매우 연약해서 여러 이유로 우울증이나 정신과적 어려움을 겪을 수 있는 것 같습니다. 오히려 이러한 연약함에도 하나님을 의지하는 것을 하나님은 기뻐하시지요. 엘리야는 구약을 대표하는 선지자 중 한 사람이지만 마음이 심히 우울해서 죽기를 구한 적이 있었습니다. 하나님이 기뻐 사용하신 영적 거장이었지만 육신의 연약함으로 인해 때로 죽고자 했던 것입니다. 엘리야가 죽고 싶을 만큼 우울증이 심했다 해서 하나님의 역사가 약화된 것은 아니었습니다. 바울이 육체의 가시가 있다고 해서 하나님의 섭리가 방해받지 않았습니다. 오히려 우리가 약할 때 강함 되시는 하나님은 우리의 연약함을 사용하셔서 놀라운 일을 이루신다고 믿습니다.

정서적으로, 정신적으로 약하다면 하나님의 은혜의 통로가 되는 일만 남았습니다. 우울증이 있어서 우리의 신앙이 약한 것이 아니라 우울증이 없어도 하나님을 의지하지 않는다면 그것이 진정으로 약한 증거이겠지요. 정신적, 정서적 질병으로 인해서 고통스럽고 좌절되고 포기하고 싶을 때가 있지만, 천국에서는 우리 육신의 연약함으로 판단받지 않고 우리가 얼마나 하나님을 의지했느냐로 기뻐하심을 얻는다고 믿습니다.

많은 그리스도인이 아직도 정신증이 심할 경우 그런 현상을 귀신 들림으로 보려는 경향이 존재하는 것 같습니다. 정신증과 귀신 들림에 대해서는 2부 1장에서 다루도록 하겠습니다.

정신 병리의 치유 원리:
생물, 정신, 사회, 영적인 다차원적 접근

정신 병리의 치유는 때로 간단히 이뤄지지만 더 많은 경우에서는 치유가 쉽지 않다는 말씀을 먼저 드리고 싶습니다. 여러 영적 대전제와 유전적 이유, 삶 속에서 경험하는 다양한 부정적 이유로 인해서 마음속 무의식부터 의식의 영역까지 얽히고설킨 아주 복잡한 병리이기 때문입니다. 사람은 영, 혼, 육으로 구성되어 있어서 치료도 다양한 접근이 필요합니다.

많은 분이 정신 병리를 심리적 현상으로만 보지만, 실상 뇌세포나 몸의 이상이 원인이 되는 부분이 있어서 뇌와 몸의 치유를 위해서 약물 치료가 필요할 수 있습니다. 앞서 언급했지만, 그리스도인들 역시도 성령을 마음에 모시고 있지만 육체의 영역의 약물 치료가 필수적일 때가 많습니다. 기도만으로, 상담만으로 우리의 전인격적 치유는 어렵습니다. 4가지 차원의 치료적 접근을 균형 있게 적용하시기를 꼭 권해 드립니다.

1. 우선은 정확한 진단적 접근이 중요합니다.

심리상담센터에 가도 되고 정신과를 방문해도 되나 정확한 평가와 진단이 중요하다는 점을 기억하면 좋겠습니다. 정신 병리라고 하더라도 피 검사가 필요할 수도 있고, 뇌의 MRI 검사가 요구될 수도 있습니다. 여러 원인적 요소를 평가하고 측정해 보지 않고 섣불리 진단하는 것은 매우 위험하겠습니다. 가급적 정신건강의학과에 가서 모든 가능성에 대한 진단을 받은 후 통합적 치료를 받기를 권합니다. 그리고 진단적 접근을 할 때는 꼭 예수 믿는 정신과 의사가 아니라도 좋습니다. 하나님이 일반 정신과 의사를 통해서 베푸시는 일반 은총은 늘 존재함을 꼭 기억하면 좋겠습니다.

/ 2. 원인에 맞는 치료를 해야 합니다.

정확한 진단을 통해서 원인이 파악되면 원인에 맞는 치료가 당연히 요구됩니다. 앞서 언급한 생물학적 원인이 발견되면 그 원인을 제거할 때 정신 병리도 호전되겠습니다. 그 외 트라우마 등의 원인이 파악된다면 그에 맞는 치료가 중요하겠습니다. 환청, 망상이 있다 해도 정신증 이전에 뇌암이나 뇌졸중 등이 원인이 되기도 합니다. 갑상선 호르몬과 같은 호르몬 불균형에 의해서도 우울증이나 조증이 올 수 있음도 기억하면 좋겠습니다.

내가 알지 못하는 여러 이유로 인해서 정신 병리는 발생되니 성급히 심리적 혹은 영적 질환으로만 간주해서 치유 기도나 축사 등에 치우치지 않으면 좋겠습니다. 오히려 원인에 맞는 치료 후 심리적, 영적 치유로 더 깊이 나아가면 좋겠습니다.

/ 3. 생물학적 치료(약물 치료)를 먼저 하기를 권합니다.

뇌와 몸 치료가 기본으로 되어야 그 상위의 정서와 생각, 영적 접근도 수월해질 수 있습니다. 물론 영적인 접근을 통해서 몸이 치유되기도 하는 것은 사실입니다. 저는 영적인 치유 기도 등을 통해서 뇌와 몸이 치유되어 정신 병리가 회복되는 일을 종종 경험했습니다. 하나님의 말씀은 육체의 질병을 회복시킴을 믿는 것이지요. 저는 하나님의 말씀을 영적으로 깨닫고 몸과 마음이 회복되는 것이 더 이상적이라고 생각하지만, 현실적으로는 우리 육체의 한계가 있어 쉽지 않을 때도 있기 때문입니다. 그래서 가능하면 영적 접근을 통해서 뇌와 몸을 치유하되, 그 반대 방향인 생물학적 치료를 먼저 한 후 마음이 더 효과적으로 치료되도록 하는 것이 좋겠습니다.

만약에 뇌세포의 이상, 신경전달물질의 불균형 등으로 우울증이 생긴다면 상담적 혹은 영적 접근보다는 약물을 통한 뇌 치료부터 해야 합니다. 약물 치료로 인해 정신적으로 안정이 된 후 상담적 혹은 영적 접근을 하면 훨씬 효과적이겠습니다. 그리고 약물 치료는 정신 병리가 심한 분들을 위한 치료법이 아닙니다. 정신 병리가 심할 때는 당연히 약물 치료가 필수적이지만, 꼭 그렇지 않다고 할지라도 의사의 판단에 필요하다면 약물 치료를 받길 권합니다. 그리고 약물 치료 이외 전기경련치료나 광치료 등 다른 생물학적 치료법도 있으니 꼭 의사와 상의 후 가장 적절한 치료법을 찾으면 좋겠습니다.

4. 정신 치료, 상담 치료 및 사회적 접근은 필수적입니다.

그리스도인들은 사실 정신 치료나 상담 치료와 영적 접근을 같이할 수 있습니다. 왜냐하면 마음이라는 곳이 영과 혼이 함께 있는 곳이기 때문입니다. 사람의 마음의 구조를 따라 적절한 상담을 통해서 회복으로 가는 길은 아무리 강조해도 지나치지 않습니다. 필요하다면 정신분석과 같은 심도 깊은 정신 치료가 요구되기도 합니다. 그 외에도 가족 치료나 그룹 치료 등 다양한 방법을 통해 치유에 도움을 받으면 좋겠습니다.

5. 입원 치료가 필요할 수 있습니다.

정신 병리 중 급성기에 증상이 심할 때는 입원이 필요할 수 있습니다. 많은 분이 입원 치료에 대해서 오해가 많으며, 따라서 입원 치료를 꺼리는 것이 사실입니다. 입원 치료의 약간의 부정적 측면도 있을 수 있으나 진단 후 의사의 판단 아래 입원이 필요하다면 꼭 입원하기를 간곡히 부탁드립니다. 입원이 필요하다는 것은 입원 치료가 정말 절실하다는 뜻입니다.

중상이 심하거나 자·타해의 위험이 높거나 식사를 거부하거나 정확한 진단이 필요할 때, 집중 치료가 필요하거나 위기 개입 등이 필요할 때 입원이 요구됩니다. 실제 귀신의 영향력 아래에서 고통당하는 분들 또한 우선은 입원 치료가 필요할 수 있습니다. 입원 및 약물 치료가 귀신의 영향력을 줄일 수는 없지만 귀신이 발판을 삼고 있는 우리 육체나 병의 증상을 완화시켜 차후 회복에 큰 도움이 되기 때문입니다.

6. 영적 접근에 대해서

영적 접근이라고 하면 여러 생각이 들 수 있겠습니다. 실제 '기독교 상담', '내적 치유'라는 학문과 치료 영역이 있지요. 이름을 어떻게 부르고 어떤 방법을 쓰더라도 중요한 것은 우리를 창조하신 하나님의 생기가 우리 내면의 정신 병리를 회복시키도록 하는 것입니다. 진리를 알게 되면 우리는 자유하게 됩니다. 진리를 그냥 지식으로 아는 것도 중요하지만 그것만으로는 부족합니다. 진리가 지식을 포함해서 경험적으로 내면화된다면 그 진리는 무의식까지 변화시켜 결과적으로 정신 병리가 회복될 수 있다고 믿습니다.

예수님은 말씀으로 몸과 마음의 병을 치유하셨습니다. 말씀은 재창조의 능력이 있습니다. 말씀이 육신이 되는 것이 은혜이지요. 말씀은 육신의 질병뿐만 아니라 정서적 어려움도 치유할 수 있는 것이 당연합니다. 만물을 말씀으로 창조하신 하나님이 우리 마음의 사망을 향해 "살아나라"고 말씀하시면 죽은 자는 살게 되며 정신 병리의 회복은 일어날 수 있습니다.

5장

정신 병리와
복음

정신과적 질병은 복음 안에서 완치가 가능한가?

저는 정신과적 질병은 복음 안에서 완치가 가능하다고 믿는 동시에, 이 땅에서는 진정한 완치는 불가능하다고 생각합니다. 신앙이 없는 생각이라고 하실 분도 계시겠지만, 그리고 논리적으로 맞지 않는 말로도 보이겠지만 우리가 살아가는 현실에서 육체의 한계가 아닐까 생각합니다. 마치 그리스도의 장성한 분량이 충만한 데 이르도록 자라 가야 하지만 이 땅에서는 그 누구도 예수님과 같은 장성한 분량을 산 사람이 없는 것과 마찬가지가 아닐까요.

정신과적 질병은 마음의 질병이기도 하지만 뇌의 질병이므로 아무리 노력해도 땅에 속한 육신의 한계를 뛰어넘을 수는 없다고 생각합니다. 이러한 한계를 느끼는 것이 절망적이라면 그 절망은 우리로 예수님을 바라보게 하므로 건강한 절망이 될 것입니다. 우리의 몸은 땅에 속해 있어서 새로운 몸을 입기 전에는 이상적 상태를 가질 수 없습니다. 다만, 복음이 완벽하므로, 예수님이 온전하시므로 우리는 그분의 임재 가운데 날마다 거할 수는 있겠습니다. 우리 육신의 연약함을 들고 하나님께로 나아가고자 몸부림쳐 완치되지 못한 우리의 마음과 육신을 통해 완벽하신 그리스도의 역사하심이 있기를 기대하는 것이지요.

그래서 하나님의 은혜가 우리에게 족하다는 하나님의 음성을 듣고 육체의 고난을 감당해야 하는 것이 필요하다고 믿습니다(고후 12:9). 우리가 아무리 어려움 가운데 있다고 할지라도 온전하신 예수 그리스도가 함께하신다면 우리는 온전한 것입니다. 우리의 연약함 속에서 하나님을 더 깊이 발견하는 은혜가 있기를 기도합니다. 비록 이해할 수 없는 고통과 어려움 속에 있다 할지라도 이미 전능하신 하나님의 임재가 우리에게 충만함을 믿습니다. 바로 그 충만한 은혜가 남아 있는 우리의 문제를 수용할 힘이 됩니다.

은혜가 얼마나 충만한지를 깨달을수록 우리 안의 정서적, 정신적 문제는 그 은혜 안에서 녹아내릴 수 있습니다. 절망적 고통 가운데 있지만 이미 주어진 은혜가 비교할 수 없이 더 크고 깊음을 발견한 바울처럼 우리에게도 족한 은혜의 깨달음이 있길 기도합니다. 정신적, 정서적 문제를 최대한 해결하되 남은 문제는 족한 줄로 알고 감사함으로 수용하는 것이지요.

정신과적 병리나 질병은 앞서 이야기했듯 다양한 방법이나 과정을 필요로 합니다. 하나님이 일반 계시를 통해서 주신 심리 치료적 기법이나 치유 상담, 다양한 요법 등이 종합적으로 다 필요하다고 믿습니다. 마음을 치유할 유일한 방법이란 없다는 의미입니다. 그만큼 마음을 다룬다는 것은 방대하고 복잡합니다. 생물, 정신, 사회, 영적 접근이 통합적으로 중요합니다. 생물학적 치료, 즉 약물 등의 치료, 정신적 상담 치료, 사회 환경 등의 조절, 영적 접근 등 4가지 축이 중요한 것이지요.

사람은 영적인 존재이면서 물리적, 심리적, 사회적 존재입니다. 간단히 요약하면, 약물 치료를 하면서 심리 상담을 하고, 대인 관계 및 질병에 기여하는 사회적 요소를 다루고 난 후, 마지막으로는(혹은 동시적으로) 영적인 접근을 할 때 가장 효과적인 것 같습니다. 그래서 제가 믿기로는 그 모든 방법의 처음과 마지막에는 진리 되신 그리스도의 말씀이 필요합니다.

비록 하나님의 은혜가 차고 넘친다고 할지라도 우리 안의 문제가 다 사라지지 않을 수 있습니다. 오히려 문제를 통해서 하나님의 은혜가 경험되니 이 또한 감사할 따름입니다. 물론 너무나 큰 고통 속에서 절망 가운데 살아가시는 분들을 볼 때는 혼란스럽고 때로 무력해지기도 합니다.

저는 외상후스트레스장애(PTSD), 우울증, 불안 장애, 트라우마 등을 치유할 때 앞서 언급한 것처럼 약물 치료나 상담 치료 등을 제공하면서도 그리스도인들에게는 때로 하나님의 말씀 치유 사역을 하기도 했습니다. 무의식 속에 하나님을 초청할 때 하나님이 마음 깊은 곳을 치유하셔서 자유케 되는 놀라운 기적을 여러 차례 경험했습니다.

어떤 경험이든 사람은 그 경험을 해석하는 본능과 습관이 있습니다. 생각을 사용해서 경험을 해석하는 것이지요. 이때 그 경험이 감당하기 어려운 충격적 경험이라면 우리는 그 경험을 통해서 우리를 왜곡되게 해석하게 됩니다. 제가 아주 어린 시절 경험했던 트라우마를 통해 하나님으로부터 오지 않은 왜곡된 거짓말을 믿게 되었던 것처럼 말입니다. 그 트라우마가 심어 준 왜곡된 거짓말은 내 삶의 사고의 틀로 고착되어 평생 거짓말을 믿고 살아가게 하는 것입니다.

하나님은 이렇게 왜곡된 경험을 통한 왜곡된 거짓말을 진리로 바꾸십니다. 더 이상 나를 세상의 시각이나 트라우마의 시각으로 보지 않고 하나님의 시각으로 바라보니 거짓에 사로잡히지 않고, 자유하며, 근원적 치유를 경험하게 되는 것이지요. 그렇게 생각이 진리로 가득 차게 되니 감정도 기쁨과 자유함이 넘치게 됩니다. 하나님의 임재 가운데 소속감을 가지고 빛의 열매를 맺게 되는 것입니다.

수많은 치유 사역을 통해서 하나님은 단 한 번도 우리의 기도를 물리치시는 분이 아님을 배우고 있습니다. 내담자의 내면의 무의식을 하나님 앞에 올려 드리며 함께 기도하며 하나님의 진리의 임재를 초청할 때 하나님이 임재하지 않으신 적이 단 한 번도 없음을 경험했습니다. 비록 치유의 열매는 작다고 할지라도 하나님은 늘 그곳에 계셨습니다. 늘 우리를 품고 계셨고, 늘 우리에게 말씀하고 계셨습니다. 하나님은 단 한 번도, 한순간도 우리를 버리거나 떠나지 않으시고 눈동자처럼 지키시면서 사랑하고 계셨음을 깨닫게 됩니다. 그리고 오늘도 끊임없이 우리를 격려하시며 "일어나 함께 가자"고 말씀하심을 믿습니다.

하나님의 사랑과
정신 병리

마음의 깊은 상처로 고통스러운 많은 분이 자주 이런 질문을 합니다.

- "하나님이 저를 사랑하신다면, 그리고 제가 하나님의 자녀인데 왜 이렇게 우울하고 아프고 상처가 많은지요?"
- "저를 사랑하신다면서요…. 그런데 왜 그때 저를 도와서 학대에서 구해 주지 않으시고 고스란히 당하게 그냥 보고 계셨는지요?"
- "제가 20년째 치유를 위해서 간절히 기도하고 또 기도해 왔는데 왜 저는 여전히 이렇게 고통 가운데 있는지요?"
- "하나님이 우울증을 제게 주셨는데 이유를 모르겠어요."

솔직히 이런 질문을 하시는 분들이 정말 이해가 됩니다. 이런 질문 속에는 '하나님은 나를 사랑하지 않으시는 것 같다'는 의미가 담겨 있는 것 같습니다. 영혼의 고통이 얼마나 크기에 하나님이 원망스럽기도 하고 하나님을 사랑이 없는 분으로 오해할까요. 교회에서 배운 하나님은 사랑의 하나님이신데, 정작 자신이 정신 병리로 고통을 당할 때는 하나님의 사랑이 느껴지지 않는 것이지요.

이런 마음 아픈 질문을 중심으로 그분들과 같이 대화하면서 하나님은 그럼에도 사랑이시라는 진리를 같이 나누게 됩니다. 정서적 고통이 크기 때문에 여간해서는 인지적 진리를 받아들이려 하지 않습니다. 정서적 아픔이 클수록 그 아픔과 고통의 관점으로 하나님을 보게 되니 하나님을 오해하게 되지요.

안타까운 것은 우리가 이 땅에 태어났을 때는 우리는 하나님을 전혀 모른다는 사실입니다. 우리의 인지 기능도, 정서 및 의지 기능도 원초적이므로 성숙된 하나님의 임재를 느낄 수 없습니다. 물론 하나님의 지극한 사랑을 받으면서 태어났지만, 그 완전한 사랑은 알 길이 없는 것이지요. 이후에 삶을 살아가면서 경험이 생기고 관계가 무엇이며 사랑과 증오가 어떤 것인지를 알아 가지만, 피할 수 없는 죄를 만나며 오염된 삶을 살아갈 수밖에 없겠습니다. 이러한 죄로 얼룩진 삶 속에 예수 그리스도를 영접하게 될 때 비로소 하나님의 사랑을 경험하게 됩니다.

그러나 안타까운 것은 예수님을 믿는 그리스도인이 된다고 할지라도 이 땅에서 경험하는 상처와 학대의 오염된 경험이 이후에 경험되는 하나님의 사랑보다 더 클 때는 결국 상처라는 경험을 통해서 하나님을 보게 되므로 하나님을 왜곡된 시각으로 바라보게 된다는 것입니다. 사람은 옳은 것을 옳다고 받아들이기보다 내가 경험한 것을 옳다고 받아들이는 경향이 강합니다. '내가 살아 보니 예수 믿어도 별다른 것이 없더라'라는 식으로 이미 자기 안에서 결정해 버린 것이지요. 상처받은 경험이 많은 사람일수록 하나님을 제대로 보지 못하고 '하나님은 내게 관심이 없어'라는 자기 확신 속에 살아가기도 합니다.

경험이 믿음을 만들어 내기 때문에 우리는 논리적으로 학습된 것보다는 비논리적이라고 할지라도 강력히 경험된 것을 진리로 믿는 경향이 있습니다. 강력히 경험된 것이 비록 거짓이라고 할지라도 나의 전인격이 경험한 것이어서 그렇습니다. 논리적 학습은 우리

인격의 일부로 받아들이지만, 전인격적 경험은 내 존재 전부로 받아들여 각인시킨다는 것입니다. 개가 사랑스럽다고 책을 통해 아무리 배워도 그 개에게 한 번 물리는 것이 개에 대한 믿음 체계를 형성하는 이치와 같습니다. 개에게 물린 사람은 개를 사랑스럽다고 여기기보다 위험하다고 여기게 되지요.

더 큰 문제는 이렇게 만들어진 하나님에 대한 왜곡된 시각이 어린 시절부터 아주 오랜 기간 반복적으로 경험해 온 것으로 무의식적으로 학습해 왔으므로 강력한 믿음 체계로 형성되어 있다는 점입니다. 자신에게 상처를 주는 경험들, 육신의 부모님으로부터 받은 학대, 학교 선생님이나 친구, 동료, 세상이 주는 거짓 메시지 등 진리가 아닌 거짓을 믿게 만드는 수많은 경험을 통해 점차 하나님을 오해하게 됩니다. 그렇게 형성된 하나님에 대한 '무의식적 오해'는 다음과 같습니다.

- '하나님 아버지는 육신의 아버지와 유사한 분이시다.'
- '나쁜 것도 주시는 하나님이시다.'
- '하나님은 내 기도에 무조건 응답하셔야 한다.'
- '하나님은 내 기도에 응답하지 않으실 것이다.'
- '하나님은 나를 치료하셔야만 한다.'
- '하나님이 나를 사랑하신다면 나는 우울할 수 없다.'
- '하나님은 나를 학대에서 구해 주지 않으신다.'
- '하나님은 나를 방치하신다.'
- '하나님이 내게 우울증과 정신 병리를 주셨다.'

하나님 아버지는 육신의 아버지와 다르십니다. 우리는 무의식적으로 하나님을 '아버지'라 부를 때 육신의 아버지를 떠올리며 하나님을 오해합니다. 육신의 아버지가 좋은 분들도 있지만, 인생이 연약한지라 자녀들에게 어려움을 주는 아버지가 많은 것도 사실입니다. 우리는 우리도 모르게 하나님 아버지를 육신의 아버지 수준으로 생각하게 되고 무의식적으로 하나님을 멀리하게 되는 것입니다.

하나님의 사랑을 기대하지 못하니 그 사랑을 경험하지 못한 채 살아가게 되어 안타까울 때가 많습니다. 이런 오해는 결국 '내게 나쁜 것을 주시는 하나님 아버지'라는 오해로까지 연결됩니다. 사실 인생을 살 때 나쁜 일은 하나님으로부터 오지 않습니다. 하나님은 자녀가 떡을 달라고 할 때 좋은 것을 주고자 하시는 좋은 아버지이십니다(마 7:9-11).

이미 모든 저주는 예수님이 십자가상에서 감당하셨다고 믿습니다. 이 땅을 살아갈 때 오는 나쁜 일들은 죄 많은 세상에서 살아가므로 필연 만나게 되는 것 같습니다. 죄로 인한 이 땅의 악함과 하나님을 거절하고 죄악을 행하는 자들로부터 비롯된다고 생각합니다. 타인의 악행도 이유가 되지만 나 자신의 악행도 이유가 되는 것 같습니다. 하나님을 떠난 인생은 연약하기도 하지만 가인처럼 악해질 가능성이 매우 높습니다. 하나님이 주신 각자의 자유의지는 고스란히 그 자신의 몫입니다. 그런데 하나님을 떠나서 살아가므로 이 자유의지를 하나님이 기뻐하지 않으시는 일에 사용하는 사람들이 있습니다. 심지어 자신의 자유의지로 타인을 해하는 일도 서슴지 않지요.

그런데 안타깝지만 하나님은 이런 나쁜 일에서 늘 우리를 구해 주지는 않으실뿐더러 구해 주셔서는 안 됩니다. 만약에 우리가 당하는 이 땅의 모든 불의에서 우리를 구해 주신다면 그것은 하나님의 질서와 사랑에 위배됩니다. 우리를 늘 모든 악으로부터 구해 주신다면 그것은 하나님이 만드신 각자의 자유의지를 포함한 창조 질서를 하나님 스스로 파괴하시는 결과가 됩니다. 그리고 이 땅에서의 악으로부터 우리를 막아 주시는 정도는 하나님의 사랑의 핵심이 아니라고 생각합니다. 만약에 악한 일로부터 우리를 막아 주시는 것이 하나님 사랑의 최선이라면 예수님은 십자가에서 그렇게 돌아가시면 안 되는 것이었겠습니다.

아담과 하와는 선악과를 먹으면 죽는다는 하나님의 말씀처럼 죄를 지은 후 에덴에서 고통의 땅으로 쫓겨났습니다. 하나님이 우리에게서 에덴을 거둬 가신 것은 하나님이 원하시는 일은 아니지만 꼭 필요한 일이었습니다. 말씀하신 분이 그 말씀을 신실하게 지키신 것이지요. 죄를 지으면 죽어야 하는 섭리는 지켜져야 합니다. 우리가 죄로 인해서 죽게 되었지만 하나님은 그 사망까지 이기고 우리를 구원할 자신이 있으신 분입니다. 그래서 예수님의 구원 사역을 기대하시면서 우리를 완전한 사망으로 내모십니다.

저는 죄를 지은 아담과 하와에게는 에덴을 상실한 것이 사실 은혜라고 생각합니다. 부활이 보장된 죽음이 은혜이지, 죄를 지은 상태에서 에덴에서 영원히 사는 것은 저주입니다. 만약 그렇게 되면 죄와 영원히 동거해야 하니까요. 사랑의 하나님은 이 죄를 해결해 주시기 위해 에덴을 우리로부터 거두어 가셨습니다. 어쩌면 죄를 지은 아담과 하와에게 주신 가장 큰 사랑이 에덴을 상실한 것이라는 생각을 합니다. 죄와 사망을 해결한 후 누리는 천국이 진짜 하나님의 나라이며, 예수님을 통해 진정한 에덴인 천국을 회복하게 될 것이기 때문입니다.

에덴에서 쫓겨난 우리는 척박한 땅에서 고통과 뒤엉켜 몸부림치게 되었습니다. 이 땅은 불의가 판을 치고 믿는 자들까지도 동일한 어려움 속에 살아가야 하는 광야와 같은 곳입니다. 그래서 때로 감당하기 어려운 불의의 사고나 사건, 고통과 어려움을 만나게 될 수밖에 없습니다. 우울해질 수 있고 불안 장애로 고통받을 수 있습니다. 이해할 수 없는 정신 병리 가운데 좌절하기도 합니다.

우리는 고통과 어려움의 순간에, 적시에 하나님이 나타나셔서 문제를 해결해 주시길 원합니다. 그러나 우리 육체의 원함과는 달리 그런 일은 일어나지 않습니다. 하지만 하나님이 우리를 그때 적시에 구원해 주지 않으셨다면 이유가 분명히 있습니다. 그 이유는 분명 하나님의 입장에서는 더 필요하고 더 좋은 이유일 것입니다. 우리의 입장에서는 그 이유를 모를 수도 있고, 그 이유를 찾을 때까지 어쩌면 답이 없는 답답함도 있을 수 있겠습니다. 우리는 이해가 안 되면 나의 이해 범위로 해석하는 경향이 있습니다. 내 이해를 초월하시는 하나님의 뜻을 하나님의 도우심 없이 억지로 풀려고 하다 보니 내 틀에 맞지 않는 하나님의 사랑은 더 이상 사랑이 아니게 느껴질 수 있겠습니다. 그렇다 보니 하나님이 원망스럽게 느껴지기도 하고요.

그러나 다들 동의하겠지만, 오히려 하나님은 이런 세상에서 우리를 눈동자처럼 지키고자 하시는 분입니다. 이런 하나님은 우리에게 우울증을 주시거나 정신 병리를 주시는 분이 결코 아닙니다. 우리가 학대를 당할 때 그 누구보다 구해 주기를 원하십니다. 사랑하는 자녀인 우리의 고통을 외면하지 않으시지요. 하나님은 진실한 사랑이시고 신실하십니다. 우리가 답답해하는 것보다 더 큰 안타까움으로 우리와 함께하십니다.

우리는 이 사망의 땅에서 정신 병리와 싸우지만, 진정한 구원자이신 예수님과 함께 이 사망의 몸에서 부활할 것을 기대하며 오늘도 하나님을 의지하며 살아가고 있습니다. 이 땅에서 정신 병리로 인해 당하는 고통과 어려움이 있어도 광야에서 샘을 내시고 생기를 불어 넣어 주시는 예수님을 경험할 수 있습니다. 예수님이 오신 후 이제 이 땅에서 천국을 맛볼 수 있으며 예수님의 생명이 우리와 함께하는 것을 경험할 수 있게 된 것입니다.

그러면 우리는 어떻게 하는 것이 좋을까요? 그런 아픈 경험이 있다면 그 경험 속에서 하나님이 어떻게, 무엇을 하고 계셨는지 기도하며 찾아보면 좋겠습니다. 하나님이 나를 홀로 방치하셨다고 확신하는 바로 그때, 내겐 가장 원망스러운 그 순간에 하나님은 내게 어떤 사랑으로, 무엇을 하고 계셨는지 하나님 앞에 물어보는 시간이 필요합니다. 가장 절망의 순간을 떠올리며 바로 그곳에 하나님의 임재를 초대하면 좋겠습니다. 하나님이 말씀으로 음성을 들려주시길 기도하는 것이지요.

하나님 아버지는 그분의 사랑을 우리에게 친밀하게 계시하는 것을 기뻐하십니다. 하나님은 우리를 사랑하셔서 우리를 창조하셨던 순간부터 지금까지 단 한순간도 떠나지 않으시고 우리와 함께하셨다는 전인격적인 깨달음을 가질 수 있게 될 것입니다. 하나님의 사랑은 경험하는 것입니다. 그분의 사랑은 우리의 몸을 적시고, 마음을 채우며, 하나님에 대한 왜곡된 인식과 오해를 풀어 줄 것입니다. 하나님은 진리를 알게 하사 우리의 영혼에 자유함을 주시는 사랑의 하나님이시며, 바로 그 사랑으로 우리의 마음을 치유하시는 분입니다.

내가 왜 이런 고통을 당하는지 도저히 깨달아지지도 이해되지도 않을 때, 바로 그때가 하나님 앞에서 머물며 논리와 이성을 뛰어넘으시는 하나님이 주시는 영적 깨달음이 필요할 때입니다. 그 기다림이 내 생각보다 길어진다 할지라도 꼭 하나님이 주시는 완벽한 진실과 진리와 사랑을 경험하게 되길 기도합니다.

하나님의 사랑은 구체적 정신 병리를 때로 완전히 치유하지만, 치유의 정도는 개인마다 다른 것 같습니다. 하나님의 사랑은 누구에게나 일정하지만 치유의 결과는 다를 수 있고, 이는 하나님의 영역이라고 생각합니다. 내가 기대하는 만큼의 치유가 이뤄지지 않았다면 그 남은 질병을 통해, 치유하시는 하나님의 손길보다 더 큰 하나님의 사랑을 경험할 수 있다고 믿습니다. 때로 육체와 마음의 치유보다 더 큰 구원의 섭리를 위해서 남겨진 질병도 있을 수 있는 것이지요. 바울이 경험한 더 크고 족한 은혜를 깨닫게 하시기 위해서 하나님이 그에게 육체의 가시를 남겨 두셨듯 말입니다.

정신 병리의 회복이 더딘 경우

정신 병리의 증상이 정말 심각해서 절망적인 분들을 보게 됩니다. 오랜 기간 치유를 위한 노력과 여러 방법을 동원해도 회복이 어려워 절망하는 것이지요. 10년, 20년 등 오랜 기간 하나님께 간구하며 지내 왔기에 그 실망감도 이루 말할 수 없을 것입니다. 이런 분들에게 주께서 지혜와 계시, 온전한 치유를 주셔서 평안이 임하면 좋겠습니다. 치유하시는 하나님을 깊이 경험함으로 회복되면 정말 좋겠습니다. 솔직히 만족스러운 정답을 제시하기는 어렵지만 몇 가지 드리고 싶은 말씀은 있습니다.

1. 실제적 치유 과정이 필요합니다.

사람의 마음은 구조가 있고, 작용 기전이 있으며, 특징들이 있습니다. 이런 마음의 특징을 잘 모르면 치유가 더디거나 회복이 어려울 수 있겠습니다. 아무리 믿음을 가지고 기도하더라도 하나님이 창조하신 마음의 원리를 모르면 효과적 치유가 어려운 것이지요.

가장 흔히 보게 되는 경우가 "우울증을 낫게 해 주시옵소서"라고 기도는 하지만 다른 치유적 접근은 하지 않는 경우입니다. 치유 집회나 은사 사역을 통해 우울증이 회복되고 불안 장애가 치유되는 경우가 분명 있습니다. 하지만 마음의 병은 이런 식의 단회적 집회나 신유 은사를 통해서 회복되기 어려운 경우를 많이 봅니다. 왜냐하면 마음은 마음이 만들어진 창조 섭리대로 접근을 해야 효과적 회복이 가능하기 때문입니다. 마음의 치유는 하나님께 치유해 달라고 기도하는 것 이상의 실제적 치유 과정이 필요하다는 뜻입니다.

제가 앞서 무의식에 대해서 언급한 것이 한 가지 예가 됩니다. 정신 병리의 원인이 무의식에 존재할 때 의식적 노력으로는 결코 회복이 쉽지 않습니다. 마음이 아픈 이유가 어디서부터 비롯되었는지 필요한 분석과 무의식적 깨달음이 동반되고, 그렇게 드러난 정신 병리의 원인에 하나님의 임재를 초청하는 등의 과정이 요구되는 것이지요.

2. 정신 병리의 정도와 상처 정도에 따라 시간이 걸릴 수 있습니다.

우리 마음은 아주 복잡하게 얽혀 있어서 치유 과정이 필요합니다. 내면에는 치유에 방해가 되는 방해물도 상당히 많이 존재할 수 있습니다. 이런 방해물도 처리해 가는 것이 중요하지요. 과정을 생략하고 결과에 이를 수는 없습니다. 그러나 감사한 것은 치유도 과정을 거쳐 가면서는 속도가 붙는 것을 보게 될 때가 많다는 것입니다. 첫술에 배부르지 않겠지만 지속적으로 하나님 앞에 차근차근 과정을 밟아 가다 보면 내면의 성장이 이뤄져 가는 것을 보게 됩니다. 자고 일어나는 중에 열매가 달라지는 것이지요.

3. 질병 외에 내 안에 건강한 영역을 더 주목할 필요가 있습니다.

그동안 질병의 치유를 위해 기도한다고 모든 관심과 노력이 질병에 집중되어 있다 보니 어쩌면 하나님이 질병 이외에 이미 선물로 허락하신 놀라운 다른 것들을 방치하고 살아왔을 수 있다는 점입니다. 질병이 치유되고 안 되고가 나를 향한 하나님 사랑의 기준은 결코 아닙니다. 하나님이 우리를 사랑하셔서 그분 안에 있는 모든 축복을 이미 우리에게 주셨다고 성경은 말합니다. 원하는 한 가지가 없다고 하더라도 모든 영적 축복이 우리에게 있다면 우리는 전부를 다 가진 것이겠습니다.

사람은 나쁜 것이라 할지라도 습관을 유지하는 습성이 있습니다. 어릴 때부터 우울한 기분을 습관적으로 느꼈다면 현재 우울할 이유가 없다 할지라도 우리는 때로 '그냥' 우울하기도 합니다. 그래서 오늘의 기쁨을 놓치는 것이지요. 내가 나의 고통에 집중해서 하나님이 날마다 부어 주시는 일상의 소소한 기쁨과 행복을 놓치고 살아왔다면 하나님이 우리의 눈을 밝히사 오늘이라는 이 하루에 얼마나 크고 놀라운 은혜를 곳곳에 허락하셨는지 깨닫게 되길 바랍니다.

증상이 아무리 심해도 우리 마음에 남아 있는 아주 건강한 영역도 비교할 수 없을 정도로 크다는 점을 꼭 말씀드리고 싶습니다. 증상의 회복을 위해서 여러 노력을 꾸준히 하면서, 내 안에 주어진 건강한 영역을 더 주목하고 깨닫고 가꾸고 사용하는 것은 치유 못지않은 매우 중요한 정신 건강이겠습니다.

4. 정신 병리를 안고 살아가야 하는 분들에게 우리의 도움이 필요합니다.

앞서 잠시 언급했듯이, 정신 병리의 치료와 회복을 위해 오랜 세월 병원을 다니고, 치유 집회나 상담이나 기도 등 모든 노력을 기울인다 할지라도 다 치유되지 못할 수 있습니다. 치유를 갈망하는 분들에게는 다소 절망적으로 들릴 수 있겠지만, 현실은 그럴 수 있는 것 같습니다. 하나님의 치유의 능력은 물론 완전해서 하나님이 놀라운 기적을 베푸시어 감사하게도 정서적 어려움이 완치되는 경우를 종종 보게 되지만, 그렇지 못한 경우도 많이 보는 터라 때로 슬프고 안타깝습니다.

이럴 때는 그런 고통을 당하는 분들을 홀로 두지 않고 기쁨으로 함께하는 또 다른 분들이 필요합니다. 남은 정신 병리를 안고 살아간다는 것은 당해 보지 않은 분들은 모르는 큰 고통입니다. "하나님의 섭리가 있으니 남아 있는 정서적 어려움을 잘 수용해서 지내 보라"고 말은 쉽게 뱉을 수 있으나 그 말을 듣는 분들의 마음은 이루 말할 수 없이 고통스럽습니다.

정신 병리가 남아 있다고 해서 저주 가운데 있는 것은 결코 아닙니다. 많은 사람이 그들을 차별하고 낙인을 찍지만, 여전히 하나님의 사랑받는 귀한 자녀들입니다. 그들이 그 고통을 하나님과 사람들이 주는 힘과 기쁨으로 잘 수용하고, 때로 낙심해서 넘어지더라도 함께 일어날 수 있도록 우리가 필요합니다. 우리가 그들을 일방적으로 돕는다는 뜻이 아닙니다. 서로 돕는 것이 중요합니다. 함께 사랑함으로 함께 위로하고, 함께 도전하고, 함께 격려하며 그들의 아픔이 우리 모두의 아픔이 되어 함께 웃고 우는 관계가 필요합니다.

이 땅에 정신 병리로 고통받는 분들의 고통은 그리스도인들만이라도 같이 나눈다면 넉넉히 이겨 낼 수 있지 않을까 생각합니다. 그들의 고통에 우리가 함께하지 못해서 그 고통을 고스란히 그들만 지고 있으니 그토록 무거운 것이 아닐까요. 함께 울고 웃기만 해도 서로 힘을 얻을 수 있는 공동체가 있음에도 그들만 저토록 고통 가운데 있는 것은 혹 우리의 책임은 아닐까 생각해 봅니다.

5. 때로 치유되지 못하고 남은 정신 병리가 예수님을 열심히 섬겼다는 증거가 되기도 합니다.

우울증 혹은 불안 장애로 고통받으시는 선교사님들과 상담할 기회가 종종 있습니다. 선교지에서 너무나 열심히 사역하다 보니 참지 않을 수 없는, 감내하고 살아야 하는 수많은 어려움이 있으신 것이지요. 아무리 하나님을 의지하고 살아간다 해도 인간의 연약함으로 인해 우울증이나 불안 장애라는 어려움을 겪게 되기도 합니다.

저는 이런 정신 병리는 바울이 말했던 자기 몸에 있는 '예수님의 흔적'(the marks of Jesus)이라고 생각합니다. 물론 이런 병은 모든 방법을 통해서 치유되어야 합니다. 그렇다고 해서 이런 우울증이 하나님의 저주이거나 아무 의미 없는 고통은 결코 아닌 것이지요. 우리가 예수님과 함께 고난을 받다 보면 몸이 상하기도, 마음이 다치기도 할 수 있습니다. 신앙을 지키기 위해 몸이 다친 초대 교회 교부나 영적 지도자들이 많았다고 합니다. 예수님으로 인해 몸의 사지가 절단되기도 했던 그들은 예수님의 흔적을 가진 자들이었습니다. 몸의 상처만 그렇겠습니까. 예수님 앞에 삶을 지켜 나가다 보면 마음도 연약해서 상처(우울증 등)가 날 수 있고, 그것 역시도 예수님의 흔적인 것입니다. 앞서 예를 들었던 엘리야의 우울증이 대표적 흔적이 될 수 있겠습니다.

선교사님뿐만 아니라 일상에서 삶을 열심히 살다 우울증이나 불안 장애로 고통당하는 모든 분도 마찬가지입니다. 천국에 가면 이런 분들에게는 예수님의 칭찬이 있을 것을 믿습니다. 착하고 충성된 종이라 칭해 주시며 하늘의 상급으로 함께하신다고 믿습니다.

치유가 되지 않을 때 더 큰 하나님의 섭리가 하나님의 사랑 가운데 있음을 기억하면 좋겠습니다. 치유보다 더 큰 뜻이 분명히 존재합니다. 예수님이 이 땅에 오신 이유는 우리의 질병을 치유하심도 포함되지만, 치유하시기 위해서만 오신 것은 결코 아닙니다. 생명과 부활은 사망을 전제로 하지요. 이 땅의 사망과 질병은 우리의 생명과 부활에 포함되는 것입니다. 차라리 이 땅에서 질병으로 고통당하지만 그 고통을 통해서 진정한 부활을 경험할 수 있다면 우리는 천국에서는 매우 큰 자가 될 것입니다.

● ● ● ●

"심령이 가난한 자는 복이 있나니 천국이 그들의 것임이요 애통하는 자는 복이 있나니 그들이 위로를 받을 것임이요"(마 5:3-4). 부족한 글이지만 쓰는 동안 '내가 이런 주제를 다뤄도 될까?'라는 생각을 했습니다. 나누고 싶은 주제가 더 많지만 일부만 말씀드리게 되어 아쉽기도 합니다. 그리고 짧은 시간 동안 경험한 내용을 저 나름의 관점으로 나눈 것임을 넓은 마음으로 양해 부탁드립니다. 정답이 아니며 절대적인 해답도 결코 아니라고 생각합니다. 더 많은 기도와 고민을 통해서 하나님을 기쁘시게 하고 이웃에게 작은 도움이 되고자 하는 마음이 간절합니다.

이 땅에서 살아간다는 것은 이미 심령이 가난한 상태일 수밖에 없으며 우리의 죄인 된 모습뿐만 아니라 정신 병리로 인해서 애통할 수밖에 없는 아픔을 동반합니다. 그런 우리에게 하나님은 천국과 위로를 약속하십니다. 정신 병리가 다 낫지 않아도 천국을 소유할 수 있습니다. 우울해도 하나님의 위로로 인해 평안을 가질 수 있습니다. 정신 병리가 있어서 불행한 것이 아니라, 하나님의 임재가 있어 행복한 것이지요.

우리의 연약한 정신 병리와 비교되지 않게 크고 넓으신 하나님의 사랑과 진리로 인해서 오늘도 우리는 힘을 냅니다. 우리의 연약함이 주님의 품으로 달려가는 동기가 될 수 있어 참으로 감사한 것이지요. 저 또한 제 안에서 늘 불안해하고 우울해하며 좌절하기도 합니다. 그 와중에 하나님이 베푸시는 치유로 인해 감사를 드리게 됩니다. 마른 막대기 같은 저를 통로로 삼으셔서 하나님 아버지의 사랑과 진리를 흘려보내게 하시니 이보다 더 큰 영광은 없습니다.

오늘도 정신 병리로 인해서 고통 가운데 계신 분들을 위해 기도하며, 함께 상담하며, 하나님 나라를 이뤄 갈 수 있어 큰 행복입니다. 작은 글이지만 단 한 분이라도 위로와 힘을 얻을 수 있기를 기도합니다.

실전 노트

기도

우리를 치유하기 원하시는 하나님 아버지를 찬양합니다. 하나님의 자녀로, 의인으로 우리를 불러 주셔서 감사합니다. 우리에게 어떤 정서적 어려움과 질병이 혹 있다고 할지라도 차별하지 않으시고, 오히려 더 귀하게 여겨 주시는 하나님을 높여 드립니다. 오늘 이 시간에도 우리에게 사랑과 은혜로 축복하시는 참 아버지 되신 하나님을 고백합니다. 우리 마음을 고쳐 주시고 치유해 주시길 기도합니다. 사마리아 여인을 고치시고 혈루증을 앓는 여인도 치유하셨던 하나님이 우리 하나님이심을 고백합니다. 우리의 간절한 소망을 따라 가장 좋은 것을 허락하시는 하나님을 경험하고 싶습니다. 사망의 그늘에 앉아 있는 것 같은 우울증과 두려움, 불안으로 고통당하는 하나님의 자녀들을 돌아보시고 사망을 통해서도 부활과 생명을 이루시는 하나님을 깊이 만나는 한 분, 한 분 되시길 기도합니다. 오늘도 이미 부활을 허락하신 하나님, 우리 영혼 깊은 곳에서 생수의 강이 흘러넘치게 하시길 기도합니다. 세상이 줄 수도, 알 수도 없는 평안을 누리게 하시옵소서. 예수 그리스도의 이름으로 기도드립니다. 아멘.

꼭 적용해 주세요

○ 마음이 우울하고 불안할 때 정확한 진단을 위해 정신과 방문을 부탁드립니다.
○ 필요하다면 약물 치료를 받으시길 부탁드립니다.
○ 일상 속에 이미 허락된 하나님의 기쁨과 은혜를 발견하는 일에 힘써 주세요.
○ 하나님이 누구에게나 은혜로 허락하신 각자의 건강함을 계발하는 노력에 힘써 주세요.
○ 정신 병리가 다 회복되지 않을 때 그 남은 고통을 수용할 힘을 길러 주세요.

이렇게 하지 말아 주세요

○ 우울증이 있다고 신앙이 약하다 생각하지 마세요.
○ 모든 정신 병리 현상을 영적으로만 보지 마세요.
○ 정신과 진료를 비신앙적 행동으로 보지 마세요.
○ 기도한다고 치료 시기를 놓치지 마세요.
○ 입원 치료를 권유받을 때 거절하지 마세요.

/

2부

정신 질환에 대한 크리스천 정신건강의학과 의사들의 이야기

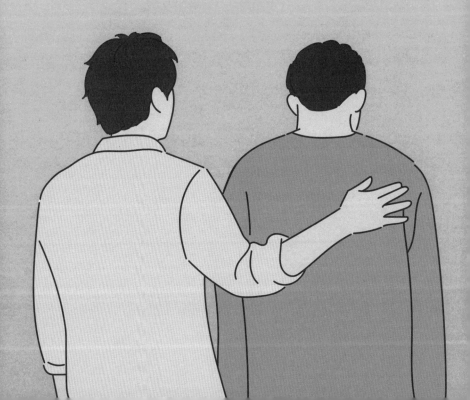

1장

정신증(psychosis)에 대해서

_ 김민철

환청과 귀신 들림

- "외출을 못하겠어요. 정부에서 사람들을 곳곳에 심어 놓고 길을 나서는 순간부터 저를 감시합니다."
- "자꾸 죽으라는 소리가 들려요."

진료실 현장에서 흔히 들을 수 있는 망상이나 환청에 대한 내용입니다. 흔히 정신증(혹은 정신병, psychosis)이라고 하면 좋은 표현은 결코 아니지만 '미친병'이라는 식의 표현을 많이 하는 질병이지요. 주 증상은 망상, 환청, 기이한 행동 등이며 누가 봐도 이상한 모습일 가능성이 높습니다.

정신과 의사라면 이러한 증상을 가진 분들을 진료할 때 비교적 쉽게 구분할 수 있으나, 정신과적 전문 지식이 없는 분들에게는 오해의 소지가 큰 질병일 수도 있습니다. 특히나 영적인 세계를 경험하고 교육받고 양육받는 그리스도인들에게는 어쩌면 가장 오해가 많은 부분이 바로 이 정신증일 수 있겠습니다. 그리스도인들은 환청을 듣고 이상한 행동을 하는 사람들을 볼 때 우선은 귀신 들림으로 설명하려는 경향이 있는 것 같습니다. 왜냐하면 환청을 동반한 정신증을 가진 분들이 성경에 등장하는 귀신 들린 사람들과 다소 유사해 보이기 때문입니다.

먼저는 환청이나 망상을 호소하는 정신증으로 고통당하는 분들이 혹 이 글을 보고 도움이 될 수도 있지만, 오히려 마음이 불편해지지 않을까 다소 걱정도 됩니다. 설명을 위한 표현도 그들에게는 어려움이 될 수도 있을 것 같습니다. 조심스럽지만 모두를 위해서 최대한 조심스럽게 말씀드리겠습니다.

이 장에서는 환청을 호소하는 정신증의 경우와 귀신 들린 상태에 대해서 각각 또는 비교해서 최대한 설명하고자 합니다. 물론 귀신 들림에 대해 모든 것을 이야기할 수는 없으며 정신 병리와 연관된 것 위주로 제 경험과 지식을 나누고자 합니다.

● 정신증이란 무엇인가?

정신증에 대해서 조금 더 설명하기 이전에 용어에 대한 정리를 잠시 할까 합니다. 독자들의 이해를 돕기 위해 다소 간단하게 분류해 보겠습니다.

'정신 장애'(Mental disorders)라는 용어는 모든 정신 병리를 가진 질병을 통칭합니다. 즉 감정, 사고, 언어, 인지, 운동, 기억, 주의 등 인간 행동의 여러 측면에서 정신 병리를 나타내는 상태이겠습니다. 이 정신 장애 아래로 크게 3가지 분류가 가능하겠습니다.

정신 장애

1. 정신 질환(Mental illness)
   - 신경증(Neurosis): '노이로제'
   - 정신증(Psychosis): '미친병'
2. 지적 장애(Intellectual disabilities)
3. 성격 장애(Personality disorder)

일단 지적 장애와 성격 장애를 간단히 먼저 설명하고 이 장의 주제인 정신증을 설명하겠습니다.

지적 장애는 지적 기능이 낮은 경우, 즉 IQ가 낮은 장애입니다. IQ와 함께 사회 적응 능력의 어려움도 동반됩니다. 사회성의 기술, 일상생활 영위의 기술, 타인과의 소통 능력, 개인의 독립적 삶의 능력, 지역 사회 활동 능력 등에서 문제가 있게 됩니다. 지능에 따라 경도(mild), 중등도(moderate), 고도(severe), 최고도(profound)로 나누며, 경도의 지적 장애인 경우 9-12세 정도의 기능을 발휘할 수 있으며, 중등도는 4-8세 수준, 고도는 2-3세 수준, 최고도는 2세 미만 수준의 기능을 보입니다.

성격 장애는 말 그대로 성격에 장애가 있는 것으로, 인지 왜곡, 감정적 불안정성, 대인 관계의 문제 및 충동 조절의 어려움을 호소합니다. 초기 성인기부터 시작되고 삶에 전반적이고 지속적으로 나타나며 여러 사회적, 대인 관계적 기능의 장애를 유발합니다. 특징적인 것은 이 질병을 가진 분들은 자신은 결코 문제가 있다고 생각하지 않는다는 것이며, 주변 사람이나 환경 등의 탓으로 돌리며 주변 사람들을 힘들게 하기도 합니다.

이제 정신 질환에 대해 살펴보겠습니다. 정신 질환은 크게 두 가지로 나눕니다. 정신증과 신경증이지요. 사실 이런 분류는 아주 오래전의 분류법으로 더 이상 정신건강의학과에서는 사용하지는 않는 분류입니다. 하지만 이해하기 쉽게 두 가지로 나눠서 비교하면서 설명하면 좋을 것 같습니다.

신경증은 흔히 우리가 말하는 우울증, 불안 장애, 공황 장애 등과 같은 질환을 의미합니다. 이런 질환을 호소하는 분들의 증상을 보면 누구라도 이해할 만하고 공감이 가는 정도입니다. 현실을 비교적 있는 그대로 인식할 수 있습니다. 환자가 괴로워하지만 미친 상태는 아닙니다. 그러나 일상생활에 지장을 초래할 정도로 고통스럽습니다. 정상과 정신증적 상태의 중간에 해당된다고 보면 이해하기 쉽습니다. 즉 망상, 환각, 비합리적 현실 왜곡, 괴상한 행동 문제는 없는 상태이지요.

반면, 정신증은 더 심한 상태입니다. 정신증을 대표하는 질환은 조현병입니다. 그 외에도 환청이나 망상을 동반한, 즉 현실 검증 능력이 손상된 경우도 정신증으로 분류할 수 있습니다. 양극성정동장애, 정신증을 동반한 우울증 등이 대표적 예가 되며 앞서 설명한 성격 장애나 지적 장애에서도 때로 정신증이 병발할 수도 있겠습니다.

정신증은 일단 보기에 상식적으로 이해하기 어렵고, 쉽게 공감이 가지 않는 증상을 호소합니다. 조금 더 어렵게 말하면, 자아 기능의 퇴행이 심해서 현실을 있는 그대로 판단하는 능력이 손상된 경우입니다. 현실을 검증할 능력이 없는 상태로 현실을 왜곡하게 되지요. 그래서 들리지도 않는 소리를 듣고(환청) 잘못된 사실을 믿게(망상) 됩니다.

- "하나님이 저보고 영적 전쟁을 하라고 하세요. 하나님의 음성이 귀에 들립니다." - 환청
- "지금도 사탄이 저를 공격하고 교회 강단을 장악했어요." - 망상

언뜻 보면 정말 하나님이 주신 음성이나 영적 전쟁에 대한 분별로 들릴 수 있습니다. 그래서 분별이 필요하지만, 이런 증상을 호소하는 분들은 오히려 평안이 없고, 사회 기능이 마비되며, 인간관계나 직업적 기능의 손상이 심하게 오지요.

이러한 환청이나 망상은 다소 심한 정신 병리로, 뇌 기능의 악화나 심리적 붕괴로 인한 증상으로서 현실감 상실을 동반합니다. 즉 현실을 있는 그대로 인지하지 못하고 망상의 세계를 경험하는 것입니다. 보통은 무의식적 공격성이나 불안 등을 외부로 투사해서 자신이 공격당한다는 생각을 가지게 되기도 합니다. 이러한 증상을 경험할 때는 극도의 공포를 느끼며 자신이 소멸될 것 같다는 생각 속에서 고통당하기도 합니다.

내담자들 중에는 이러한 환청이나 망상에 시달리는 분들이 있습니다. 보통 조현병이 대표적인 질환이 되겠습니다. 이런 증상은 귀신 들림이나 악한 영과 전혀 무관할 때가 많다는 것을 꼭 명심하면 좋겠습니다. 물론 다양한 경우가 있겠으나 환청이나 이상 현상을 영적인 현상으로 직결해서 생각하지는 않으면 좋겠다는 뜻입니다. 대부분의 정신증은 뇌의 질환(신체적 질병)이지, 마음의 질병이 아닌 경우가 많습니다.

◯ 정신증인 '조현병'에 대해서

정신증 중 조현병을 예로 들어서 설명하겠습니다. 조현병은 전체 인구의 약 1% 정도가 앓고 있는 병이며 보통 10대 후반에 발병해서 평생을 통해 경과가 만성적이고 파괴적인 경향을 가집니다. 물론 조현병의 일부는 완치도 될 수 있으나 대부분은 호전과 악화를 반복하는 경향이 있습니다.

조현병의 원인은 여러 가지가 있습니다. 보통의 정신 장애의 원인은 사회적, 심리적, 생물학적, 영적 요인으로 나눌 수 있지만 조현병에서는 가장 중요한 원인이 생물학적 원인으로 생각됩니다. 심리적 원인이나 사회적 스트레스 등도 연관이 되겠으나 직접적 원인은 뇌 기능의 불균형으로 보고 있습니다. 조현병이 뇌의 질환인 것은 확실합니다. 유전적인 성향도 높고 뇌 구조의 문제도 거론됩니다. 자아가 만들어지는 생애 초기(생후 1년 전후)의 어떤 문제로 인해서 자아 기능에 심한 손상이 있는 경우(뇌 기능 장애의 유발)도 원인으로 생각되고 있습니다.

가장 중요하게 생각되는 원인 중 하나는 우리 뇌의 도파민, 세로토닌 등의 신경전달물질의 불균형입니다. 신경전달물질은 우리 뇌에서는 상당히 중요한 물질입니다. 이러한 물질이 제대로 작동해야만 뇌 기능도 정상적으로 가동됩니다. 뇌가 비교적 건강하다는 것은 신경전달물질이 조화롭고 적절하게 분비된다는 뜻입니다. 건강한 신경전달물질로 인해서 우리의 정신 기능, 감정, 생각, 인식, 느낌, 판단, 행동 등도 건강하게 표현될 수 있습니다.

하지만 조현병에서는 신경전달물질의 불균형이 초래되고 이로 인해서 적절한 정신 기능을 발휘할 수 없게 됩니다. 그래서 들려서는 안 되는 소리가 들린다든지(환청), 보이면 안 되는 것을 보게 된다든지(환시), 다른 사람들은 맡을 수 없는 냄새를 맡는다든지(환후), 전혀 현실적이지도 합리적이지도 않은 판단이나 사고, 믿음(망상)을 가지게도 되는 것이지요. 그 외에도 여러 증상이 나타날 수 있는데, 비합리적으로 와해된 언어나 이상 행동, 정서적인 무감동, 무의욕 등도 있을 수 있습니다.

물론 환청과 망상이 있다고 해서 모두가 다 조현병은 아닙니다. 마약이나 다른 약물로 인해서도 비슷한 증상이 생길 수 있고 다른 정신과적 질병(양극성정동장애 등)에 의해서도 유사 증상이 보일 수 있어서 감별이 필요하기도 합니다. 실제 뇌를 다친 후에도 비슷한 증상이 있을 수 있고 뇌졸중이나 뇌의 종양, 간질, 내과적 내분비 및 대사 장애, 자가면역질환, 감염 등의 질병에 의해서도 비슷한 현상을 경험하기도 하므로 주의 깊은 판단이 요구됩니다.

조현병과 같은 정신증은 여러 치료적 방법이 필요합니다. 입원 치료, 약물 치료, 정신 치료, 재활 치료, 그룹 치료, 가족 치료 등 도움을 받을 수 있는 여러 방법이 있습니다. 여기서 강조하고 싶은 치료는 입원 치료 및 약물 치료가 되겠습니다. 일단 현실감을 상실한 상태, 즉 환청이나 망상이 현저한 급성기 상태에서는 입원을 통한 치료가 매우 중요하며 약물 치료가 상당히 큰 비중을 차지하게 됩니다. 물론 신경전달물질의 균형을 다시 찾고 현실감을 회복하면서는 그 외 재활 치료나 상담 치료, 가족 치료 등도 매우 중요한 치료가 되겠습니다.

급성기 증상이 약물 및 입원 치료 등으로 호전을 보일 때 이제부터 정신 재활 치료가 필요할 수 있습니다. 조현병의 경우 모두가 그런 것은 아니지만 점차 인지 기능이나 정서 기능의 감퇴가 동반되기도 합니다. 사람들을 만나지 않으려 하거나 의욕 없이 게을러지기도 할 수 있습니다. 이러한 증상을 '음성 증상'이라고 하며, 남은 음성 증상은 약물 치료와 함께 정신 재활 치료를 병행하는 것이 중요합니다. 낮병원이나 직업 재활 치료 등에 대해 병원에 문의해 삶의 질을 높일 수 있도록 지속적 치료를 받으면 좋겠습니다.

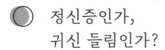

정신증인가, 귀신 들림인가?

그렇다면 귀신 들림과 정신증은 어떤 관계가 있을까요? 혹은 특정 구분점이 있을까요? 일단 귀신 들림이라는 영적 현상에 대해서 다소 거부감이 있는 분들도 있겠고, 그리스도인들 중에서 귀신의 영향력에 대해서 인정하지 않는 분들도 있음을 알고 있습니다. 그러나 성경에서 예수님이 축사하셨듯, 우리도 예수님이 가르쳐 주신 일을 행해야 한다고 생각합니다. 성경에 나오는 내용을 강조하는 것은 오히려 필요하다는 생각이지요. 귀신 들림에 대해서 다룬다는 것은 신학을 전공하지 않은 제게는 한계가 있는 일일 수 있습니다. 그러나 임상적으로 귀신의 영향력으로 고통당하는 분들을 간혹 보기도 하고 또 정신증과의 구분이 필요하므로 언급하고 싶습니다.

우선은 '귀신이 들렸다'는 표현 자체가 적당한 표현은 아님을 먼저 말씀드립니다. 성경에 '귀신 들림'으로 번역되어 있으나 더 정확한 것은 '악한 영의 영향력'입니다. 보통 귀신 들림이라는 표현을 많이 하지만 실상 악한 영에 완전히 사로잡힌 경우보다 악한 영의 영향 아래 있는 경우가 더 많은 것 같습니다. 특히나 그리스도인은 귀신에 사로잡힐 수 없습니다. 그러나 그리스도인이라 할지라도 땅에 속한 육체를 통해 악한 영의 영향력은 받을 수 있지요. 예수님의 십자가 지심을 반대했던 베드로가 대표적 예가 되겠습니다.

그러면 어떤 경우에 우리는 악한 영의 영향력 아래 있게 되는 것일까요? 그 악한 영은 과연 능력이 있을까요? 악한 영은 죄를 통해서만 역사할 수 있습니다. 죄와 거짓은 악한 영이 가장 힘을 얻는 재료가 됩니다. 반복해서 회개하지 않는 죄가 있거나 충격적 사건을 통해서 영혼이 깨어지는 경험을 할 때, 무엇보다 진리가 아닌 거짓을 믿고 살아갈 때 우리는 악한 영의 영향력 아래에 놓일 수가 있습니다.

악한 영은 거짓의 아비로, 주로 우리를 속이는 일을 합니다. 사실 사탄의 권세는 이미 보혈의 권세 아래 다 무너지고 힘을 잃었습니다. 이미 패망한 적입니다. 하지만 그 사탄의 거짓에 속아서 그 거짓을 믿는다면 그 권세 아래 다시 놓이게 됩니다. 악한 영이 우리를 이길 수 있다는 것이 아니라, 우리가 속아 넘어가서 우리의 승리를 내어주는 것이지요.

악한 영에게는 사실상 우리를 해칠 무기나 힘이 없습니다. 악한 자는 우리를 만지지도 못합니다(요일 5:18). 뿐만 아니라 골로새서 2장 15절은 이미 예수님이 통치자들과 권세들을 무력화하여 십자가로 승리하셨다고 선언합니다. 사탄의 권세는 이미 무너진 것입니다. 우리가 하나님께 복종하고 마귀를 대적하면 그냥 달아나는 것이 그들의 실체입니다(약 4:7). 바울은 고린도전서 5장 5절에서 하나님은 오히려 사탄을 사용해 하나님의 일을 성취하신다고 말했습니다. 우리가 진리 안에 바로 선다면 악한 영의 영향력은 어떤 의미도 없을 것입니다.

악한 영의 영향력과 연관해서 살펴보면 몇 가지 경우가 있는 것 같습니다.

- 악한 영의 영향력만 있는 경우
- 악한 영의 영향력과 환청 등의 정신 병리가 함께 있는 경우
- 환청 등의 정신 병리만 있는 경우

이러한 몇 가지 경우에 대한 이해와 지식과 경험이 있어야 효과적으로 다룰 수 있다고 생각합니다. 같은 현상에 대해서도 정신 병리를 경험해 보지 못한 분들은 자꾸만 귀신의 영향력으로만 설명하고자 하는 경향이 있고, 또 영적 원리를 모르는 분들은 정신 병리로만 설명하려는 경향이 있는 것 같습니다. 제 경험상 단순히 악한 영의 영향력만 있을 때는 죄를 회개하고, 용서하며, 비탄을 풀어 내고, 몇 가지 방해물을 제거하고 진리 가운데 선다면 악한 영의 영향력에서 자유롭게 되는 경우가 많습니다. 그리고 정신 병리만 있을 때는 적절한 정신과적 치료를 통해서 증상의 회복을 경험하게 될 수 있지요.

다소 힘든 경우는 정신 병리와 악한 영의 영향력이 함께 있는 경우입니다. 그래서 정신 병리가 심한 분이 악한 영의 영향력 아래에 있을 때에는 몇 가지 고려점이 있는 것 같습니다. 먼저는 입원 등을 통해서 정신 병리를 호전시켜야 한다는 점입니다. 정신 병리가 심할 때는 그 정신 병리를 치료하지 않고 먼저 축사 등을 하면 부작용이 심한 경우를 종종 보게 됩니다.

조현병으로 환청이 심했던 분이 교회에서 강력한 축사를 경험하고 없던 귀신의 영향력 아래에 있게 된 경험이 있습니다. 조현병은 급성기 상태에서는 논리적 판단력이 흐려질 수가 있고 바로 이때 부적절한 축사를 받는다면 오히려 자신이 귀신이 들렸다는 착각을 하게 되고 심지어 강력히 믿게 되는 경우가 있었습니다. 악한 영은 거짓을 통해 역사합니다. 들리지도 않은 귀신이 자기 속에 있다고 잘못 믿게 되는 것만큼 악한 영이 좋아할 일은 없을 것입니다.

물론 축사하신 분들은 정말 좋은 의도로 기도해 주신 것이지만 내담자의 상태가 그 축사를 감당할 힘이 없었던 것입니다. 저는 그래서 악한 영의 영향력 아래 있으면서 정신 병리가 심한 분의 경우, 먼저는 정신과에 방문해 적절한 진단과 입원 치료를 받는 것이 우선이라는 생각을 합니다.

제가 경험한 또 한 가지 사례가 떠오릅니다. 한 내담자는 제가 병동 회진을 돌다 우연히 만나서 상담을 했던 분인데, 상담 중에 그분의 내면에 자기 목소리 말고도 두 명의 인격체의 목소리가 있는 것을 발견할 수 있었습니다. 그분의 말에 의하면, 한 목소리는 먼저 세상을 떠난 남편이고, 또 한 목소리는 누군지 모르겠다고 했습니다. 이 경우 악한 영의 영향력과 해리(dissociation)라는 심리적 현상 둘 다를 경험한 사례가 되겠습니다. 즉 정신 병리와 악한 영의 영향력 두 가지를 경험한 사례입니다. 해리라는 방어 기제는 마음을 편치 않게 하는 성격의 일부가 그 사람의 지배를 벗어나 하나의 독립된 성격인 것처럼 행동하는 경우를 말합니다. '지킬 박사와 하이드'가 해리된 두 인격을 묘사한 것이지요. 인격 속의 또 다른 인격이라고 생각하면 됩니다.

그분은 먼저 세상을 떠난 남편과 생전에 애증의 관계로 힘들게 살다가 남편 사망 후 그 남편을 잊지 못하고 자기 마음속에 품게 되었습니다. 죽은 자를 잊지 못하고 마치 살아 있는 사람처럼 생각하며 죽은 자와 병리적 관계 가운데 있었던 것이지요. 물론 이미 사망하신 분이 살아 있는 아내의 마음에 있을 리 없습니다. 그러나 그분의 내면은 남편을 잊을 수 없어 마치 살아 있듯 마음에서 대화한 것입니다.

제가 보기에는 먼저 세상을 떠난 남편이 아니라 자신의 마음이 부분적으로 해리된 경험을 하는 것이었습니다. 해리된 마음을 남편으로 생각하는 것처럼 보였습니다. 이러한 병적 내면은 악한 영이 역사하기 좋은 마음입니다. 자신이 모르는 또 한 목소리는 악한 영이었습니다. 이런 경우는 이 내담자의 마음의 처리되지 못한 남편에 대한 상실을 처리하는 상담을 진행하면서 축사까지 시행해야 했습니다.

또 한 가지 드릴 말씀은 환청과도 같은 급성기 증상이 현저한 경우, 내담자에게 '예수'에 대한 직접적 표현을 하면 오히려 독이 될 때도 있다는 사실입니다. 제가 치료했던 그리스도인 내담자가 있었는데 그분은 사탄이 자신을 에워싸고 있고 병원 주변에서 자신을 죽이려고 대치 중이라는 종교적 피해 망상에 시달렸습니다. 그분은 저와 예수님에 대한 이야기를 하고 싶어 했으나 저는 예수님에 대한 언급을 하지 않았습니다. 왜냐하면 이미 현실감이 없는 그분에게는 자신의 망상적 세계에서 예수님은 사탄과 싸우는 어떤 존재로서의 의미만을 가지신 분이었고, 따라서 그 예수님을 떠올릴수록 사탄이 자신을 죽이러 온다는 강력한 망상이 강화되었기 때문입니다. 그분에게 예수님은 우리가 생각하는 예수님이 아닌 망상의 세계 속에서 존재하는 사탄과 싸우는 망상의 소재일 뿐이었습니다.

이런 경우에는 아이러니하지만 신앙생활의 제한이 필요할 수도 있습니다. 오해의 소지가 있다면 예수에 대한 언급을 안 할 수도 있으며, 오히려 '예수'라는 직접적 영적 언급보다는 '사랑'으로 대하는 것이 더 필요할 때가 있다고 생각합니다.

이러한 몇 가지 이유로 종교적 접근이나 축사 등의 방법보다는 우선은 적절한 뇌와 심리적 치유, 약물 치료를 받고 그 이후에 축사를 받는 방법이 더 효과적인 것 같습니다. 이런 균형 잡힌 치료를 건강하게 받는다면 정신 병리뿐만 아니라 귀신의 영향력도 제거해 전인적 회복을 경험하게 될 수 있습니다.

앞서 언급했으나, 환청이나 망상이 현저하고 악한 영의 영향력도 의심된다면 꼭 입원을 통해서 먼저 치료를 받기를 한 번 더 요청 드립니다. 입원 치료 시기를 놓쳐서 치료 없이 기도원 등에서 지내다 증상이 더 악화되어 나중에 병원에 오는 분들을 간혹 보게 됩니다. 조금 더 일찍 제대로 된 치료를 받았더라면 하는 아쉬움이 남지요. 예수 믿지 않는 의사와 병원이라고 할지라도 입원을 권유할 때는 이유가 분명 있으므로 꼭 입원해서 치료부터 하기를 바랍니다.

환청이나 정신 병리와 귀신의 영향력의 구분점에 대해서 제가 경험한 몇 가지를 정리하면 다음과 같습니다.

첫째, 악한 영은 예수 그리스도를 두려워하지만 정신증의 증상은 전혀 그렇지 않습니다. 축사를 시행하다 보면 사람 안에 있는 악한 영(비인격적 인격체)은 예수 이름 앞에 두려움을 표현할 때가 많습니다. 그러나 정신증의 증상(망상, 환청 등)은 인격체가 아니므로 두려움의 반응이 없습니다.

둘째, 악한 영의 영향력인 경우에는 그와 연관된 죄를 회개하고, 상처를 치유하고, 내적 맹세나 묶임, 가정 내에 흐르는 악한 영향을 제거함으로 귀신의 거처를 제거했을 때 당연히 내어쫓기지만 정신증 증상으로 인한 것은 그렇지 않습니다.

셋째, 정신증 증상은 질병의 한 현상이므로 그 증상과 치료자가 대화를 나누는 등의 교류가 있을 수 없으나 악한 영과는 때로 대화가 가능합니다. 물론 악한 영과의 대화는 가급적 하지 않아야 합니다. 거라사 지방 광인과 예수님의 대화는 언뜻 악한 영과 예수님의 대화로 보이지만 실상 예수님은 악한 영이 아닌 그 광인과 대화하신 것입니다. 광인의 이름을 물으셨으나 그에 대한 대답은 악한 영이 했으므로 예수님이 그 사람에게서 나오라고 명하신 것이지요.

넷째, 악한 영의 영향력인 경우 사악함과 거짓말이 본질이므로 영적으로 그 악함이 느껴지기도 하고 또 그런 분들의 삶의 열매도 악합니다. 그러나 정신증을 가진 분들은 여러 고통과 상처를 호소하는 연약한 분들입니다. 물론 그들 중에 성격적 문제가 있거나 증상이 너무 심해 악하게 보이는 경우도 있지만 대체적으로 악하기보다는 약한 분들일 수 있습니다.

다섯째, 정신증으로 인한 경우 점차 인지 기능에 손상이 와서 심한 경우는 치매와 유사한 증상을 보일 수 있으나 악한 영의 영향력 가운데 고통받는 사람에게서는 그런 모습을 볼 수 없는 것 같습니다. 정신 병리가 심해지거나 만성화되면 뇌세포의 손상도 동반되기 때문입니다.

여섯째, 악한 영의 영향력을 받는 사람의 경우는 정신과적 약물로 인해 귀신의 영향력이 줄어들지 않으나 정신증의 경우에는 효과가 있습니다. (단, 약물 치료는 뇌와 심리적 치료를 통해 귀신의 영향력을 제거하는 데 도움을 줄 수는 있습니다.)

일곱째, 악한 영의 영향력과 유사한 증상을 보이는 병은 다음과 같습니다. (이 경우 악한 영의 영향력이 함께 있을 수도 있고, 그렇지 않을 수도 있습니다.)

- 뇌 이상에 의한 경우: 정신증, 기질적 뇌증후군
- 신체적 이상에 의한 경우: 신장, 전해질, 내분비 문제 등
- 심리적 원인에 의한 경우
  1. 집단 최면이나 종교적 황홀경에 빠질 경우
  2. 마약류의 약물 남용 등이 있을 경우
  3. 오랜 기간의 수면 박탈 상태나 수용소 등에서의 독방 생활 등으로 인해 극도의 생리적 박탈이 일어난 경우

상기 몇 가지의 이유로 심리적 기능이 붕괴(심신 상실)될 수 있으며 그로 인해 악한 영의 영향력과 유사한 증상을 보일 수 있습니다. 물론 이 경우가 전부는 아니겠으나, 그리고 절대적 기준도 아닐 수 있지만 참고가 되길 바랍니다. 특히나 악한 영의 영향력에 대해서는 목회자나 상담가, 정신과 의사 등의 팀 접근이 중요하다는 생각도 합니다. 악한 영을 축사하는 일은 예수님이 우리에게 당부하신 거룩한 사역이라 생각되며, 목회자뿐만 아니라 그리스도인이라면, 예수님의 권세를 가진 믿는 자라면 누구라도 이 사역에 동참하는 것이 하나님이 기뻐하시는 일이라는 확신을 가지게 됩니다.

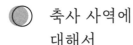 축사 사역에
대해서

축사 사역이라는 것은 악한 영을 예수님의 이름으로 쫓아내는 사역입니다. 성경에서도 예수님은 축사 사역을 시행하셨습니다. 그리고

승천하시기 전에 제자들에게 평소 가르쳐 주신 것들을 또 다른 그리스도인들에게 가르쳐 지키게 하라고 하셨고(마 28:20), 축사 사역도 그중 하나임이 분명합니다.

물론 축사 사역은 균형이 매우 중요하다고 생각합니다. 자칫 신비주의에 빠져서 말씀 없는 사역이 될 수 있다고도 생각합니다. 그리고 모든 것을 귀신의 영향력으로 생각해서 무조건 축사를 통해서 문제를 해결하려는 시도는 건강하지 않다고 생각합니다. 오히려 하나님의 사랑과 진리를 강조하고 말씀을 통한 내면 회복이 중요하지요. 그러나 그런 과정 속에서 필요하다면 주님의 지혜를 구하며 축사 사역을 해야 한다고 생각합니다.

저는 감사하게도 15년의 성경적 치유 사역(국제생명나무사역)을 통해서 축사 사역을 어떻게 하는지 배울 수 있었습니다. 치유 사역 중에 축사를 통해 귀신이 떠나가고 악한 영의 영향력으로부터 자유를 얻는 분들을 보게 되었습니다. 여기서 제가 강조하고 싶은 몇 가지를 전해 드리고자 합니다.

첫째, 축사 사역에 대한 오해와 두려움을 다루면 좋겠습니다. 축사 사역만큼이나 오해가 많은 것도 없는 것 같습니다. 건강한 신학적 통찰과 배움이 필요한 영역입니다. 그리고 축사 사역 시 혹시나 실패할까 두렵다면 그 두려움을 다뤄야 합니다. 그 두려움은 어쩌면 악한 영으로부터 오는 것일 수도 있습니다.

둘째, 축사 사역은 특정 은사가 있는 분들만의 사역은 아닙니다. 특정 은사가 있어서 축사 사역을 효과적으로 하는 분들이 분명 있습니다. 하지만 성경은 믿는 자에게 따르는 표적이 예수님의 이름으로 귀신을 쫓아내는 것이라 말합니다. 예수를 믿는 자들은 누구나 축사 사역을 할 수 있는 것입니다.

셋째, 내 힘으로 하는 것이 아니라 그리스도 안에 있는 주님이 주신 권세를 믿고 해야 합니다. 자꾸 자기 힘으로 귀신을 향해 큰소리 내고 꾸짖고 위협하듯 축사하는 것이 아닙니다. 예수님처럼 하나님이 주신 권세를 의지해서 시행하면 됩니다. 우리에게 있는 아들의 권세를 사용하는 것이 매우 중요합니다.

넷째, 내담자의 동의가 꼭 필요합니다. 아무리 내담자에게 축사 사역이 필요해 보인다고 할지라도 그분의 동의가 있을 때에만 진행해야 합니다.

다섯째, 인격적으로 사역해야 합니다. 예수님은 성경에서 축사하실 때 단 한 번도 비인격적으로 하신 적이 없습니다. 귀신을 향해 꾸짖어 명하는 단호함은 있지만 그러한 태도가 비인격적이라면 그것은 예수님의 축사가 아닙니다. 늘 내담자를 존중하고 허락과 동의를 구해서 축사해야 하며, 축사 후 내담자가 수치심에 빠지지 않도록 하는 것이 중요합니다.

여섯째, 정신 병리가 심한 내담자에게는 축사 사역을 하지 않길 권합니다. 앞서 언급했듯이, 정신 병리가 심할 때는 분별력이 떨어질 수 있으며 축사가 오히려 독이 되는 경우도 많습니다. 축사는 하는 분도 중요하지만 받는 분의 정신적 상태가 더 중요합니다. 축사를 하는 것이 필요하다 판단될 경우라 할지라도, 먼저는 정신과적 진료 및 약물 치료 혹은 입원 치료 후에 조심스럽게 축사하기를 권합니다.

축사 사역을 구체적으로 어떻게 하는지에 대한 내용은 생략하려고 합니다. 건강하고 성경적인 축사에 대해 배울 수 있는 다양한 통로를 통해서 하나님의 귀한 사역이 지속되면 좋겠습니다.

● ● ●

이 장의 주제는 충분한 논의가 필요한 내용이지만 간략하게 적어 보았습니다. 글의 내용 중 부분적으로 상당히 조심스러운 경우도 있습니다. 정신과 의사인 제가 축사 등의 문제를 적은 분량이라도 지면에서 다루는 것이 맞는지 고민이 되기도 합니다. 혹 비판적 시각에서의 여러 조언의 글도 환영합니다. 하지만 조심스럽지만 이런 논의는 필요하며 지속되어야 한다고 생각합니다. 아직은 제가 경험하고 배웠던 내용 중심이라 보완하고 수정해야 할 내용이 많다고 생각합니다.

제가 알기로는 앞서 언급한 영적 현상과 정신 병리에 대해서 이미 많은 분이 연구하고 논의하고 내담자들을 위해 적용하고 있습니다. 그리고 앞으로도 지속적으로 성경적이면서도 정신의학적인 접근을 놓치지 않고 정신 병리와 영적 현상을 함께 다뤄야 할 필요가 있다고 생각합니다. 향후 정신증과 귀신 들림에 대한 건강한 구분, 통합, 그리고 적절한 치료에 대한 접근을 위해 함께 고민하고 논의하는 장을 기대해 봅니다. 이 모든 것이 하나님의 기쁨이 되고, 동시에 질병 가운데 고통당하는 분들에게 작은 도움이 되길 진심으로 기도합니다.

기도

하나님 아버지, 사망 권세를 이기시고 부활하신 하나님을 찬양합니다. 우리 인생이 때로 정신증으로 고통당하기도 하지만 그러한 우리에게 힘과 방패 되심을 감사드립니다. 여러 정신 병리로 고통당하시는 한 분, 한 분을 위로해 주시고 치료해 주시길 기도합니다. 무엇보다 주님 안에서 자녀 된 권세가 여전히 있음을 믿고 당당히 살아가는 우리가 되길 기도합니다. 광야 같은 이 땅에서 생명의 길을 내시는 주님이 사막에 강을 내셔서 생수로 우리를 채우심을 믿습니다. 그 좋으신 하나님이 우리 아버지이심을 믿으며 오늘도 주시는 은혜와 힘 가운데 다시금 생기를 얻기를 기도합니다. 모든 어두움과 악한 영향력을 이기시며 오늘도 자녀인 우리로 승리케 하시는 하나님을 찬양합니다. 예수 그리스도의 이름으로 기도드립니다. 아멘.

꼭 적용해 주세요

○ 이해되지 않는 증상이 있을 때 꼭 전문가와 상담하세요.
○ 정확한 진단을 받고 진단에 맞게 치료받으세요.
○ 필요하다면 약물 치료와 입원 치료를 받아 주세요.
○ 축사 받기 전에 꼭 병원 진료부터 받으시길 권합니다.
○ 정신증으로 고통당하는 분들과 고통을 함께 나누어 주세요.

이렇게 하지 말아 주세요

○ 환청, 망상 등의 증상을 악한 영의 영향으로만 보지 말아 주세요.
○ 정신증으로 고통당하시는 분을 차별하지 말아 주세요.
○ 입원 치료를 권유받을 때 거절하지 말아 주세요.
○ 기도 받는다고 치료 시기를 놓치지 말아 주세요.
○ 정신증은 만성화될 수 있으니 정신 재활 치료도 함께 받아 주세요.

2장

흔한
중독 이야기

_ 김록우

중독에 대한 관심이 사회적으로 더욱 높아지고 있다. 매스미디어에서는 각종 중독에 대해서 연일 다양한 기사를 내놓고 있고 진료실에는 알코올, 마약 중독뿐만 아니라 도박, 성, 게임, 인간관계 등 다양한 중독의 문제를 가지고 내원하는 환자들이 급증하고 있다. 나는 지난 15년간 정신과 전문의와 내적치유사역자로서 중독에 대해 병원 내에서뿐만 아니라 지역 사회와 교회에서 강의해 왔다. "중독"을 주제로 다양한 사람들을 만나 이야기를 나누고 치료하면서 배우고 느낀 점 중 몇 가지를 여기서 나누고자 한다.

◑ 중독은 우리 모두의 이야기

사람은 개별적으로 다양한 기질과 취향을 가지고 있어서 각자 선호하는 바가 다르다. 그런데 이 선호도가 한쪽으로 지나치게 치우쳐 문제가 생길 정도가 되면 흔히 집착적이라고 말한다. 그렇다면 중독은 무엇인가? 이런 집착이 심해져 그것이 삶에 심각한 문제를 야기하는데도 조절력을 잃어 멈출 수 없는 상태다.

예를 들어, 만약 어떤 사람이 술을 즐기는데 음주를 통해 기분 전환도 하며 친구들과 즐거운 시간을 갖는다고 하자. 여기까지는 아무 문제가 없다. 그런데 만약 그 사람이 술을 너무 많이 마셔 실수가 잦아지고 건강에 문제가 생기기 시작한다면 어떨까? 이것은 과음하는 단계다. 또한 과음이 더 심해져 자신의 건강뿐만 아니라 가정, 직장, 대인 관계 등 삶의 중요한 영역에 심각한 문제가 생기는데도 이런 식의 문제음주가 지속된다면? 이 사람은 단순한 애주가가 아니라 알코올 중독자인 것이다. 여기서 강조하고 싶은 중독의 핵심은 '심각한 문제가 생기는데도 멈출 수 없는 상태'다.

그렇다면 실제 우리 주변에서는 어떤 중독들이 흔할까? 대중 강연을 할 때 "'중독' 하면 무엇이 떠오르십니까?"라는 질문을 던지면 사람들은 흔히 술, 담배, 커피, 마약, 도박 등을 먼저 떠올리고, 이런 중독들이 가장 흔한 중독일 것이라고 생각한다. 대중 매체에서 강조하고 정신과 병원에서 치료하는 중독들이 흔할 것이라고 생각하는 것이다. 그렇다 보니 그리스도인들 중에는 자신이 술, 담배 등을 하지 않기에 중독이 자신과는 거리가 먼 주제라고 생각하는 경우가 많다.

솔직히 고백하자면, 나 역시 정신과 의사가 된 후에도 상당 기간 그렇게 생각했다. 그러다 2010년부터 병원을 넘어 일반인을 대상으로 중독에 대해 강의할 기회가 생겼고 그 강의를 준비하면서 나와는 다른 배경과 입장을 가진 중독 전문가들의 견해를 접하게 되었다. 여기에 신학적 입장에서 본 중독을 이해하게 되면서 중독에 대한 내 관점은 큰 변화를 갖게 되었다.

우선 정신의학적인 진단 기준을 넘어 좀 더 포괄적인 시각으로 중독을 바라보면 흔한 중독들은 대부분 비물질 중독이다. 비물질 중독이란 알코올, 니코틴 등과 같은 특정 물질에 중독되는 것이 아니라 어떤 행위나 대상에게 중독되는 현상을 말한다. 사실 건강에 해롭거나 도덕적으로 나쁜 것에만 중독된다는 생각은 편견이다. 일, 음식, 돈, 성공, 인간관계, 성, 치료 약물, 운동, 게임, 종교 등 꼭 필요하거나 좋은 것에도 중독 현상은 얼마든지 일어난다.

최근에는 정신의학계에서도 다양한 비물질 중독에 대한 연구가 활발하게 진행되고 있는데, 아직 그 진단과 분류에 대한 기준이 확립되지 않았고 비물질 중독 각각에 대한 치료 지침 역시 미흡한 편이다.[1] 이 책에서는 우리 주변의 흔한 중독들을 이해하기 위해 중독을 정신의학적 진단 기준보다 좀 더 포괄적으로 정의했다. 나는 이런 과감한 접근이 다양한 중독 문제로 내원하는 내담자들을 이해하고 돕는 데 유익할 뿐 아니라 중독정신의학의 연구와 발전에도 유용할 것이라고 생각한다.

한번은 내가 속한 지역의 의사들을 대상으로 중독에 대해서 강의를 할 기회가 있었다. 당시 "우리 주변의 흔한 중독"에 대해서 강의를 했는데 강의를 마치고 나와 엘리베이터에서 만난 한 선생님이 내게 이렇게 말했다. "선생님 강의를 듣고 보니 내가 가진 중독이 다섯 개나 되던데요?" 이것은 특별한 경우가 아니다. 정신과 의사이자 영성 훈련가인 제럴드 메이(Gerald May)는 이렇게 말했다.

"우리 모두가 중독으로 고통받고 있다는 것은 경솔한 말이 아니다. 중독의 의미를 축소하는 것도 결코 아니다. … 관념과 일, 관계, 권력, 기분, 환상을 비롯한 여러 가지 다른 일들에 중독되는 과정은 알코올과 마약 중독에 이르는 과정과 동일하다. 말 그대로 우리는 모두 중독되어 있다."[2]

모든 사람은 다 중독자이고 단지 알코올이나 마약 중독이 다른 종류의 중독들에 비해 좀 더 분명하고 비참한 중독일 뿐이라는 그의 견해는 다소 충격적이고 불편할 수 있다. 하지만 다양한 중독들을 연구하면서 나는 그의 견해에 동의하게 되었고, 중독성을 인간의 보편적 현상으로 바라보았던 그의 관점은 내 진료와 개인적 성장에 큰 도움이 되었다. 그래서 이 책에서는 우리 주변의 흔한 중독들 중 몇 가지를 살펴보고자 한다. 이 책에서 이해를 돕기 위해 든 사례들은 실제 경험을 바탕으로 했지만 개인정보 보호를 위해 모두 각색된 이야기임을 미리 밝히는 바다.

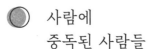

사람에 중독된 사람들

가장 흔한 중독이 무엇일 것이라고 생각하는가? 놀랍게도 많은 중독 전문가가 가장 흔한 중독 유형으로 사람 중독을 꼽는다. 사람 중독이란 인간관계를 중독적으로 사용하는 현상으로, 사람 중독인 사람들은 자신의 기분을 좋게 만들기 위해 주로 인간관계를 사용한다.

R씨가 외래로 찾아왔다. 그녀는 집에서 전화기를 아예 꺼 두고

살았다. 왜냐하면 누군가가 무엇을 부탁하면 도저히 거절할 수가 없었기 때문이다. 누가 돈을 빌려 달라고 하면 자신이 돈을 빌려서라도 빌려 줘야 했다. 한번은 자녀가 아픈데 교회 장식을 부탁받자 비 오는 날 아픈 아이를 업은 채 한 손에 우산을 들고 교회 장식을 했다. 친구들이나 친척들의 부탁에도 거절을 못하는 것은 마찬가지였다. 다른 사람들은 그녀가 좋은 사람이라고 했지만, 정작 R씨의 마음속에는 '왜 나에게만 부탁을 할까?'라는 불만과 다른 사람에 대한 섭섭함이 쌓여 갔다. 결국에는 궁여지책으로 아예 전화를 끄고 살았던 것이다.

대개 인간관계에 중독된 사람들은 좋은 사람이라는 평가를 받기 원하고, 또 그런 평가를 받으면서 산다. 그런데 정작 당사자의 마음에는 즐거움과 보람이 아니라 피로감과 섭섭함이 자리 잡고 있다. 사람들이 자신을 진정으로 좋아하는 것이 아니라 자신이 필요해 이용할 뿐이라고 느끼기 때문이다. 하지만 이런 자신의 속내를 드러낼 수는 없다.

한번은 자신의 친구가 자신에게 빌린 물건을 통 갚지 않는다며 치료 시간 내내 그 친구에 대해 불평하는 어느 내담자에게 이렇게 물어본 적이 있다. "물건을 돌려 달라고 이야기해 본 적이 있나요?" 그 내담자는 말했다. "아니요, 한 번도요." "왜 돌려 달라고 하지 않으세요?"라는 나의 질문에 그는 눈을 동그랗게 뜨고 황당하다는 듯이 말했다. "아니 선생님, 그러면 나를 어떻게 생각하겠어요?"

놀랍게도 인간관계에 중독된 사람들의 내면에는 늘 외로움이 자리 잡고 있다. 그들은 있는 그대로의 자신의 모습으로 상대방과 관계를 맺지 못한다. 많은 경우 성장 과정에서 있는 그대로의 자신을 양육자와 나누고 공감받은 경험이 부족하다. 그래서 자신에 대해 좋게 느끼려면 다른 사람들의 인정과 호감이 필요한 것이다.

상대를 기쁘게 하기 위한 힘든 감정 노동을 통해 다른 사람들에게 좋은 평가를 받으면 일시적으로는 기분이 좋아진다. 하지만 정작 자신의 깊은 마음을 나눌 수가 없으니 늘 외로운 것이다. 결국에는 관계에 지쳐 어느 날 연락을 끊고 잠수를 탄다. 그러다 외로움이 극에 달하면 다시 사람 중독 패턴이 시작된다.

사람 중독에서 벗어나기 위해서는 친밀한 관계에 눈을 떠야 한다. 배고픈 것이 부끄러운 것이 아니듯, 외로움은 부끄러운 것이 아니다. 단지 정서적인 굶주림일 뿐이다. 외로움은 인기나 호의가 고픈 것이 아니라 친밀감의 결핍 증상으로, 친밀한 관계를 요한다. 친밀한 관계의 핵심은 있는 그대로의 나를 나누는 편안함이다. 이런 관계를 위해서는 표현하는 쪽에서는 자신을 드러내는 용기가 필요하고, 상대방의 입장에서는 경청과 공감이 필요하다. 원래 친밀감의 주된 공급처는 가족이다. 어릴 때는 부모님과, 그리고 결혼 이후에는 배우자와의 관계가 친밀감이라는 영양분을 얻는 주식이 되어야 한다.

주식이 부실하면 간식을 과도하게 먹거나 불량 식품에서 벗어날 수가 없다. 실제로 사람 중독자들은 자신을 학대하는 사람이나 불륜 관계와 같이 건강하지 못한 관계에 빠져드는 경우가 많다. 가정 밖에서 얻는 친밀감은 간식 정도로 생각하는 것이 좋다.

일부 그리스도인들 중에 '그리스도인이 외로운 것은 죄'라고 생각하는 경우가 있다. 기도와 말씀이 부족해서 외로운 것이라고 생각하기 때문이다. 이것은 큰 오해다. 성령 충만한 사람도 음식을 먹어야 사는 것처럼, 훌륭한 신앙인들에게도 친밀감은 반드시 필요하다.

예수님은 친밀한 관계의 대가셨다. 특히 베드로, 요한, 야고보와 더욱 친밀하셨다. 마가복음 14장을 보면, 예수님은 잡히시기 전날 겟세마네에서 이 세 제자에게 자신의 괴로운 감정을 솔직하게 드러내며 이렇게 말씀하셨다. "지금 내 마음이 너무 괴로워 죽을 지경이다. 너희는 여기 머물러 깨어 있어라"(막 14:34, 현대인의성경). 뿐만 아니라 하나님께도 자신이 원하는 바를 솔직하게 드러내셨다. "아버지, 아버지께서는 무슨 일이나 다 하실 수 있지 않습니까? 이 고난의 잔을 내게서 거두어 주십시오"(막 14:36, 현대인의성경). 예수님은 관계 속에서 자신을 포장하지 않으셨다. 친밀한 관계 안에 자신의 연약함을 기꺼이 드러내신 것이다.

지금 스스로에게 이렇게 질문해 보라. "나의 가장 깊은 아픔과 외로움을 솔직하게 털어놓아도 부끄럽거나 두렵지 않은 사람이 누구인가?" 지금 떠오르는 그 사람이 당신이 친밀하다고 느끼는 사람이다. 요즘 외롭다고 느낀다면 그 사람에게 용기를 내 속사정을 털어놓아 보라. 만약 아무도 생각나는 사람이 없다면 편안하고 따뜻한 소그룹이나 상담자를 찾아가 보는 것도 좋은 방법이다. 음식이 모두에게 필요하듯이 친밀한 관계는 우리 모두에게 필수적이다.

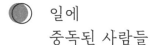

일에
중독된 사람들

또 하나 흔한 중독으로 일 중독을 꼽을 수 있다. W씨는 심한 불면증과 잦은 복통, 그리고 갑작스런 호흡 곤란을 호소하며 외래로 찾아왔다. 종합병원에서 정신과 치료를 권해서 왔다고 했다. 그는 자신이 일에서 너무 스트레스를 많이 받고 있다고 했다. 그는 스스로에 대해 이렇게 말했다. "우리 회사뿐만 아니라 제 주위에서도 저처럼 일하는 사람을 저는 본 적이 없습니다."

그의 식습관은 엉망이어서 일 때문에 끼니를 거르는 것이 예사였고, 그나마 먹을 때조차도 대충 끼니를 때우는 식이었다. 거의 매일 늦게까지 남아서 일을 했고, 간혹 정시에 퇴근할 때는 일거리를 가지고 집에서 일을 했다. 휴일에도 자주 출근해 일을 했는데, 이번에는 쉬어야겠다는 마음을 먹었다가도 막상 휴일에 집에 있으면 마음이 온통 직장에 가 있었다. 아내는 말려도 보고 싸워도 봤지만 사이만 나빠질 뿐이어서 이미 포기한 상태였다.

그렇게 열심히 일한 덕분에 승진에 승진을 거듭해 꿈에 그리던 자리에 올랐지만 정작 그의 에너지는 바닥이었고 건강은 엉망이었다. 수년 전부터 원인을 알 수 없는 복통과 이명에 시달렸고, 병원에서는 과로가 원인이라며 쉬어야 한다고 했다. 하루에 잠을 4시간 정도 잤는데 잠들기가 힘들어 술을 자주 마셨고 그마저도 서너 번씩 깨기 일쑤였다.

작년에는 허리 통증으로 꼼짝도 할 수 없는 상태가 되어 입원을 해야만 했고, 당시 이러다가 큰일 나겠다는 생각이 들어 퇴원하면 꼭 쉬겠다고 가족과 약속도 했다. 그런데 문제는 일을 멈출 수가 없다는 것이었다. "온종일 일에 대한 생각이 머리에서 떠나지 않았습니다. 퇴원하고 억지로 쉬어도 봤지만, 몸만 집에 있지 마음은 항상 회사에 가 있더군요. 차라리 회사에 있는 것이 낫겠다 싶어 결국 복직했습니다."

일 중독은 칭찬받는 중독 중 하나다. 그래서 진료실에서 만나는 일 중독 환자들은 자신이 일 중독이라는 것을 제대로 인식하지 못한다. 단순히 과로로 인한 스트레스 정도로만 생각하는 경우가 대부분이다. 알코올 중독으로 입원한 환자들의 경우에 일 중독으로부터 생긴 스트레스와 불면증 때문에 습관적인 과음으로 이어져 이차적인 알코올 중독이 된 경우도 적지 않다. 이런 경우 현재의 알코올 중독의 뿌리에 있는 일 중독도 함께 치료해야 한다.

W씨는 다행히 자신이 일 중독이란 사실을 빨리 받아들였다. 그의 성장 과정을 들어 보니 그가 왜 일을 멈출 수 없었는지 이해할 수 있었다. 어린 시절 그는 가난한 집에서 자라났다. 하지만 정작 그를 힘들게 한 것은 가난보다 부모님의 불화였다. 농사를 짓는 아버지는 술을 좋아하고 밖으로 돌아 실제 돈을 버는 일은 거의 어머니의 몫이었다. 부모님의 부부 싸움은 주로 경제적인 문제로 시작되었는데, 결국 취한 아버지가 물건을 부수거나 어머니를 때렸고 어머니는 서럽게 신세 한탄을 하곤 했다. 결국 어머니는 어린 W씨와 남편을 두고 집을 나가 버렸고, 학창 시절 그는 경제적인 어려움으로 대학 진학을 포기해야만 했다. 그날 그는 처음으로 술을 마시며 서럽게 울었다고 했다.

어른이 된 그의 마음속에는 이런 결심이 있었다. '나는 반드시 능력 있는 가장이 되어서 내 아이만큼은 이런 고통을 겪지 않게 하겠다.' 이렇게 어린 시절의 상처와 결핍으로 인해 무의식에 형성되는 신념을 '내적 맹세'라고 하는데, 이런 내적 맹세는 삶의 원동력이 되지만 동시에 건강한 내면 성장을 방해하는 집착이 된다.

그는 자신의 내적 맹세대로 힘에 지나도록 열심히 일하며 자녀를 경제적으로 뒷바라지했는데, 정작 자신의 아들과는 사이가 좋지 않았다. 그의 아들은 진료실에서 이렇게 말했다. "제가 아버지에게 원한 것은 함께 보낼 시간이었어요. 하지만 제가 아무리 이야기해도 아버지는 늘 바빴어요. 여행은 고사하고 함께 이야기할 시간조차 없었어요. 그러고는 다 저를 위해서라고…." 그는 가족을 위해 열심히 일했지만, 정작 일 중독으로 희생된 것은 가족 관계였다.

건강하게 일하기 위해서는 내면의 동기가 중요하다. 일 중독인 사람은 일의 동기에 어린 시절의 경험에서 오는 두려움이나 열등감이 깔려 있는 경우가 많다. 이렇게 되면 자신의 존재 가치가 오직 일의 성과와 성공에 달려 있다고 느낀다. 그래서 일의 결과가 좋지 않으면 자신이 무가치하다고 느끼며 우울감에 시달린다. 대개 식습관과 수면 습관이 좋지 않고 일의 스위치를 머릿속에서 끄지 못한다. 쉬지 못하는 일의 노예인 것이다. 결국 잠시라도 쉬기 위해 술의 힘을 빌리거나 습관적인 자위행위에 빠져드는 등 또 다른 중독으로 이어지는 경우가 많다.

어른들만 일 중독이 있는 것이 아니다. 성적에 대한 중압감에 시달리는 요즘의 청소년들을 보면 또 하나의 일 중독이라는 생각이

든다. 자신의 존재 가치를 오직 성적과 입시 결과에만 두면 이로 인한 압박감이 각종 신체 질환과 우울, 불안, 불면증의 원인이 된다. 이런 중압감과 정서적 고통을 자해 행동으로 푸는 청소년들이 많아졌다. 최근에는 이런 문제로 스스로 진료실을 찾아오는 학생들이 많아졌는데, 성적이 상위권인 학생들이 더 많다.

건강하게 일하는 사람들은 몇 가지 특징이 있다. 그들은 단순히 일의 결과뿐만 아니라 일하는 과정에서도 의미와 보람을 느낀다. 쉬운 것은 아니지만 단순히 인정을 추구하기보다는 가치와 보람을 느끼기 위해 노력한다. 휴식의 중요성을 잘 알고 실천하며, 일 외에도 또 다른 관심사인 취미가 있다. 가족들이나 친구들과의 관계를 소중히 여겨 함께 보내는 시간을 즐긴다. 혹시 일의 결과가 좋지 않을 때에도 지나치게 자책하지 않고 다시 시작하는 법을 안다.

일 중독을 치료하기 위해서는 자신의 자존감을 살펴봐야 한다. 열심히 노력해 얻는 좋은 성과는 성취감이 큰데, 이것은 좋은 것이다. 하지만 문제는 자존감이 약한 사람들은 이 성취감을 느낄 때만 자신이 가치 있는 사람이 된 것 같다고 느낀다는 점이다. 시간이 지나고 흥분이 가라앉으면 또 다른 성취감이 필요해진다. 이런 식이라면 결국에는 지치게 된다. 진짜 자존감은 '있는 그대로의 자신을 소중하게 여기는 마음'으로, 무조건적인 것이다.

'내가 성공해서, 공부를 잘해서, 예뻐서 가치 있는 거야'라는 식의 조건적인 태도는 자존심인데, 이런 자존심이 강하다는 것은 사실 자존감이 약하다는 의미다. 자존감이 건강한 사람들은 자신이 완벽한 존재가 아님을 잘 알고 있고, 또한 완벽한 존재가 될 필요가 없음도 잘 안다. 이런 사람들은 타고난 기질적인 강점뿐만 아니라 약점까지도 자신의 일부임을 받아들이는데, 진짜 자기로 살아갈 용기가 바로 이 자존감에서 나온다. 소중한 사람임을 증명하려고 열심히 하는 것이 아니라, 자신이 소중한 사람이기 때문에 열심히 살아가는 것이다. 쉬지 못하게 만드는 내면의 수치심을 치유하고, 있는 그대로의 자신을 소중하게 여기는 법을 배워야 한다.

예수님은 일을 해야 할 때와 멈춰야 할 때를 잘 구분하셨다. 오병이어의 기적을 보고 몰려든 군중이 억지로 왕으로 삼으려고 하자 예수님은 오히려 군중을 피해 산으로 올라가 홀로 기도하셨다(요 6:15; 마 14:22-23). 예수님은 대중의 환호가 아니라 내면 깊은 곳에서 울리는 신의 음성에 반응하셨다. 성공이 아니라 사명의 길을 걸으신 것이다. 성공 신화의 주인공이 되려고 발버둥 치다 보면 사명을 놓치고 일 중독자가 되기 쉽다. 예수님이 가신 사명자의 길을 가기 위해서는 건강한 자존감을 바탕으로 자신이 누구인지부터 알아야 한다.

 ## 돈에 중독된 사람들

세 번째로 이야기하고 싶은 중독은 돈 중독이다. 돈에 중독된다는 것은 무슨 뜻일까? 돈 중독 중 가장 흔한 유형은 잘 알려진 쇼핑 중독이다. 필요한 물건을 사기 위해 쇼핑하는 것이 아니라, 기분을 좋게 만들기 위해 쇼핑하는 것이다. "우리, 기분도 꿀꿀한데 쇼핑이나 하러 갈까?"가 대표적 예다.

최근 청소년들 사이에까지 급증하고 있는 도박 중독도 대표적인 돈 중독 유형이다. 그 외에도 강박적으로 돈을 쓰지 못하고 모으는 유형, 강박적으로 투자하는 유형, 끊임없이 귀중품 등을 사 모으는 유형 등 다양한 형태가 있다. 하지만 그 유형과 상관없이 돈 중독에는 한 가지 공통점이 있는데, 그것은 돈을 통해 자신의 기분을 좋게 만들려고 한다는 것이다.

M씨도 표면적으로는 술 문제로 진료실을 찾아왔다. 그런데 상담이 진행되면서 결국 문제는 돈이라고 했다. 그에게는 뚜렷한 삶의 목표가 있었다. 20억을 모으는 것이었다. 그는 이 목표를 이루기 위해 악착같이 살아왔다. 하지만 진료실에서 만난 그는 공황 장애와 우울증, 그리고 알코올 중독이 심해 입원 치료가 필요한 상태였다. 이미 지난 10년 이상 여러 병원에서 약물 치료를 받아 왔으나 크게 호전이 없었다. 그는 수입이 좋을 때는 일에 지쳐 쉬기 위해 술을 마셨고, 일이 잘 안될 때는 돈을 벌지 못했다는 좌절감을 잊기 위해 술을 마셨다. 입원을 권했을 때 그는 이렇게 대답했다. "제 상태가 심각한 것은 알고 있지만 저는 지금 돈을 벌어야 합니다."

열심히 일해 얻는 소득은 좋은 것이고 일의 즐거움 중 하나다. 하지만 일을 하는 매 순간 돈에 대한 생각을 잊어버릴 수 없다면 어떨까? 만나는 손님이 단지 얼마짜리 수입원으로만 느껴진다면? 밥을 먹을 때도, 잠을 잘 때도 늘 돈에 대해서 생각한다면? 그것은 대단히 고통스러운 강박상태다. 마치 늪에 빠진 사람처럼 열심히 허우적거려도 늘 무겁고 갑갑하다. 돈에 대한 집착은 일과 인생의 다른 즐거움을 느낄 수 없게 만든다.

그들은 종종 이렇게 호소한다. "선생님, 제 자신이 마치 돈 버는 기계가 된 것 같습니다." 그들 대부분은 자신의 문제가 돈에 대한 집착 때문이 아니라, 돈이 부족하기 때문이라고 생각한다. 그래서 돈을 더 벌면 해결될 것이라는 생각을 떨칠 수가 없다. M씨는 결국 건강과 가정이 엉망이 되고 나서야 입원을 받아들였다. 오랜 시간의 심리 치료를 통해서 비로소 자신이 왜 그렇게까지 20억에 집착했는지를 이해하게 되었다.

M씨의 부모님은 두 분 모두 알코올 중독자였다. 어린 M씨가 학교에 필요한 돈을 달라고 하면 술에 취한 부모님의 대답은 늘 같았다. "돈 없다." 초등학교 육성회비를 내지 못해 늘 이름이 칠판에 적혀 있었고, 수업 준비물을 제대로 준비하지 못해 야단맞기 일쑤였다. 학교는 점점 더 가기 싫은 곳이 되었고 지각을 밥 먹듯이 했다. 학교 선생님은 이런 어린 M씨를 친구들 앞으로 불러내 너희들은 이 친구처럼 되지 말라며 공개적으로 망신을 주곤 했는데, 나중엔 친구들까지 합세해 그를 놀려 댔다. 어린 시절 그는 늘 주눅 들어 있었고, 학교와 집은 가장 끔찍한 곳이었다.

어린 시절을 떠올리며 그의 억눌렸던 감정이 드러나기 시작했다. 처음 느끼기 시작한 감정은 분노였지만 분노가 어느 정도 처리된 후 드러난 그의 깊은 감정은 수치심이었다. 많은 심리치료사들은 수치심을 가장 고통스러운 감정으로 본다. 수치심은 '내가 나인 것이 싫어'라는 자기혐오다. 죄책감이 자신의 잘못된 행동에 대한 부끄러움이라면, 수치심은 자신의 존재 자체가 잘못된 것이라며 자기 자신을 부끄러워한다. 자기가 자신을 싫어한다면 어떻게 살아야 할까?

수치심은 내면 성장의 양 날개인 자존감과 친밀함에 큰 타격을 준다. M씨의 내면 아이는 특히 자신이 어린 시절의 아버지와 닮았다고 느낄 때 수치심에 몸을 떨었다. "나는 무능력하고 무책임했던 우리 아버지 같은 사람은 절대로 되지 않을 겁니다." 그가 목표로 했던 20억은 그가 자신의 아버지와는 다른 유능한 사람이라는 상징이었던 것이다.

돈의 중독성은 이 상징성에 있다. 어떤 사람에게 돈은 성공이고, 어떤 사람에게는 즐거움이다. 누군가에겐 돈이 안전을, 또 누군가에게 돈은 자신이 옳았음을 의미한다. 많은 경우 사람들에게 돈은 필요 그 이상의 의미가 있다. 당신에게 돈은 어떤 의미인가?

돈 중독에서 벗어나기 위해서는 자신에게 돈이 무엇을 의미하는지 알아야 한다. 또한 어린 시절의 상처와 결핍이 그 상징과 어떻게 연결되어 있는지를 살펴봐야 한다. 우리가 필요와 집착을 구분하지 못하고 돈의 상징성이 주는 환상을 좇아간다면 글자 그대로 돈의 노예가 되고 만다. 이것은 그리스도인들에게는 더욱 심각한 문제다. 누가복음 16장 13절은 이렇게 말한다. "너희는 하나님과 재물을 겸하여 섬길 수 없느니라." 돈은 성경이 경고하는 가장 강력한 우상이고, 돈에 집착하는 것은 곧 우상 숭배다(골 3:5).

오늘날 많은 사람이 힘겨워하면서도 돈이 주는 환상을 좇고 있다. 이 문제에 대해 '나는 다르다'라고 쉽게 단언해서는 안 된다. 2000년 전 유대교 지도자들이었던 바리새파 사람들은 돈에 대한 예수님의 경고를 듣고 비웃었다. 성경은 그 이유를 이렇게 설명한다. "바리새인들은 돈을 좋아하는 자들이라"(눅 16:14). 누구든 겸손하게 자신을 돌아보지 않으면 어느새 돈이 영혼을 사로잡는 신이 되고, 결국 돈이라는 가짜 신에게 속아 훨씬 더 소중한 것들을 잃고 만다.

 ## 분노에
중독된 사람들

마지막으로 소개하고 싶은 흔한 중독은 분노 중독이다. 분노는 소중한 것을 지킬 때 꼭 필요한 에너지다. 하지만 통제되지 않은 분노가 타인에게로 향하면 다른 사람이 다치게 되고, 자신에게 향할 때는 자신을 다치게 한다. 자신과 타인에게 해를 끼칠 위험이 생기면 정신과 병원에서는 위급한 상황으로 판단해 입원 치료를 고려하게 된다. 이 때문에 분노 관련 문제가 주로 입원 환자에게만 흔할 것이라고 생각하기 쉽지만, 사실은 그렇지 않다. 정도의 차이일 뿐 분노 조절의 어려움을 호소하는 내담자들은 무척 많고, 또 연령대도 다양하다. 청소년들의 경우에는 치미는 분노를 참기 위해 차라리 자해를 행하는 경우가 많다. 더 이상 분노 조절이 되지 않는 자신에게 충격을 받고 심리 치료나 정신 분석을 받기로 결심한 내담자들이 많아지고 있다.

A씨의 가장 큰 고민은 자신의 자녀들에게 지나치게 화를 낸다는 것이었다. 그녀의 분노는 사소한 일에 갑작스럽게 폭발했다. 외출을

해야 하는 타이밍에 아이들이 일거리를 만들거나 집에서 자녀들끼리 싸우는 등 또래 아이들이 흔히 보이는 실수나 잘못으로도 심하게 자극되고 폭발했다. 자신의 표현대로라면, 그녀는 마치 '미친 사람'처럼 화를 냈다. 이웃집에서도 다 들릴 만큼 고래고래 소리를 지르고 욕을 하며 물건을 집어던졌다. 시간이 지나고 나면 자신이 한 행동이 너무 부끄럽고 아이들에게도 미안한 생각이 들었다. 그래서 사과도 하고 약속도 하지만, 문제는 다음번에 또 반복된다는 것이었다.

평상시의 그녀는 대부분의 사람들에게 좋은 평가를 받는 사람이고, 유능한 직장인이다. 그녀의 직장 동료들은 오히려 그녀를 배려심 많은 친절한 사람으로 평가했다. 그녀의 분노는 주로 집에서 폭발했다. 어쩌다가 분노가 폭발하면 그녀는 이성을 잃었는데 운전하다가 분을 이기지 못해 교통사고가 난 적도 몇 차례 있었다. 그녀는 이런 자신에 대해 이야기하며 자주 눈물을 보였다. "다시는 이런 식으로 화를 내지 않겠다고 제 아이들에게 몇 번이나 약속했는지 모릅니다. 그런데도 제가 왜 이러는지 모르겠습니다."

자신의 분노를 다룰 때 사람들은 두 가지 방법을 많이 사용한다. 하나는 참는 것이고, 또 하나는 폭발하는 것이다. 타고난 기질에 따라 둘 중 어느 하나를 주로 사용하지만, 결국에는 두 가지를 번갈아 가면서 쓰게 된다. 참다가 폭발하는 것이다.

먼저, 분노를 억누르는 것에 대해 생각해 보자. 분노 감정을 매번 억누르기만 하면 그 분노는 어떻게 될까? 억누른 화는 잠시 가라앉아 사라진 것 같지만 사실 무의식 속에 차곡차곡 쌓여 간다. 이것은 마치 창고에 화약을 계속 쌓아 두는 것과 같다. 점점 한계점에 다다르면서 자신도 모르게 예민해진다. 사소한 일로도 쉽게 짜증이 나는 상태가 되는 것이다. 결국 어떤 계기로 폭발하게 되는데, 이전에 쌓아 둔 분노까지 함께 터지게 되니 지나치게 화를 내게 된다. 그후 화를 낸 사람은 자신이 폭발적으로 화를 낸 것에 대해 후회하게 되고, 다음번에는 더 잘 참으리라고 결심한다. 하지만 이런 분노 사이클은 반복되고 점점 좌절감을 느끼게 된다.

그러면 화를 참지 않고 매번 마음껏 표출하는 것은 어떨까? 분노 감정을 기분 내키는 대로 쏟아 내면 순간적으로 쾌감을 느끼게 된다. 일시적으로 감정이 해소되는데, 특히 평소 자신의 감정을 억압하면서 살았던 사람들은 속이 후련해지는 느낌을 받는다. 그래서 중독성이 있는 것이다. 어린 시절 학대받으면서 자란 사람이 성인이 되어 자기 자녀를 학대하는 경우가 의외로 많은데 이것도 분노의 쾌감 때문이다. 자신이 어렸을 때와는 달리 힘을 가진 존재라고 느껴지기 때문이다.

화를 표현하는 가장 중요한 목적은 의사소통이다. 습관적으로 화를 내는 사람은 쉽게 흥분해 자신의 마음조차 이해하지 못한 상태로 성급하게 화부터 낸다. 이것은 이미 의사소통보다는 감정 표출 그 자체가 목적이 된 상태로, 정작 중요한 내용인 '왜 화가 났으며 무엇을 원하는지'에 대한 상대방과의 의사소통은 실패하고 만다. 이렇게 되면 상대방은 화를 내는 사람을 제대로 이해할 수가 없고, 오히려 자신이 과하게 공격받는다는 느낌만 받기에 점점 방어적으로 변하게 된다.

습관적인 분노 폭발은 내용이 없는 문자 메시지와 같아서 이에 주목할 사람은 아무도 없다. 점점 상대하고 싶지 않은 대상이 될 뿐이다. 결국 화를 내는 사람은 자신이 더욱 무시받는다고 느껴져 분노의 강도를 높이게 되는데 이는 모두에게 상처로 남는 비극이 된다. 화를 무작정 억누르는 것과 폭발하는 것 모두 건강한 방법이 아닌 것이다.

분노는 잘못된 감정이 아니다. 분노 감정을 잘 다루면 오히려 관계가 깊어지고 내면이 성장한다. 이는 마치 댐이 물을 가둬 두기만 하거나 한꺼번에 방류하면 문제가 되지만 저장된 물을 조절해서 내보내면 홍수와 가뭄을 해소하는 생명의 물줄기가 되는 것과 같다.

'건강하게 화내기'는 크게 두 단계인데 첫 번째는 '알아차리기'이고, 두 번째는 '표현하기'다.

우선, 화가 많이 났다면 무작정 화를 내기보다는 잠시 흥분을 가라앉히는 시간을 갖자. 급한 상황이라면 물을 한 잔 천천히 마시거나 30초 정도 심호흡을 하는 것만으로도 큰 도움이 된다. 그리고 자신이 왜 화가 났는지, 또 자신이 원하는 것이 무엇인지를 곰곰이 생각해 보자. 감정이란 원래 우리 내면의 상태를 알려 주는 신호이고, 분노 감정은 대개 무엇인가가 불편하거나 고통스럽다는 의미다. 그러므로 자신의 분노를 이해하기 위해 스스로에게 이렇게 질문해 보자. "지금 나의 분노 아래에 있는 아픔이 무엇일까?"

자신이 화가 날 만큼 고통스러운 그 이유를 찾았다면 가장 중요한 것을 알아차린 것인데, 여기서 한 걸음 더 나가 그렇다면 자신이 원하는 것은 무엇인지를 생각해 보자. 여기까지 성공했다면 분노라는 감정을 통해 자신과의 소통에 성공한 것이다. 이러한 알아차리기 단계만 제대로 이행해도 분노 감정은 상당 부분 진정된다. 이제 누군가에게 표현할 준비가 된 것이다.

'건강하게 화내기'의 두 번째 과정은 자신이 알아차린 그 마음을 누군가와 나누는 것이다. 그 대상은 자신의 이야기를 잘 경청해 줄 사람과 그 이야기를 꼭 들어야 할 당사자다. 만약 상대가 잘 경청해 주지 않는다면 어떻게 할 것인가? 아무도 이야기를 들어 주지 않는다면 상담자에게라도 가서 꼭 이야기하라고 나는 권한다.

분노를 습관적으로 자녀들에게 퍼붓던 A씨도 상담을 통해 점차 자신을 폭발하게 만드는 내면의 고통에 대해 이해하게 되었다. 그녀의 분노의 뿌리는 아버지였다. 그녀의 아버지는 지나치게 통제적인 사람이었고 자신의 뜻대로 되지 않으면 불같이 화를 내는 사람이었다. 이런 아버지 밑에서 커 온 A씨는 사춘기가 되자 반항하기 시작했는데, 점점 폭력적으로 화를 내기 시작했고 그 결과 학교와 가정에서 많은 문제가 일어났다.

이는 성인기 초기까지 이어졌는데 어떤 계기로 그녀는 변해야겠다고 결심했다. 특히 결혼하면서 자신의 자녀에게만큼은 결코 화를 내는 모습을 보이지 않겠노라고 다짐했다. 처음에는 무작정 참는 것이 가능했다. 하지만 남편과의 관계에 어려움을 겪으면서 억눌린 분노는 점점 쌓여만 갔고, 결국에는 아주 사소한 일로도 폭발하는 사람이 되어 버린 것이다. 마침내 A씨는 자신이 주로 화를 낸 사람들은 자녀들이었지만, 정작 화가 쌓인 대상은 남편과 어린 시절의 아버지라는 사실을 깨닫게 되었다. 또한 지금까지 화를 내지 않으려고만 노력해 왔지 정작 자기 내면의 아픔과 욕구를 외면해 왔음도 알게 되었다.

처음에는 어색해했지만 그녀는 점차 자신이 화가 날 때 좀 더 건강하게 표현하기 시작했다. "아까 엄마가 화가 좀 났어. 엄마는 약속 늦는 걸 싫어하는데 너희들이 외출 준비를 하지 않으니까 엄마 말이 무시된 것 같았거든. 다음에는 엄마가 중요한 일이라고 하면 좀 서둘러 줘," "여보, 당신이 어제 뭐라고 했을 때 내가 왜 그렇게 화가 났나 생각해 봤더니 당신을 마치 어린 시절 우리 아빠처럼 느꼈던 것 같아요. 다시 생각해 보니 당신이 나를 무시하려고 그런 말을 한 것은 아니었는데…. 어제는 내가 좀 심했죠?"

처음에는 묵묵히 듣고만 있던 남편도 점점 아내의 상처를 이해하게 되었고, 무뚝뚝하기만 했던 남편이 조금씩 변하기 시작했다. 두 사람이 더 많은 이야기를 솔직하게 나눌 수 있게 되자 부부 간의 친밀함이 깊어지면서 신뢰감도 함께 자랐다. 어느 날 그녀는 처음으로 남편의 허락을 받고 친구와 제주도 여행을 가게 됐다고 기뻐하며 이렇게 말했다. "선생님, 상담은 제가 받는데 왜 남편이 변하죠?"

분노 감정 그 자체는 죄가 아니다. 문제는 분노를 잘못 다루는 것이다. 성경은 이렇게 권면한다. "화가 나더라도 죄를 짓지 말고 해가 지기 전에 곧 화를 푸십시오. 그렇지 않으면 마귀에게 기회를 주게 됩니다"(엡 4:26-27, 현대인의성경). 분노를 건강하게 다루는 것은 결코 하루아침에 되는 일이 아니지만, 이것은 우리가 반드시 배워야 할 중요한 성숙 과제다. 자신의 분노 아래 있는 고통과 바람을 스스로 이해하고 소중히 여겨야 한다. 또한 누군가에게 이것을 표현하기 위해 용기를 내야 한다.

우리가 누군가에게 진심을 표현하고 상대가 잘 경청하고 공감해 준다면 어떤 일이 일어날까? 공감을 받은 사람의 내면에서는 치유가, 그리고 공감을 해 준 사람의 마음속에서는 성장이 일어난다. 그리고 두 사람 사이에서는 친밀감이 깊어진다. 이것은 분노를 억누르거나 폭발시키기만 하는 사람은 결코 알 수 없는 놀라운 경험이다.

◐ 중독이 말을 건다

중독 치료는 단순히 중독 행위를 멈추는 것이 아닌 내면의 치유와 성장 과정이다. 나는 알코올 중독 환자들에게 "술을 끊고 행복해지는 것이 아니라, 행복해져야 술이 끊어진다"는 말을 자주 한다. 진정한 행복을 위해서는 반드시 내면의 치유와 성장이 필요하다. 내면의 성장은 누구나 평생 가야 할 인생 여정으로, 육체와 달리 내면의 성장판은 닫히는 법이 없다.

현대인들에게 이렇게 중독 문제가 많다는 것은 무엇을 의미하는가? 우리가 눈에 보이는 성공에 취해 보이지 않는 속사람을 돌보고 가꾸는 일을 소홀히 해 왔기 때문이 아닐까? 중독이 우리에게 말을 건다.

· "힘들어요. 마음의 고통을 잘 돌봐 주세요."
· "허전해요. 더 깊은 즐거움이 필요해요."

중독은 우리가 '고통'과 '즐거움'이라는 두 영역에서 여전히 치유와 성장이 필요함을 알려 준다. 중독이 던지는 이 두 가지 질문에 대해 잠시 생각해 보자.

먼저, 고통을 어떻게 다룰 것인가? 중독학계에는 다음과 같은 명언이 있다. "고통은 쾌락을 추구한다." 마치 두통이 있을 때 효과가 있는 진통제처럼 각 사람에게는 심리적 고통이 찾아올 때 이것을 잠재울 이미 익숙해진 쾌락이 있다. 외로울 때 술을 마시는 사람, 좌절감을 다루기 위해 게임을 하는 사람, 수치심에서 벗어나기 위해 포르노를 보는 사람, 우울감을 잊으려고 쇼핑을 하는 사람 등 그 예는 너무나 많다.

한 입원 중인 알코올 중독 환자가 상담을 요청해 왔다. 자신의 이야기를 잠시 들어 달라는 것이었다. 내가 알겠다고 하자 그는 아무에게도 털어놓지 못했던 자신의 이야기를 시작했다. 그의 아버지는 너무 일찍 돌아가셨고 그 후 우울증에 시달리던 어머니마저 끝내 자살을 선택했다. 초등학교 저학년 무렵 학교에서 돌아와 자살로 생을 마감한 어머니의 시신을 처음 발견하고 그 옆에 멍하게 앉아 있었던 그는 그때부터 지독한 무기력감에 시달렸다. 이후 먼 친척집에서 자라면서 겪었던 외로움과 서러움의 사연들을 차례로 들었다.

그는 이렇게 말했다. "초등학교 6학년 막걸리 심부름을 하다가 처음으로 술을 마셔 봤습니다. 세상에, 이것이 천국이다 싶더군요." 성인이 된 이후 사업의 실패와 가정불화, 그리고 이혼이 이어졌고, 그럴수록 그의 과음은 더욱 심해졌다. 결국 알코올 중독 외에도 우울증과 간경화 판정을 받고 입원하기까지의 과정을 그는 담담하게 털어놓았지만 나는 눈물이 흘러내렸다. 이야기를 다 들은 후 나도 모르게 내 입에서 이런 말이 나왔다. "술을 마시지 않았으면 벌써 죽었겠군요." 환자에게 술을 사 주고 싶다는 마음이 든 것은 그때가 처음이었다. 술은 그를 죽어 가도록 만들었지만, 어떤 의미에서는 견디게도 만들었다.

일반적으로 중독은 진통제로 작용하는데, 이 때문에 중독 사이클이 돌아간다. 소설 《어린 왕자》에는 어린 왕자가 술꾼이 살고 있는 별에서 술을 마시는 어른과 대화하는 장면이 나온다.

"술을 왜 마셔요?"

"내가 부끄럽다는 걸 잊기 위해서지."

"뭐가 부끄러운데요?"

"술 마시는 게 부끄러워!"[3]

고통을 잊기 위해 사용하는 쾌락은 일시적으로 진통 효과가 있지만 이내 다시 수치심이 되어 더 큰 고통을 일으키는데, 이것을 잊기 위해 또다시 쾌락을 사용하는 악순환의 늪에 빠진다. 중독은 고통의 문제다. 그렇기에 중독의 뿌리가 되는 고통을 다루지 않은 채 무작정 의지만으로 중독을 끊는 것은 대개 일시적이거나 중독 대상을 바꾸는 것일 뿐이다. 그렇다면 어떻게 해야 할까?

지금 사용하는 중독이라는 진통제보다 더 효과적이면서 건강한 대안이 필요하다. 나는 이 과정을 '대안 찾기'라고 부른다. 당신은 마음이 아플 때 어디로 가서 무엇을 하는가? 그것이 당신의 진통제다. 혹시 당신이 사용하는 그 진통제가 건강하지 않고 중독적인가? 그렇다면 이제는 적극적으로 마음의 상처를 치유하고, 내면을 돌보며, 일시적 진통제가 아니라 건강한 대안을 찾으라고 중독이 말을 건다.

또한 중독은 우리에게 이렇게 묻는다. "즐거움을 어디서 찾을 것인가?" 인생이 살 만하다고 느껴지려면 고통과 즐거움의 균형이 맞아야 한다. 내게는 세 명의 자녀가 있다. 그중 막내 아이는 롤러 블레이드 타는 것을 좋아해서 하루에도 몇 시간씩 타곤 한다. 심지어 밤에도 내가 산책 나가는 틈을 이용해 롤러 블레이드를 탄다. 이것은 이 아이에게 롤러 블레이드를 탈 때 생기는 육체적 피로보다 즐거움이 훨씬 크기 때문이다. 하지만 첫째 아이와 둘째 아이에게는 롤러 블레이드를 타는 것이 그런 의미와 즐거움을 주지 못하기에 그들은 그 시간에 다른 것을 선택한다.

이와 같이 어떤 일을 선택할 때 비록 어느 정도의 고통이 있어도 자신에게 얻어지는 의미와 기쁨이 고통보다 훨씬 크다면 건강한 사람들은 그 길을 선택한다. 그런데 상처가 큰 인생을 살아온 사람은 자칫하면 고통을 줄이는 것에 지나치게 초점을 맞추기 쉽다. 의미와 즐거움을 추구하기보다는 고통을 방어하기 위해 사는 것이다. 하지만 즐거움이 없다면 아무리 고통을 줄여 봐도 결국 인생은 적자다. 우리의 내면은 의미와 기쁨을 추구할 때 진정한 에너지가 나오는데, 만약 고통을 줄이는 것에만 힘을 다 써 버리고 즐거움의 정원을 가꾸지 않는다면 마음이 온통 메마르고 퍽퍽해져 쉽게 얻을 수 있는 쾌락의 늪에 빠져 버리고 만다.

한 다중 중독 환자가 치료를 위해 스스로 입원했다. 그는 술 문제 외에도 몇 가지 중독을 함께 가지고 있었다. 몇 년간 정말 열심히 치료에 임했고, 술을 끊었으며, 기독교 신앙인도 되었다. 착실히 준비해 드디어 퇴원했는데, 안타깝게도 사회에 잘 적응하지 못했고 우울증이 재발해 다시 입원하게 되었다.

술까지 끊었음에도 뭔가 부족함을 느낀 그는 어느 날 내게 찾아와 이제 어떻게 하면 좋겠냐고 진지하게 물었다. "기원을 한번 찾아가 보십시오." 내 대답에 깜짝 놀란 그는 무슨 뜻이냐고 물었다. 나는 그에게 이유를 말해 주었다. "어느 날 제가 회진을 돌 때 당신은 TV 속 바둑에 완전히 몰입해 있었습니다. 그래서 바둑이 그렇게 재미있냐고 묻자 당신은 이세돌 바둑이 얼마나 재미있는지를 신 나서 설명했는데 그때 당신의 눈은 빛나고 있었습니다. 그런 즐거운 몰입은 무언가 당신의 기질과 바둑이 잘 맞는다는 뜻입니다. 그것은 매우 소중한 것입니다. 거기서부터 출발해 보세요."

그는 내 조언대로 바둑 학원을 다녀왔다. 학원 원장님에게 자신의 급수를 알고 싶다고 하자 어느 초등학생과 한번 두어 보라고 했고, 그날 바둑에서는 졌지만 갑자기 이런 생각이 들었다고 했다. '바둑은 재미있으려고 두는 것인데, 나는 왜 이렇게 심각하지?' 그날 이후로 그의 삶의 방향이 변하기 시작했다. 취미가 생기고 삶을 즐기기 위해 노력했다. 평상시 책을 좋아했던 그는 자신이 읽은 책의 좋은 글귀를 자신의 SNS에 올리기 시작했고, 이를 바탕으로 사람들과 소통했다. 병원에서 외박을 나갈 때면 등산이나 여행을 다니면서 사진을 찍어 내게 보여 주며 즐거워했다.

어느 날 그는 병원 뒤뜰을 산책하다가 꽃을 한 송이 보았다. 마치 꽃을 처음 보는 것처럼 그는 눈을 뗄 수가 없었다고 했다. 너무나 아름답다고 느낀 순간, 알 수 없는 감격이 솟구치며 그의 뺨 위로 기쁨의 눈물이 흘러내렸다. 험악했던 그의 인생에 처음 있는 일이었기에 그는 쑥스러워하며 내게 그 의미를 물었다. 나는 그것이 '자기 너머의 즐거움'을 경험한 것이고 소중한 경험이니 꼭 기억하라며 축하해 주었다. 그렇게 얼마간의 취미 생활(?) 뒤에 그는 다시 퇴원했고 지금까지 5년간 잘 지내고 있다.

한 사람이 어디서 즐거움을 찾는가를 보면 그 사람의 내면적 성숙도를 알 수 있다. 더 깊은 즐거움을 경험하려면 내면의 성장이 필요하기 때문이다. 내가 운영하는 기질연구소에서는 내면세계의 성장에 따라 경험할 수 있는 즐거움을 크게 세 단계로 나누는데, 성숙한 사람이란 각 발달 단계를 충분히 거치면서 다음 단계로의 성장을 경험한 사람이다.

첫 번째 단계는 쾌락이다. 먹고, 자고, 몸을 사용하고, 성적인 쾌감을 느끼는 등의 즐거움으로 누구나 어렵지 않게 알게 되는 즐거움이다.

두 번째 단계는 자기다움의 즐거움이다. 자신의 기질을 충분히 사용하면서 얻는 즐거움으로 그 모습은 사람들마다 다르다. 어떤 사람은 내향적이어서 내면세계에 충실할 때 즐거움을 느끼지만, 외향적인 사람들은 외부 세계나 다른 사람들과 함께할 때 더 즐겁다. 어떤 사람들은 목표에 집중해 성취하는 것을 즐기는 반면, 누군가는 적당히 이완된 상태로 몸을 사용하는 것을 즐긴다. 어떤 이들은 감정을 사용할 때 생기가 넘치지만, 누군가는 논리적으로 생각하는 것을 통해 살아 있음을 느낀다.

자기답게 사는 것은 쉬워 보이지만 자기가 누구인지 알고 진짜 자기로 사는 것은 의외로 만만치 않은 도전으로, 이것을 위해서는 건강한 자존감과 이 과정을 격려해 주는 지지자가 필요하다. 성경에서는 특히 마태복음 25장의 달란트 비유에서 이 단계의 중요성을 강조하는데, 나는 이것을 '달란트 사명'이라 부른다(마 25:14-30). 내가 다중 중독의 문제가 있던 환자에게 기원을 가라고 한 이유도 쾌락 단계를 넘어 자기다움의 즐거움을 일깨워 주기 위해서였다.

세 번째 단계는 자기 너머의 즐거움이다. 마지막 가장 깊은 즐거움은 자기 너머 단계에서 경험할 수 있다. 인간의 마음 깊은 곳에는 흔히 생각하는 것보다 훨씬 더 강력한 자기중심성이 있다. 그런데 최고의 즐거움은 자기도취가 아니라 타자에게 깊이 감탄할 때, 즉 자기보다 더 크고 소중한 대상이 내면 깊은 곳에 생길 때 경험하게 된다. 성경은 이런 내적 상태를 '사랑'이라고 부르고, 그 즐거움을 '기쁨'이라고 일컫는다. 기쁨의 신학자 존 파이퍼(John Piper)는 이렇게 말했다.

"이 세상에서 정말로 놀라운 기쁨의 순간은 자기만족의 순간이 아니라 자기 망각의 순간이다. 그랜드캐니언의 끝자락에 서서 자신의 위대함을 생각하는 사람은 정상이 아니다. 이런 순간, 우리는 외부에서 오는 장엄한 기쁨을 느끼도록 창조되었다. 삶에서 드물고 귀한 이러한 순간들 하나하나는 훨씬 더 큰 탁월함의 메아리, 하나님의 영광의 메아리다."[4]

모든 중독의 뿌리에는 자기 과몰입이 있다. 당신은 타인을 위해서 중독되는 사람을 본 적이 있는가? 타인에게 중독된 사람들조차 깊은 내면의 동기는 '자신'의 기분을 좋게 만들기 위해서다. 아무리 그럴듯해 보여도 집착은 아직 사랑이 되지 못한 미숙한 자기애일 뿐이다. 이상적으로 들리겠지만 중독 치료의 완성은 자기 너머의 즐거움으로 충만한 상태다.

가끔 "왜 꼭 내면의 치유와 성장이 필요합니까?"라고 내게 묻는 분들이 있는데, 나는 더 큰 즐거움과 만족을 위해서라고 대답한다. 쾌락은 귀한 선물이지만 인간의 마음은 훨씬 더 큰 즐거움을 위해 창조되어서 때가 되면 낮은 단계의 즐거움만으로는 채워지지 않고 공허함을 느낀다. 낮은 단계의 즐거움을 아무리 강하게 가져 봐도 높은 단계의 즐거움을 대체하지 못하기 때문이다.

더 높은 단계의 즐거움을 얻으려면 내면의 성장이 필요한데, 이를 위해서는 누군가로부터 성장에 필요한 사랑을 공급받아야 한다. 특히 어린 시절 꼭 필요한 사랑의 결핍과 상처는 마음 깊은 곳에 강한 두려움과 집착을 만드는데, 그것들은 내면 성장에 걸림돌이 되어 더 깊은 단계의 즐거움을 경험하지 못하고 평생을 쾌락의 노예로 살게 하는 중요한 원인이 된다. 나이가 들어서도 자기밖에 모르는 사람의 눈빛을 유심히 보라. 그들에게서 진정한 만족을 읽을 수 있는가? 중독은 낮은 단계의 즐거움으로 높은 단계의 즐거움을 대치하려는 시도다. 성경은 우리를 초청한다. "네 주인의 즐거움에 참여할지어다"(마 25:21).

당신은 무엇으로부터 즐거움을 얻는가? 그것이 없어서 불행하다

154

고 느끼고, 그것만 얻으면 마냥 행복할 것 같은 그 원천은 무엇인 가? 혹시 그것이 진정한 만족을 줄 수 없는 중독적 열망은 아닌가? 자기 안에 있는 중독을 깊이 살펴보는 것은 누구나 피하고 싶은 일 이다. 중독이 드러날 때 우리가 애써 만든 화려한 포장지가 벗겨지고, 우리가 실제로 사용하고 있는 즐거움의 원천과 따르고 있는 가짜 신이 적나라하게 드러나기 때문이다.

하지만 내 안의 중독과 그 중독 속의 나를 정직하게 만나야 한다. 그때야 비로소 자신의 속사람이 어디까지 성장했고, 어디에서 막혔으며, 또 앞으로 어디로 가야 하는지를 알 수 있다. 제랄드 메이는 역설적이게도 중독이 우리의 교만을 굴복시키고 은혜를 향해 마음을 열게 해 준다고 설명한다.[5]

진정한 중독의 치유는 우리가 사용하는 진통제와 즐거움의 원천이 더 높은 차원으로 바뀌는 성장 여행이다. 이는 단순히 중독 대상을 멈춘다고 해서 하루아침에 얻어지는 것이 아니다. 온전한 사랑과 고통스러운 자기 직면을 통해 내면에서 치유와 성장이 일어나면 어느 순간 더 큰 만족을 경험하게 되는데, 그때야 비로소 우리의 속사람이 더 큰 곳을 향하는 이 여정에 고개를 끄덕이며 기꺼이 동참하게 된다.

참고 도서

1 한국중독정신의학회, 《중독정신의학》(서울: 엠엘커뮤니케이션, 2007), p. 332.
2 제랄드 메이, 《중독과 은혜》(서울: 한국기독학생회출판부, 2005), p. 14.
3 앙투안 드 생텍쥐페리, 《어린 왕자》(서울: 새움출판사, 1998), p. 68.
4 존 파이퍼, 《삶을 허비하지 말라》(서울: 생명의말씀사, 2010), p. 42.
5 제랄드 메이, 앞의 책, p. 58.

실전 노트

기도

하나님 아버지, 우리가 길을 잃었습니다. 가장 소중한 하나님의 영광을 허망한 피조물과 바꾸었습니다. 돌아가야 하는데 그만 중독자가 되었고, 멈추는 법을 잊었습니다. 급기야 내가 중독자인 것도 모르는 채 남을 비난하는 지경에 이르렀습니다. 우리를 불쌍히 여겨 주시옵소서. 나의 중독을 깨닫게 하시고, 중독 뒤에 감추어진 나의 고통과 굶주림을 깨닫게 하소서. 용기와 겸손으로 내 중독의 문제를 전문가들과 상의할 수 있게 하소서. 채워지지 않을 쾌락의 늪에서 우리를 구원하시고, 하나님의 즐거움에 참여하게 하소서. 중독으로 인해 이전보다 더 하나님께 의지하게 하시니 감사합니다. 영원히 나를 이끄시는 예수 그리스도의 이름으로 기도드립니다. 아멘.

꼭 적용해 주세요

○ 아래의 <생각해 보세요>로 자신을 돌아봐 주세요.
○ 다른 사람의 중독 문제를 함부로 판단하지 말아 주세요.
○ 중독을 숨기지 말고, 중독으로 인한 문제가 크다면 꼭 전문가와 상의해 주세요.
○ 어떤 경우에도 포기하지 말고 영원한 치료자이신 주님을 끝까지 신뢰하세요.

생각해 보세요

○ "우리는 모두 무엇인가에 중독되어 있다"라는 말을 묵상해 보세요.
○ 나는 무엇에 중독적인가요?
○ 중독 아래 있는 내 마음의 상처와 고통은 무엇인가요?
○ 나는 어디에서 즐거움을 얻나요?
○ 나의 중독을 대체할 건강한 대안은 과연 무엇일까요?

3장

조울증과
조울 성향
이해하기

_ 문은수

◯ '감정'과 '기분'이란?

우리는 흔히 "너 때문에 감정이 상했어!", "넌 너무 감정적이야!"라는 말을 합니다. 이처럼 우리는 '감정'(emotion)이라는 단어를 일상생활에서 많이 쓰고 있습니다. 또한 '기분'(mood)이라는 표현도 많이 씁니다. "요즘 저는 기분이 좋아요!", "넌 왜 너의 기분대로 하는 거야?"라고 말합니다. 일상생활 속에서 이런 표현들을 많이 쓴다는 것은 감정이나 기분이 그만큼 우리의 삶에서 중요하다는 의미이겠지요.

그런데 감정과 기분은 긴밀하게 연결되어 있으면서도 서로 구분됩니다. 감정은 우리가 어떤 상황에 처했을 때 느끼는 반응이라는 의미가 강합니다. 위험한 상황에 처하게 되면 불안하거나 공포를 느끼게 되는 것처럼, 감정은 일종의 반응이라 할 수 있습니다. 좋은 상황에 놓이면 즐거움을 느끼고, 불합리한 상황 가운데 처하게 되면 화가 날 수 있으며, 내가 하고 싶은 일을 못하게 되면 짜증이 날 수 있습니다. 이와 같이 어떤 상황에서 우리 마음속에 일어나는 불안, 공포, 즐거움, 짜증 등과 같은 것이 감정이라고 할 수 있습니다.

반면, 기분은 감정적인 요소를 가지고 있지만 감정과는 다른 면이 있습니다. 잠시, 잠깐 불안한 감정이 있었다고 해서 우리의 행동에 지속적인 영향을 주지는 않습니다. 그 순간이 지나가면 언제 불안했냐는 듯이 자연스럽게 행동합니다. 그리고 잠시 우울했다고 해서 아무것도 할 자신이 없어지는 것은 아닙니다. 잠시 기분이 좋았다고 해서 자신감이 차오르는 것도 아닙니다.

일시적인 감정은 상황에 따른 반응으로 끝나고, 그 감정이 우리 마음 안에서 지속되면 우리의 생각과 행동에 영향을 주게 되는데 이것을 의학적으로는 '기분'이라고 말합니다. 불안한 기분이 계속되면 사람들을 만나는 것이 두려울 수 있습니다. 우울한 기분이 계속되면 아무것도 하기 싫어집니다. 기분이 좋으면 하기 싫은 일도 잘 참으며 해냅니다. 짜증스러운 기분이 계속되면 매사에 신경질을 내게 됩니다.

정리해 보면, 감정이라는 것은 사실 그 순간에 일어나는 반응이라고 말할 수 있고, 기분은 좀 더 긴 시간에 걸쳐서 지속되는 감정 상태라고 말할 수 있습니다.

 당신은
기분파인가?

무슨 일을 결정하거나 행동을 할 때 기분이 중요하게 작용하는 사람들이 있습니다. 이러한 성향을 지닌 사람들을 우리는 '기분파'라고 부릅니다. 반면, 어떤 사람들은 중요한 결정을 내리거나 어떤 행동을 할 때 기분이나 감정에 치우치지 않고 이성적이고 합리적인 방식을 주로 사용하기도 합니다. 기분이 의사 결정과 행동 양상에 영향을 주는 사람들이 있고, 그렇지 않은 사람들도 있다는 말입니다. 의학적인 개념을 굳이 적용하지 않더라도 사람들을 주의 깊게 관찰해 본 사람이라면 이미 두 부류의 사람들로 구분하고 있을 것입니다. 당신은 기분파에 속하는 감성적인 사람인가요, 아니면 합리적인 생각을 중요시하는 이지적인 사람인가요? 혹은 두 가지 성향이 오묘하게 조화를 이룬 사람도 있을 수 있습니다.

한편, 우리는 기분과 관련해서 어떤 성향의 사람들을 좋아하거나 싫어할 수도 있습니다. 감성적인 사람을 선호할 수도 있고, 이지적인 사람을 선호할 수도 있습니다. 하지만 이러한 선호는 개인의 취향일 뿐이고, 사회적인 관점에서 본다면 두 부류의 사람들이 모두 중요하고 없어서는 안 됩니다. 실제로 우리가 속해 있는 크고 작은 공동체 안에는 다른 기분 성향의 사람들이 모두 있게 됩니다. 심지어는 한 가족 내에서도 두 가지 성향의 사람들이 존재할 수 있습니다.

물론 아주 특수한 상황에서는 한 가지 성향을 주로 가지고 있는 사람들만 있을 수도 있습니다. 감성적인 사람들로만 이루어진 공동체가 가능하고, 이지적인 사람들로만 이루어진 공동체가 만들어질 수도 있습니다. 만약 시인 공동체라면 감성적인 사람들이 주를 이룰 수 있다는 말입니다.

하지만 일반적인 의미에서는 한쪽 부류의 사람들만 있는 공동체이거나 한쪽 성향만 추구하는 공동체라면 다른 성향의 사람들이 어울려 지낼 수 없는 공동체가 되므로 기독교적 관점에서 온전하다 말하기는 어려울 것 같습니다. 하나님은 두 가지 기분 성향의 사람들을 만드시고 모두를 향해 기뻐하셨으리라 생각합니다. 또한 이 두 가지 부류의 사람들이 서로를 사랑하며 서로를 세워 줄 수 있다면 하나님이 심히 기뻐하시리라 생각합니다. 이러한 이유로 우리는 기분 성향에 대해 잘 이해하는 것이 필요하며, 이러한 영역에서 생긴 문제를 잘 다루는 것이 중요하다고 생각합니다.

◑ 세 가지 기분 상태

우리의 기분은 다양한 모습으로 존재합니다. 항상 일정한 상태가 아닙니다. 감정보다는 덜 변하지만, 시기에 따라 변할 수 있습니다. 때로는 업(Up)이 되기도 하고, 때로는 다운(Down)이 되기도 합니다.

기분을 대략적으로 세 가지 상태로 구분 지을 수 있습니다. 첫째는 기분이 편안한 상태로 큰 변화 없이 유지되는 때가 있습니다. 이때는 기분이 우리의 의사 결정과 행동에 크게 영향을 주지 않습니다. 기분이 안정적인 사람들은 이 상태가 거의 지속되는 형태라고 볼 수 있습니다. 둘째는 들떠서 뭔가를 신나게 하는 업이 된 상태입니다. 이러한 때에는 어려운 상황에 부딪혔더라도 한번 이겨 내 보자고 용기를 낼 수도 있습니다. 또한 기분이 너무 지나치게 들떴을 경우에는 오히려 자만하게 되고 감당하지 못할 일을 벌이기도 합니다. 셋째는 힘이 빠지고 처져서 손가락 하나 까딱하기 싫은 다운이 된 상태입니다. 이때는 평소에 잘해 냈던 일조차 부담이 됩니다. 너무 심하게 다운이 되면 잘하던 일을 내려놓거나 포기해 버리기도 합니다.

이처럼 우리의 삶은 기분에 따라 영향을 받게 됩니다. 기분이 업이 되어 있으면 평소보다도 뭔가 많은 일을 해 냅니다. 자신감도 넘치고, 어려운 상황도 곧잘 이겨 냅니다. 언변도 좋아지고, 아이디어도 잘 떠오릅니다. 피곤도 잘 모르게 됩니다. 어디에선가 힘이 솟아나는 느낌이 듭니다. 사실 우리는 이렇게 자신감이 넘치는 삶을 동경합니다. 이런 기분이 들면 어려운 일들에 도전도 하고, 성취도 누리고, 적극적이고 진취적인 삶을 살아가게 될 것입니다. 또한 이런 기분 상태가 계속 지속되었으면 하는 바람을 가지고 있을 수 있습니다.

하지만 안타깝게도 이런 기분 상태는 계속 지속되기는 어렵습니다. 에너지 불변의 법칙이 있듯이 우리의 기분이 항상 이처럼 업이 된 상태를 유지할 수 없기 때문입니다. 에너지를 이렇게 집중해서 많이 쓰게 되면 언젠가는 기분이 다운이 되는 상태를 경험할 수밖에 없습니다. 그것은 하나님이 우리에게 주신 삶의 원리라고 할 수 있습니다. 돈도 마찬가지이지 않습니까. 우리가 300만 원을 벌고 있는데, 400만 원을 소비하면 적자가 됩니다. 설령 저축해 둔 돈이 있다고 하더라도 그 돈을 다 쓰고 나면 결국 적자가 될 수밖에 없습니다. 적자를 만회하려면 더 벌지 않는 이상 소비를 줄이는 수밖에 없습니다. 우리 몸의 에너지 시스템도 이런 원리와 동일하게 작동합니다. 우리가 만들 수 있는 에너지보다 많은 양의 에너지를 사용하면 결국 다운이 되는 상태를 피할 수 없게 됩니다.

다운이 되면 뭔가를 한다는 것이 크게 부담이 됩니다. 다운이 된 정도에 따라 다르겠지만, 직장에서 일을 할 때에도 뭔가 새로운 일을 맡는 것이 부담이 됩니다. 또한 잘하고 있던 일조차 하기 어렵게 느껴집니다. 잠시 일을 내려놓고 나만의 휴식을 가지고 싶어집니다. 이러한 상황이 점점 심해지면 일상생활에도 영향을 줍니다. 씻고 외출하는 것도 싫을 때가 있습니다. 그저 아무것도 하지 않고 멍하게 있고 싶어집니다. 아무런 생각 없이 TV만 보고 방 안에서 뒹굴고 싶습니다.

다운이 되면 머리도 돌아가지 않고, 기억력도 떨어지고, 뭔가를 한다는 것이 어려운 상태가 됩니다. 뭔가를 이루어야 한다는 성취에 대한 부담이 있는 사람이라면, 이러한 상태가 고통스럽게 느껴지고 자신이 아무런 쓸모없는 인간이 되었다고 느낄 것입니다. 이 기분에서 벗어나지 못하면 자신의 존재를 무가치하게 여기고, 차라리 죽는 것이 낫겠다는 결론을 내리기도 합니다.

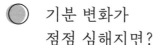 기분 변화가 점점 심해지면?

대부분의 사람들은 앞서 구분한 것처럼 세 가지 기분의 상태를 경험할 수 있습니다. 하지만 이러한 기분 변화를 경험한다고 해서 모두 문제가 되거나 병이 되는 것은 아닙니다. 정신의학적으로는 이러한 기분 상태가 점점 심해져서 문제를 일으킬 때 비로소 이 현상을 병으로 보게 됩니다. 정신의학에서는 들뜬 기분(elevated mood)이 어느 정도 이상으로 과하다고 판단되는 경우에는 정도에 따라서 '경조증'(hypomania)이나 '조증'(mania)으로 부릅니다. 반대로 우울한 기분(depressed mood)이 어느 정도 이상으로 지나치다고 판단되는 경우에는 '우울증'(depression)이라고 부릅니다.

최근에는 미국정신의학의 영향으로 이것을 '경조증삽화'(hypomanic episode), '조증삽화'(manic episode), '주요우울삽화'(major depressive episode)라는 용어로 지칭합니다. '삽화'(episode)라는 말은 일상과 구분되는 특별한 사건이 있거나 그러한 상태가 지속되는 시기라고 보면 됩니다. 즉 기분이라는 관점에서 인생을 그려 본다면 조증 시기가 있을 수 있고, 반대로 우울 시기가 있을 수 있는데 조증 시기가 어떤 기준을 넘어서게 되면 경조증삽화라고 부르고, 그 정도가 지나치게 심하면 조증삽화라고 부릅니다. 또한 우울 시기가 어떤 기준을 넘어설 정도로 지나치게 심하면 주요우울삽화라고 부르는 것입니다.

우울 시기도 경조증처럼 경한 우울 증상이 있습니다만, '경우울삽화'라고 부르지는 않습니다. 그리고 경한 우울증은 우울증을 자세하게 진단할 때에만 사용합니다. 정신건강의학과 의사들은 기분 상태를 진단할 때 경조증삽화, 조증삽화, 주요우울삽화, 이 세 가지를 주로 사용합니다.

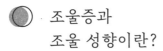

조울증과 조울 성향이란?

조울증은 이러한 기분 변화가 일정 수준을 넘어서서 문제를 일으키는 경우를 의미합니다. 조울증이라는 표현은 과거 이 병을 '조증 - 우울증 질환'(manic depressive illness)으로 부르던 것에서 기인합니다. 특히 우리나라는 병명을 붙일 때 '증'이라는 표현을 많이 써 왔습니다. 사실 '증'이라는 표현은 개별 증상을 의미하기도 하기 때문에 혼동의 여지가 있지만, 우리가 흔히 쓰기 때문에 여전히 조울증이라는 표현을 씁니다. 또한 이러한 혼동을 없애기 위해 '조울병'이라고 '병'이라는 표현으로 바꾸어서 쓰기도 합니다. 그리고 의학 교과서들에서는 두 가지 기분 상태가 나타날 수 있다는 점에 초점을 맞추어 '양극성 장애'(bipolar disorder)라고 부릅니다. 즉 '조울증'과 '조울병', 그리고 '양극성 장애'는 같은 표현이라고 할 수 있습니다.

정신의학적으로는 기분 장애를 몇 가지로 구분합니다. 조증삽화가 있는 경우를 '양극성 I형 장애'(bipolar I disorder)라고 부르고, 경조증삽화와 주요우울삽화가 있는 경우를 '양극성 II형 장애'(bipolar II disorder)라고 부르며, 조증삽화나 경조증삽화가 없이 주요우울삽화만 있는 경우를 '주요우울장애'(major depressive disorder)라고 부릅니다. 이외에도 기분 장애를 진단하는 다양한 진단명이 있습니다. 하지만 양극성 I형 장애와 양극성 II형 장애, 그리고 주요우울장애가 주요한 세 가지 질환이라고 할 수 있습니다. 최근에는 주요우울장애와 같이 우울증만 나타나는 환자들의 특성들을 중요시하여 '우울 장애'로 구분해서 부르기도 합니다. '우울증', '우울병', 또는 '우울 장애'는 앞서 조울증, 조울병, 양극성 장애가 같은 표현인 것과 마찬가지로 동일한 표현으로 보면 됩니다. 기분 장애를 의학적으로 정확하게 판단하는 방법이 궁금한 분들은 조금 어려울 수도 있지만 미국정신의학과에서 편찬한 《DSM-5》라는 책을 참고하기 바랍니다.

일반적으로 우울증에서는 업은 전혀 되지 않고 주로 다운만 일어납니다. 하지만 조울증에서는 업과 다운이 모두 나타날 수 있습니다. 업이 주로 반복되는 경우도 있고, 주로 다운이 일어나다가 가끔씩 업이 일어나는 경우도 있고, 업과 다운이 반복해서 번갈아 나타나는 경우도 있습니다. 실제로는 이 두 가지가 시기에 따라 다양한 양상으로 표현될 수 있으며, 심지어 한 시기 동안에 이 두 가지 현상이 혼재되어 나타나기도 합니다.

기분 장애 전문가들은 양극성 장애를 진단할 때 양극성 I형 장애와 양극성 II형 장애로만 구분하지 않고 더 자세히 구분합니다. 주요한 요지만 설명하면, 경조증삽화에 해당하지는 않더라도 조증 증상이 일부 나타나는 경우를 양극성 성향이 있는 양극성 장애로 판단하는 것입니다. 이럴 경우에 주요우울장애로 진단되었던 환자분들이 양극성 장애로 진단이 될 수 있습니다. 즉 양극성 장애와 주요우울장애 사이에 양극성 성향이 있는 경우 진단이 쉽지 않은 환자분들이 있습니다. 이 경우 초기에는 우울증으로 진단받았다가 나중에 조울증으로 진단이 되기도 합니다.

이것은 오진으로 보기는 어렵고, 질병의 초기에는 병이 뚜렷하게 구분되지 않는 면이 있기 때문에 어쩔 수 없이 발생하는 문제로 보아야 합니다. 일부 연구들에서 이것을 조기에 구분하려고 애쓰고 있지만, 아직은 전문가들조차도 모두 구분해 내지 못할 때가 많습니다. 이와 같이 조금 어려운 내용을 언급한 이유는 조울 성향 (bipolarity)을 설명하기 위해서입니다.

조울 성향이라는 것은 기분이 업다운을 보일 수 있는 성향으로 말할 수 있습니다. 어떤 의미에서 본다면 성격이나 기질과도 유사할 수 있습니다. 그리고 이 자체로는 병이 아닐 수도 있습니다. 병이 아니라는 의미는 정신의학적으로 그 사람이 그 성향으로 인해 힘들지 않고 문제가 되지 않는다면 이 현상이 있다고 하더라도 병으로 진단하지 않기 때문입니다. 반면, 이러한 조울 성향은 잘 다스려지지 못한다면 조울병이 될 위험성이 있는 상태라고 볼 수 있습니다. 따라서 조울 성향이 있는 사람들은 자신의 조울 성향을 잘 이해하고 다스리려고 애쓰는 것이 중요합니다.

조울 성향을 가진 사람들은 자신이 기분 기복이 있다는 것을 보통 압니다. 또는 본인이 모른다고 하더라도 주변 사람들이 알아차리고 그렇게 말해 주기도 합니다. 기분의 기복이 있다 보니 그로 인해 의사 결정이나 행동들이 영향을 받기도 합니다. 이런 성향은 타고나는 면이 많기 때문에 꽤 오랜 시간 이런 방식에 익숙해져 있게 되는데, 자신을 조금 주의 깊게 관찰하는 성향이 있다면 이 부분에 대해서 이미 스스로가 잘 알 수 있습니다. 반면, 기분파로만 살아가고 있고 자신의 성향에 대해서 주의 깊게 보지 못하고 있다면 본인은 그것을 알아차리지 못하고 자신의 기분 변화에 끌려다니는 삶을 살 수도 있습니다.

◉ 조울증과 조울 성향은 얼마나 존재하는가?

사람에 따라서 정도의 차이가 있지만, 기분의 상태가 변하는 사람들이 꽤 많습니다. 조울증과 조울 성향을 가진 사람은 얼마나 존재할까요? 이 질문에 답하기 위해 전반적인 내용과 함께 제 개인적인 의견을 곁들여 설명하겠습니다. 정확히 '몇 퍼센트다'라고 말하는 것은 학문적인 얘기들을 많이 해야 하고, 수치를 정확하게 설명하려다가 중요한 개념을 놓치는 경우가 많기 때문입니다.

또한 우리는 항상 어떤 현상을 이해할 때 이분법적으로 이해하는 경향이 있습니다. 그것이 단순하고 이해하기 쉽기 때문입니다. 기분의 관점에서도 이분법적으로 설명하면 기분의 변화가 없는 사람과 기분의 변화가 심한 사람으로 나눌 수 있습니다. 그런데 실제로는 기분의 변화가 전혀 없이 일정한 사람도 있고, 반면 기분이 아주 큰 폭으로 변하는 사람이 있을 수도 있습니다. 또한 그 중간에서는 사람들마다 기분이 변하는 정도가 조금씩 다를 수 있습니다. 그래서 어떤 기준으로 구분하는 것이 좋은가에 대해서는 학자들마다 이견들이 있을 수 있고, 구분하는 기준에 따라 비율이 달라질 수 있다는 점을 이해해야 합니다.

기분이 변하는 정도는 사람들마다 다르지만, 그 변화가 그들의 삶에 크게 영향을 끼치지 않는 사람들이 대략 절반 정도 되는 것 같습니다. 이것은 저의 경험적인 추론이기에 논란의 여지가 충분히 있을 수 있습니다. 하지만 제 시각에서 볼 때 절반의 사람들은 기분이 변한다는 것을 잘 인지하기 어려울 정도로 크게 변하지 않습니다. 그러나 나머지 절반에 해당하는 사람들은 기분의 변화가 있습니다. 물론 그들 중에서 자신의 기분이 변한다는 사실을 인지하지 못하는 사람들도 있습니다. 하지만 자신이 인지하지 못한다고 하더라도 그들과 가까이 지내는 주변 사람들은 그들의 변화를 충분히 감지할 수 있습니다.

50% 중에서 절반 정도, 즉 전체의 25%는 자신의 기분 변화로 본인이나 주변 사람들이 힘들다고 느낄 수 있습니다. 다시 말해, 전체의 4분의 1에 해당하는 사람들은 그들이 느끼는 기분 변화나 그들이 보

이는 기분 변화로 인해 본인이 힘들거나 주변 사람들이 힘들 수 있다는 의미입니다. 이 경우는 정신의학적인 정밀 진단 평가를 받으면 경중에는 차이가 있더라도 어떤 진단이라도 받게 될 가능성이 높습니다.

기분 변화가 문제를 일으킬 수 있는 사람들이 많다는 것은 우리가 이 현상을 중요하게 생각해야 한다는 뜻입니다. 우리 스스로가 기분 변화로 인해 힘들 수 있다는 것이며, 나 자신은 그렇지 않다고 하더라도 내가 중요하게 생각하는 주변 사람들은 이러한 어려움을 겪을 수 있다는 말이기 때문입니다. 즉 두 명이 만나면 그중에 한 명은 기분 변화가 있을 수 있고, 네 명이 만나면 그중에 한 명은 기분 변화로 인해 힘들어할 수 있다는 것입니다. 또한 이 문제를 제대로 이해하고 다루지 못한다면 기분의 변화가 점점 커질 수 있고, 인간관계에서 갈등을 키울 수 있기 때문에 이러한 부분들에 대한 이해가 중요합니다.

● 성경에도 조울증이 존재하는가?

조울증은 성경에서도 찾아볼 수 있습니다. 물론 이러한 해석은 논란이 있을 수 있습니다. 성경은 조울증을 설명하기 위해 쓰인 책이 아니고, 예수 그리스도의 복음을 설명하기 위해 하나님이 성령을 통해 우리에게 주신 책입니다. 그렇다 보니 성경을 통해 조울증의 유무를 평가한다는 것은 맞지 않는 일입니다. 또한 성경에는 조울증을 정확하게 판단할 수 있는 모든 정보가 포함되어 있지 않습니다. 그렇기에 성경에 조울증을 가진 사람이 있느냐는 질문에 답하기는 쉬운 것이 아닙니다.

단지, 조울증을 성경 속에서 찾아본다는 의미는 성경에 나오는 특정 인물들 속에서 조울증의 현상들을 추론해 본다는 의미라고 보면 되겠습니다. 그리고 조울증이냐, 아니냐는 진단의 의미라기보다는 "조울증과 조울 성향"이라는 주제와 부합하는 현상이 성경 속에 나타나는지를 살펴보는 것입니다. 성경의 인물들 속에 조울증 또는 조울 성향이 있다면 이 현상이 과거로부터 있었던 문제라는 것을 말할 수 있고, 또한 조울증이 하나님이 창조하신 피조물에게 일어날 수 있는 현상이라고 말할 수 있기에 논란의 여지가 있음에도 불구하고 의미 있는 탐색이라고 생각됩니다.

✎ 다윗의 사례 – 기분 기복을 동반한 조울 성향

우리가 잘 아는 엘리야 선지자, 사울왕을 예로 들 수 있습니다. 여기서는 대표적으로 다윗왕에 대해 살펴보겠습니다. 다윗은 기분 기복이 있었던 사람이라고 볼 수 있습니다. 조울증이라고 볼 수도 있고, 조울 성향을 가진 사람이라고 말할 수도 있습니다. 다윗은 우선 감성이 풍부했습니다. 악기 연주를 잘했고, 많은 시를 짓고 작곡을 할 정도였습니다. 또한 그는 대담했습니다. 하나님을 모욕하는 골리앗을 보고서 참을 수가 없었고, 모두가 두려워하는 골리앗과 담대하게 맞섰습니다.

만약 다윗이 모든 상황에서 이렇게 담대했다면 그것은 그의 성격이나 성향이라고 말할 수 있습니다. 하지만 다윗은 모든 상황에서 담대한 것은 아니었습니다. 그는 수많은 시편 속에서 불안과 절망을 노래했습니다. 크고 작은 일들 앞에서 우울해하기도 했고, 자신 없어 하기도 했고, 심지어 불안해하기도 했습니다. 다윗의 담대했던 모습과 사울에게 쫓겨 다니며 눈물짓던 모습은 너무나 달라 보입니다.

다윗의 인생을 조망해 보면, 그는 엄청난 실수를 저질렀습니다. 전쟁터에서 누구보다도 먼저 나서서 싸웠던 그가 사무엘하 11장에서는 조금 다른 모습을 보였습니다. 암몬과의 전투에서는 왕들이 출전할 때가 되었음에도 불구하고 나서지 않고 요압과 그의 부하들을 전쟁터로 보냈습니다. 이제는 이겼다는 자신감 때문일까요?

그는 우연히도 왕궁 옥상을 거닐다가 한 여인을 보게 되었습니다. 그녀는 전쟁터에서 열심히 싸우고 있는 헷 사람 우리아의 아내 밧세바였습니다. 그때 다윗은 평소의 다윗과 같지 않은 모습을 보였습니다. 이제 곧 전쟁에서 승리할 것이고, 이스라엘 왕국에서의 모든 일은 자신의 권한 아래 있다고 생각했겠지요? 그는 전령을 보내어 밧세바를 자신에게로 데려오게 했고, 그녀와 동침했습니다.

이 사건을 여러 의미에서 볼 수 있지만, 그토록 하나님을 의지했던 다윗이 이러한 엄청난 실수를 한 것을 보면 의아합니다. 그의 기분 상태가 곧 있을 승리감에 도취되었고 이스라엘의 왕으로서 자만심에 빠져 기분이 업이 된 상태라고 본다면 그가 왜 이러한 실수를 하게 되었는가를 쉽게 유추해 볼 수 있습니다. 다윗은 대부분의 그의 인생에서 하나님을 의지했지만, 그도 연약한 사람인지라 기분이 업이 되고 자만심에 도취되었을 때는 실수할 수밖에 없었습니다.

하지만 다윗은 사울과는 다르게 대부분의 순간에 하나님을 찾았습니다. 그는 기분의 변화를 많이 경험한 사람으로 보입니다만, 많은 순간 하나님을 의지하고 신뢰했습니다. 물론, 그도 자만에 빠져 밧세바를 바라보고 마음이 동하여 업이 된 기분에 도취된 적이 있었습니다. 하지만 그는 이후에 자신의 자만과 죄악을 회개하고 깊이 회개하는 모습을 보였습니다.

하나님은 그의 회개를 저버리지 않으시고 다시금 그를 선한 길로 이끌어 주셨습니다. 하나님은 다윗이 자만해 있을 때 나단 선지자를 통해 그를 책망하셨고, 그가 낙담해 있을 때에는 그의 마음을 위로하셨습니다. 오히려 연약한 그를 통해 하나님의 뜻을 이루어 가셨습니다. 다윗처럼 훌륭한 신앙인도 때로는 넘어지는 모습을 볼 때 저같이 나약한 사람은 적잖이 위로를 받습니다. 또한 우리를 우리의 죄로부터 구원해 주실 분은 오직 예수 그리스도밖에 없음을 다시금 고백하게 됩니다.

우리는 조울 성향을 가진 다윗이 어떻게 하나님을 기쁘시게 할 수 있었는지를 보았습니다. 그의 담대함이 아니었으면 아무도 골리앗을 상대하지 못했을 것입니다. 또한 그가 우울을 경험하지 못했더라면 그의 깊은 신앙 시들이 나올 수 없었을 것입니다. 그가 실수와 절망을 경험하지 않았다면 하나님의 깊은 사죄의 은총과 도우심을 동시에 경험하지 못했을 것입니다. 하나님은 그를 도우시고 그를 수렁으로부터 건져 주셨습니다.

어쩌면 다윗에게 있어서는 기분 기복의 조울 성향이 절망의 이유가 되기보다 하나님을 의지하고 하나님의 역사에 동참하는 이유가 되었다고 볼 수도 있습니다. 병이나 연약함으로 인해 우리 인생이

망하는 것이 아닙니다. 우리가 하나님을 의지하지 못하기 때문에 우리 인생이 망하는 것입니다. 병이나 연약함은 오히려 하나님께로 나아가는 기회가 될 수도 있는 것입니다.

◯ 조울증은 치료가 가능한가?

일반적으로 조울증은 치료를 적절하게 받으면 치료가 잘되는 편입니다. 하지만 대부분의 환자들은 조울증으로 병원을 찾기를 꺼립니다. 그렇다 보니 치료를 적절하게 받기가 어렵고, 그로 인해 치료가 늦어지는 경우가 많습니다. 대부분의 병이 그러하듯이 조울증도 병이 깊어지면 회복되기까지 걸리는 시간이 늘어날 수밖에 없습니다. 즉 치료 기간이 길어지다 보니 치료가 힘들게 느껴질 수 있습니다. 어떤 경우는 회복하기까지 수년 이상이 필요합니다. 하지만 이렇게 시간이 많이 걸리는 경우라고 하더라도 끈기 있게 치료를 지속하면 대부분의 경우 회복됩니다.

그런데 조울증은 재발을 잘하는 병입니다. 회복을 한 이후에도 일정 기간 이상 지속적으로 치료를 해 주어야만 재발하지 않습니다. 이러한 치료를 정신건강의학과 의사들은 '유지 치료'라고 부릅니다. 유지 치료의 기간은 짧게는 1년 정도이고, 길게는 평생을 가기도 합니다. 이렇게 조울증은 회복된 이후에도 긴 시간 동안 치료를 지속해야 한다는 점이 사실 어려운 부분입니다. 그리고 대부분의 경우 이 시간을 인내하지 못하고 중단하는 경우가 많습니다. 초기에 잘 회복했음에도 불구하고 유지 치료를 충분히 받지 못해서 재발하는 안타까운 경우도 많이 있습니다.

● 그리스도인들도 조울증 치료를 해야 하는가?

조울증의 치료에서 중요한 것은 빨리 적절한 치료를 받는 것이고, 그다음은 재발하지 않도록 충분한 유지 치료를 받는 것입니다. 이 두 가지가 적절하게 이루어지면 조울증은 잘 다스려질 수 있습니다.

하지만 대부분의 경우에 이러한 치료 과정에서 갈등을 겪습니다. 과연 병원에서 치료를 받아야 하는가에 대해서 고민을 많이 합니다. 특히 그리스도인으로서 정신과 치료를 받는다는 것이 왠지 믿음이 부족한 것 같다는 생각을 하는 분들이 있습니다. 성경에서 믿음의 기도는 병든 자를 구원한다고 말하기에, 기도하면 낫지 못할 병이 없다고 합니다. 환자 본인이 이런 생각을 가진 경우도 있고, 환자 주변에 있는 신앙의 멘토들이 이렇게 말하기도 합니다. 그렇다 보니 결국 치료를 받지 않거나 치료를 받더라도 유지 치료를 하지 않고 중단하게 되는 경우가 많습니다.

이렇게 생각하는 분과 얘기하다 보면 조울증을 겪고 있는 분들에게 정신과 치료를 받자고 말하는 저 자신은 마치 믿음이 없는 것처럼 여겨지는 듯합니다. 이 부분에 대한 오해를 풀고 싶습니다. 저는 전능하신 하나님을 믿습니다. 그러하기에 하나님은 모든 질병을 고치실 수 있는 능력이 있다는 것을 믿습니다. 그런데 만약 이 믿음이 있다면 우리는 모든 의학적인 치료를 포기해야 하나요?

저는 의학적인 치료 대신에 기도로 병을 낫게 해야 믿음이 더 좋은 것이라고 생각하지 않습니다. 의학은 하나님이 허락하신 학문입니다. 하나님이 우주 만물과 이 세상을 창조하셨고 모든 과학적 원리와 의학적 치료 원리를 만드셨다고 고백한다면, 의학적인 치료는 하나님이 창조하신 원리대로 치료하는 것이라고 할 수 있습니다. 설령 그 의사가 그리스도인이 아니라고 하더라도 그가 배운 의학은 하나님이 이 땅에 허락하신 학문일 수 있습니다. 의학적 치료를 받는다는 것이 믿음이 약하다는 증거가 될 수 없습니다.

조울증을 치료받지 않고 기도만으로 낫게 해 달라는 것은 공부를 하지 않고 기도로만 학업 성적을 올리겠다는 것과 비슷하지 않을까요. 우리가 공부를 애써 하더라도 우리 마음의 중심이 자신의 실력을 의지한다면 그것은 문제가 큽니다. 자신이 인생의 중심이 되고 자기 자신을 우상으로 섬기는 일이 되어 버릴 것입니다. 공부를 할 때 나의 힘이 아니라 하나님을 신뢰하며 하나님께 지혜를 구하는 것이 중요합니다. 마찬가지로 우리가 모든 의학적인 치료를 받을 때에는 모든 학문과 진리와 의술의 주인 되신 하나님을 전적으로 신뢰하는 것이 중요합니다. 모든 치료 전에 전능하신 하나님이 도우시기를 간구하는 것이 중요합니다.

저는 이것이 진정한 믿음이라고 생각합니다. 정신의학적 면담 기술이나 조울증 치료 약물의 효과 또한 하나님의 손아래에 있음을 우리는 알아야 합니다. 문제의 핵심은 '무엇을 사용하는가'가 아니고 '무엇을 의지하는가'일 수 있습니다. 의학적인 치료를 받으며 하나님을 의지하지 않는다면 그것은 문제가 될 수 있습니다. 그것은 하나님의 권능이 아닌 의술을 의지하는 불신앙이 될 수 있습니다. 하지만 의학적인 치료를 받으며 그것이 하나님으로부터 온 것임을 고백하고, 모든 치료의 근원 되신 하나님을 의지한다면 그것은 신앙의 표현이 될 수 있습니다.

그렇다면 의학적 치료를 받지 않고 하나님만을 의지하는 것을 어떻게 볼 수 있을까요? 하나님을 전적으로 의지하는 분이 의학적 치료 없이 병 낫기를 위해 기도하고 있다면 우리는 어떻게 보아야 합니까? 그 신앙을 함부로 말할 수는 없을 것입니다. 하나님을 전적으로 신뢰하는 그 순수한 마음을 우리는 귀하게 보아야 합니다. 모든 치료 이전에 하나님의 뜻을 먼저 구하겠다는 의미에서 기도하는 것은 모든 신앙인이 가져야 할 태도라고 생각합니다.

하지만 한 가지는 분명히 생각해 보아야 합니다. 의학적 치료를 받기가 어려운 상황이어서 기도밖에 할 수 없을 때와 의학적 치료를 받을 수 있음에도 불구하고 기도로만 치료하는 것은 분명 다르다는 말입니다. 우리가 받을 수 있는 다양한 치료 방법이 있을 때에 그것을 허락하신 하나님께 감사하고 찬양하면서 의학적인 혜택을 누리는 것은 올바른 신앙 태도라고 생각합니다. 의학적 치료를 받으면서 모든 것이 하나님의 손에 달려 있음을 고백하고, 모든 치료의 과정 가운데 하나님이 함께해 달라고 기도하는 것이 그리스도인의 올바른 자세라고 생각합니다.

또한 의학적 치료를 통해 회복하게 되었을 때 그것을 자신의 노력과 수고로 생각하거나 의사가 낫게 한 것으로 여기는 것은 잘못된 자세라고 생각합니다. 우리를 회복하게 하신 것은 오직 하나님의 손길이며 은혜입니다.

환자들은 치료를 받고 있는 동안 신앙의 동역자들로부터 이런저런 얘기들을 많이 듣는다고 합니다. 그중에 하나가 "너무 약에 의존하지 말고 믿음으로 이겨 내야 한다"는 말입니다. 환자들은 이런 말을 듣고 많이 고민합니다. '내 믿음이 약한 것인가? 내가 믿음이 강해지면 약 없이도 나아야 하는가?' 결국 약을 중단하기로 결단을 내립니다. 그러고는 얼마 지나지 않아 병이 재발합니다. 신앙의 동역자들은 기도가 부족하다고, 신앙이 부족하다고 말합니다. 환자는 약을 끊은 대가로 병이 나빠져서 다시금 많은 고생을 해야 합니다.

이런 일들이 일어나는 것을 옆에서 지켜보면서 저는 참 신앙이 무엇인지를 많이 고민하게 됩니다. 이런 얘기들을 들을 때 마음이 아픕니다. 잘 회복해서 의사도 이제 약을 끊자고 한다면 그것은 다른 문제입니다.

우리는 잘 회복해서 약을 끊을 수 있도록 기도해야 합니다. 다른 분들보다 치료 경과가 더 좋아서 약을 끊을 수 있도록 기도해야 합니다. 하지만 약을 끊어도 될 만큼 회복하지 못한 상황인데도 불구하고 믿음으로 이겨 내기 위해 약을 끊으라고 하는 것은 잘못이 큽니다. '약을 의지하는가, 아니면 믿음으로 이겨 내야 하는가'라는 문제도 앞서 언급한 '의학적 치료를 받아야 하는가, 기도로 이겨 내야 하는가'라는 주제와 비슷한 것입니다.

우리는 환자의 상황에 대해서 좀 더 신중하게 생각하고 말해야 합니다. 무엇이 그들의 신앙을 돕는 것인지, 무엇이 믿음의 결단인지를 잘 고민해 보아야 합니다. 그리고 그들에게 무엇이라고 말하려고 한다면 그것이 어떤 의미인지를 잘 생각하고 말해야 합니다. 너무 쉽게 치료에 대해서 말하는 것은 주의해야 합니다.

또한 교회가 조울증을 치료하고 있는 분들을 어떻게 대하고 있는지에 대해서도 생각해 볼 필요가 있습니다. 다른 정신 질환을 앓고 있는 분들도 마찬가지이겠지만, 조울증을 앓고 있는 분들이 우리 교회 가운데에서 힘을 얻고 있는지, 아니면 그 사실을 말하기 어렵고 말을 했다가는 신앙생활을 하기가 힘들어지는 것은 아닌지 생각해 보아야 합니다.

성숙한 기독교 공동체라면 이처럼 어려움을 겪고 있는 이들에게 큰 도움이 될 것입니다. 그들을 바라볼 때 세상이 그러하듯이 색안경을 끼지 않아야 합니다. 앞서 조울 성향은 흔한 현상이라고 말했고, 성경 인물들도 조울증이나 조울 성향을 가지고 있다는 점을 언급했습니다. 다른 말로 하면, 누구나 그럴 수 있다는 것입니다.

조울 성향은 항상 병이 되는 것만은 아닙니다. 오히려 달란트가 되기도 합니다. 우리의 성향과 성품이 잘 다스려진다면 그것은 분명 공동체를 세우는 데 도움이 될 수 있습니다. 하나님의 나라를 위해 귀하게 사용될 수 있는 것입니다. 따라서 우리는 조울증을 앓고 있는 분들을 편견으로 대하지 말고 사랑으로 서로 용납하여 성령의 하나 되게 하신 것을 힘써 지켜야 합니다.

조울증이 낫지 않고 만성화된다면 직장 생활이나 사회 생활에 지장이 있을 수 있는 것도 사실입니다. 그래서 이 병이 잘 치료되도록 여러 가지로 도와야 합니다. 그런데 조울증이 완치된다면 의학적으로는 직장 생활이나 사회 생활을 못할 이유가 없습니다. 실제로 제가 치료하는 환자들 중에는 조울증이 잘 회복되어 취직을 하거나 직장 생활을 잘하는 경우가 많이 있습니다. 또한 다른 이들보다 훨씬 더 사회성이 뛰어난 경우가 많습니다. 오히려 현실적으로 병이 있다는 이유만으로 피해를 보는 경우가 있다면 교회가 적극적으로 나서서 도와야 할 것입니다. 지금의 우리 교회는 조울증을 앓고 있는 이들에게 힘이 되고 있는지 질문해 보아야 할 것입니다.

◉ 조울증의 일반적인 치료 과정은?

조울증이 다양하듯이 조울증의 치료 방법도 다양합니다. 조울증 치료 중에서 가장 기본이 되는 것이 약물 치료입니다. 조울증이 생긴 경우 당장에는 개인의 노력만으로 다스리기 어렵습니다. 뇌의 생물학적 기능에 변화가 이미 왔기 때문에 그것을 회복시키기 위해 약을 사용해야 합니다. 모든 약물 치료가 그러하듯이 부작용이 생길 수 있습니다. 하지만 과거에 비해 부작용이 많이 줄어들었고, 대부분은 조절 가능한 부작용들입니다. 피 검사를 하면서 주의 깊게 약물 치료를 하면 이러한 부작용들을 줄일 수 있습니다. 자세한 약물 치료 방법에 대해서는 지면의 한계로 인해 생략하고자 합니다. 다른 책들에서 이런 부분을 소개받을 수 있을 것입니다.

약물 치료로 인해 기분 증상이 안정되면 스트레스 상황에 의한 기분 변화를 줄이고 어려움에 대처하기 위한 인지행동치료(Cognitive Behavioral Therapy, CBT)가 필요할 수 있습니다. 또한 기분 증상을 악화시키는 대인 관계의 문제나 불규칙한 생활 습관을 없애기 위하여 대인관계-생활리듬치료(Interpersonal Social Rhythm Therapy, IPSRT)를 하기도 합니다. 가족 간의 갈등이 문제가 된다면 가족 치료를 시도하기도 합니다. 그리고 어린 시절의 상처가 문제가 된다면 정신 치료를 통해 회복을 돕기도 합니다. 때로는 질병에 대해 잘 몰라서 어려움을 겪거나 치료의 필요성을 받아들이지 못할 경우에는 질병에 대하여 교육하거나 치료 필요성을 설명하는 치료가 필요할 수 있습니다.

◐ 조울증의 회복을 바라는 환자들에게

모든 병이 그러하듯이 조울증을 극복하기 위해서는 건강한 마음가짐이 중요합니다. 조울증을 온전히 이겨 내기 위해서는 다음의 내용을 점검해 볼 필요가 있습니다.

✎ 1. 스스로가 조울증의 상태라는 것을 알아차려야 합니다.

이는 얼핏 쉬워 보이지만 실제로는 그렇지 않습니다. 병을 인정하는 것이 상당히 어렵습니다. 조울증을 받아들이기는 쉽지 않습니다. 하지만 조울증이라는 것을 알아차리지 못하면 자신에게 일어난 변화들이 자신의 잘못으로 일어난 것이라고 자책하거나 타인의 잘못으로 돌리게 됩니다. 이러한 태도는 오히려 여러 가지 일들을 복잡하게 합니다. 조울증의 회복은 자기 스스로가 병이 있다는 것을 알아차리는 것으로부터 시작됩니다.

2. 조울증으로부터 벗어나는 여러 방법들을 알고 있어야 합니다.

여러 전문가들이나 전문 서적을 통해서 이러한 지식을 얻을 수 있고, 그것이 어려운 경우에는 의사를 찾아서 직접 물어볼 수 있을 것입니다. 이겨 내는 방법을 모르고 이겨 낼 수는 없습니다. 물론, 알더라도 실천이 쉽지는 않습니다. 막연하게 "이 방법이 좋더라", "저 방법이 좋더라" 하는 데 마음을 빼앗겨서는 안 됩니다. 병의 회복을 위해 무엇이 좋은지, 어떻게 해야 하는지를 분명하게 알아야 합니다.

3. 조울증의 증상이 심해지면 전문가의 도움을 받아야 합니다.

가벼운 조울증은 스스로 극복해 낼 수도 있습니다. 하지만 증상이 심해질수록 병으로 인해서 의지가 점점 약해지게 됩니다. 이것은 본래 자신의 의지가 약하거나 신앙이 약한 것과는 다른 것입니다. 조울증의 증상 때문에 이런 변화가 오는 것입니다.

그래서 증상이 나빠진 것을 두고 자신의 의지가 약한 것으로 오해하고 치료를 받지 않게 되면 회복의 기회를 놓칠 수 있습니다. 타인의 도움을 받는 것이나 전문가의 치료를 받는 것이 자신의 의지가 약하거나 믿음이 부족해서가 아님을 알아야 합니다. 마치 태풍이 불 때의 우리의 행동과 맑은 날씨일 때의 우리의 행동이 다른 것과 같습니다. 심한 조울증이 있을 때에는 스스로 애쓰다가 에너지를 다 소진해 버리게 됩니다. 병이 악화되기 전에 전문적인 치료를 받는 것이 좋습니다.

조울증 환자를
돕기 위한 이들에게

조울증 환자의 회복에 있어 가족들이나 친구들의 역할이 중요합니다. 주로 가족들이 그 역할을 감당합니다만, 경우에 따라서 친구의 도움을 받기도 합니다. 조울증을 환자를 돕기 위해서는 그들에 대한 이해와 인내가 요구됩니다. 제 경험에 의하면, 가족들은 환자들의 회복에 큰 영향을 줍니다. 가족들의 태도에 따라 환자의 회복이 아주 빠르기도 하고, 느려지기도 하는 것 같습니다. 조울증을 겪는 환자를 돕기 위해서는 다음의 원칙들을 생각해 보아야 합니다.

1. 환자에 대한 사랑의 마음이 충만해야 합니다.

고린도전서 13장에 나오는 사랑이 환자들에게 전해질 필요가 있습니다. 사랑은 말이 아니라 태도와 행동으로 전해집니다. 물론 온전할 수는 없겠지만, 성령이 우리의 마음을 도우서서 환자 가족을 더욱 사랑할 수 있도록 간구해야 합니다. 조울증으로 인해 괴로워하다가 자살을 결심한 환자가 가족들 때문에 마음을 바꾸었다는 얘기를 들을 때가 있습니다. 조울증을 대처하는 구체적인 방법을 잘 모른다 하더라도 환자를 사랑하는 마음이 있으면 90% 이상 도운 것이라 생각합니다.

2. 환자와 대화를 시도해야 합니다.

대부분의 경우 환자와의 대화를 어려워합니다. 어떻게 해야 할지 모르겠다고 말합니다. 대화하는 방법을 알려 달라고 요청하는 경우가 많습니다. 환자와 대화를 잘한다는 것은 쉬운 일이 아닙니다. 그렇다 보니 환자와 대화를 하다가 어려움에 부딪힐 때가 있습니다. 하지만 대화를 하는 것이 어렵다고 시도하지 않는다면 더 큰 문제가 됩니다. 대화를 안 하는 것보다는 잘 못하더라도 대화를 시도하는 것이 훨씬 유익합니다. "오늘은 조금 어떻니?", "도와줄 일은 없니?", "힘들면 언제든 얘기해"라는 말로 편하게 대화를 시작하면 됩니다.

그리고 어떻게 말하면 더 좋을지를 환자에게 직접 물어볼 수도 있습니다. 그러면 환자가 가장 좋은 표현을 알려 주는 경우도 있습니다. 환자가 답하지 않을 때에는 답답해하지 말고 기다려 줄 수 있어야 합니다. "힘들면 나중에 얘기해도 돼"라고 말하면 좋습니다. 어쩌면 가장 좋은 말을 할 수 있다는 사실보다는 언제든 얘기할 수 있는 누군가가 된다는 것이 더 중요한 것 같습니다. 조울증 환자들은 자신이 견디기 어려울 때 언제든지 도움을 청할 수 있는 가족들과 친구들이 있다는 사실 그 자체에 큰 위안을 얻습니다.

3. 환자의 입장에서 생각해야 합니다.

환자의 입장을 잘 고려하지 않고 환자들에게 좋다는 것을 강요할 때가 많습니다. 한 예로, 운동이 그러합니다. 조울증을 치료할 때에 운동을 하는 것이 확실히 좋습니다. 특히 우울증 시기를 지날 때에는 활동량이 줄어들고 의욕이 없어지는데 운동을 하면 도움이 되는 것이 사실입니다. 하지만 우울해지면 운동을 한다는 것이 아주 힘듭니다. 이럴 때 주변에서 운동을 왜 못하냐고 다그치게 되면 '왜 나는 운동조차 할 수 없는 것일까?'를 고민하다 더 절망에 빠질 수가 있습니다. 환자에게 도움이 되려는 말을 했다가 오히려 더 힘들게 한 셈이 되어 버립니다.

물론, 이 상황에서 여전히 운동을 하는 것이 도움이 되는 것은 사실입니다만, 그것이 격려가 되지 못할 때에는 환자에게 크나큰 부담으로 작용할 수 있습니다. 이 경우 환자의 마음이 어떤지 물어보기만 하면 알 수 있습니다. 그렇기 때문에 환자의 입장이나 마음이 어떠한지 알고자 눈높이를 맞추려고 해야 합니다. 그리고 때로는 아무것도 하지 않아도 함께 있어 주는 것이 힘이 되기도 합니다. 지금은 힘들더라도 조금 나아지면 그때에는 다시금 힘을 낼 수 있도록 도와주어야 합니다.

4. 서두르지 말아야 합니다.

누구라도 할 수만 있다면 조울증을 빨리 극복하고 싶을 것입니다. 하지만 조급한 마음이 오히려 환자들을 힘들게 합니다. 서두르면 서두를수록 환자에게 스트레스가 늘어납니다. 스트레스가 늘어나면 조울증은 오히려 나빠집니다. 그렇기에 환자를 돕기 전에 가족들의 조급한 마음이 우선적으로 다스려져야 합니다. 조울증을 잘 치료하고 있더라도 병이 회복하기까지는 시간이 걸립니다. 밥하는 방법을 제대로 알고 있고, 아무리 좋은 밥솥을 가지고 있다고 해도 밥을 맛있게 하기 위해서는 최소한의 시간이 필요한 것과 마찬가지입니다. 환자들이 조급해하고 서두를 때도 마찬가지입니다. 환자의 가족들이나 친구들은 환자가 너무 서두르지 않고 꾸준히 치료를 받도록 도와주어야 합니다.

5. 환자의 성취에 대한 욕심을 버려야 합니다.

환자들이 무언가를 이루는 것에 대해서 너무 욕심을 부린다면 병의 경과가 좋기가 어렵습니다. 때로는 환자의 가족들이 환자에게 뭔가를 해 내도록 요구하기도 합니다. 이 경우에도 치료가 잘되기 어렵습니다. 무언가를 성취해 내는 것은 나쁜 것은 아닙니다만, 때로는 환자에게 부담을 줄 수 있습니다. 환자가 성취하려고 하면 도와줄 수 있습니다. 하지만 뭔가를 성취하도록 돕는 것보다는 환자가 행복하고 기쁘게 살도록 도와주는 것이 더 중요합니다.

◉ 조울증 환자들을 돕기 위한 교회에게

조울증 환자들을 돕기 위해서 교회는 그들을 사랑으로 돌보아야 합니다. 일차적으로는 가족들이 이 역할을 감당해야 하겠지만, 때로는 지칠 때가 있습니다. 만약 교회가 조울증 환자들을 가족처럼 돌볼 수 있다면 얼마나 좋을까 생각해 봅니다. 교회에 주어진 여러 사명들 중에서 연약한 지체들을 돕고 그들이 바른 신앙 위에 세워지도록 하는 것은 매우 중요한 사명입니다. 질병이 때로는 신앙생활을 방해할 수 있기에 질병을 잘 이겨 내도록 돕는 것은 그들의 신앙을 돕는 일에 있어 중요한 부분이 될 것입니다.

✎ 1. 조울증 환자들의 치료 과정들을 지지해야 합니다.

치료 과정을 불신앙으로 치부하거나 치료받는다는 사실을 허물로 삼아서는 안 됩니다. 나아가 더 적극적으로 그들을 위로하고 그들이 회복되도록 도와야 합니다. 예를 들면, 치료를 잘 받고 있는지,

약을 잘 먹고 있는지, 치료 과정에서 불편한 점은 없는지 관심을 가져 주는 것이 필요합니다. 어떤 환자는 자신은 병원에 오기가 싫은데 교회 집사님이 가족처럼 같이 와 주어서 힘이 되었다고 말했습니다. 교회가 가족들을 대신해서 모든 일을 감당할 수는 없겠지만, 할 수 있는 범위 내에서 조그만 것이라도 도울 수 있으면 좋겠습니다.

2. 병을 악화시키는 요인들을 피하도록 도와주어야 합니다.

병을 악화시키는 요인들은 여러 가지가 있겠지만, 조울증에서는 생체 리듬의 교란이나 불규칙한 생활이 병을 악화시킬 수 있습니다. 따라서 그들이 불규칙한 생활로부터 벗어나 안정적인 생활 리듬을 가지도록 도우면 좋습니다. 물론 이 일을 돕는 과정이 만만치만은 않습니다. 안정된 생체 리듬과 생활 리듬을 가지는 것이 쉬웠다면 그들은 벌써 그것을 배웠을 것입니다.

건강한 사람에게는 안정된 생체 리듬과 생활 리듬을 가지는 것이 크게 힘들지 않을 수 있습니다. 하지만 그들에게는 쉬운 그 일이 그토록 어렵고 힘들기에 불규칙한 삶을 바꾸려고 하지 않을 수도 있습니다. 하지만 교회 공동체가 사랑으로, 인내로 그들을 돕는다면 서서히 변해 갈 것이라고 생각합니다.

3. 대인 관계에서 오는 어려움을 돕는 것도 중요합니다.

조울증 환자들은 대부분이 감성적인 성향이 강하다 보니 그렇지 않은 사람들과 충돌할 때가 많습니다. 이러한 성향을 이해해 주고 교회 공동체가 그들을 수용하고 성장할 수 있도록 돕는 것은 아주 중

요합니다. 교회 공동체에 적응하지 못하고 소외되면 그들의 우울이
나 감정 기복이 더 심해질 수밖에 없습니다.

교회 공동체의 사랑을 받으며 적응해 가는 것은 그들의 회복 과
정에 있어 큰 도움이 될 것입니다. 그들이 공동체에 적응하기 위해
특별히 훈련된 지체들이 도울 수 있다면 좋겠습니다. 그들을 더 잘
이해하기 위해서 조금만 준비된다면 그들이 공동체 속에서 잘 성장
하도록 도울 수 있을 것입니다.

● ● ●

모든 치료의 근원은 하나님이십니다. 우리가 병뿐만 아니라 어떠한
어려움에 처한다고 하더라도 그 문제를 회복시키시는 분은 하나님
이십니다. 하나님을 전적으로 신뢰할 때 모든 치료의 과정이 순적
하게 진행될 것입니다. 우리의 생각으로 치료를 제한하지 말고 하
나님께 기도하면서 나아가면 하나님이 필요한 때에 가장 좋은 치료
의 방법을 공급해 주실 것입니다. 우리가 기도할 때에 좋은 의사를
만나게 하시고, 좋은 약을 먹게 하시고, 좋은 사람을 만나게 하시고,
좋은 환경을 열어 주시는 경험을 하게 될 것입니다.

하나님이 우리의 영혼을 강건하게 하시고 범사에 잘되고 강건하
게 하실 것을 기대합니다. 조울병을 앓는 모든 분이 하나님의 능하
신 손아래에서 모두 회복되기를 기도합니다.

실전 노트

기도

우리를 다스리시는 하나님, 우리의 마음을 창조하시고 슬픔도, 아픔도, 즐거움
도, 아름다움도 모두 느끼게 하시니 감사합니다. 우리가 어려운 상황에서도 낙
심하지 않으며 하나님을 의지하게 하여 주시고, 우리의 마음이 우울할 때 하나
님을 원망하지 않고 오직 하나님께 소망을 두게 하여 주옵소서. 우리가 잘되고
있을 때에도 마음이 교만하거나 자만하지 않고 겸손히 하나님과 함께 행하게
하시며, 우리의 마음이 들떠 자신감이 넘칠 때에도 자신을 의지하지 않고 오직
하나님만을 의지하게 하여 주옵소서. 성령이 우리를 도우셔서 우리의 감정에
기복이 생기고 기분이 요동을 칠 때에도 우리를 붙드시는 하나님만을 의지하게
하여 주옵소서. 우리의 마음을 도우시는 하나님을 간절히 의지하며 예수 그
리스도의 이름으로 기도드립니다. 아멘.

꼭 적용해 주세요

○ 자신이 조울증을 앓고 있다는 것을 받아들여야 합니다.
○ 모든 치료의 과정을 하나님이 선하게 인도해 주시도록 기도해야 합니다.
○ 병을 이겨 내기 위해서 자신이 할 수 있는 한 조그만 일이라도 해야 합니다.
○ 치료를 적극적으로 받고 약을 잘 복용해야 합니다.
○ 가능하다면 규칙적인 생활을 해야 합니다.
○ 잠을 잘 자고 식사를 규칙적으로 해야 합니다.
○ 병의 증상의 변화로 실망하지 말고 끝까지 인내해야 합니다.

이렇게 하지 말아 주세요

○ 병을 부정해서는 안 됩니다.
○ 치료를 거부하거나 포기해서는 안 됩니다.
○ 우울한 기분에 빠져들면 안 됩니다.
○ 들뜬 기분에 도취되어서는 안 됩니다.
○ 병을 악화시키는 술을 마시면 안 됩니다.
○ 밤낮이 뒤바뀌어서는 안 되며, 수면이 불규칙한 경우 카페인을 섭취하면
  안 됩니다.
○ 불규칙한 생활을 하거나 대인 관계를 회피해서는 안 됩니다.

4장

우울로부터
벗어나기

_ 신수미

우울증은 누가 말하듯
정말 마음의 감기일까?

대부분의 사람들이 세상을 살면서 한 번쯤은 우울하다는 느낌을 가져 보았을 것입니다. 의기소침하고, 자신감이나 흥미가 없고, 만사 귀찮은 느낌 말입니다. 이유가 있어서 그럴 때도 있고 또 별일도 없는데 무던히 우울한 때가 있을 수 있습니다. 그러나 막상 '이게 우울증인가?' 질문하면 제대로 대답하기 어렵고, 어디서 어떻게 도움을 받아야 하는지도 모르는 사람이 대부분일 것입니다. '내가 뭔가 이상한 건가?' 하는 편견 때문에 상담 센터나 진료실을 찾는 것조차 쉽지가 않고, 더욱이 그리스도인들은 비그리스도인들이 갖지 않는 죄책감으로 해결이 더 어려워집니다.

우울증은 정말 흔하며, 누구나 걸릴 수 있습니다. 현대 과학 문명의 급속한 발달에 따른 사회의 복잡화, 미래의 불확실성, 사회적 단절과 고립감의 심화 등으로 우울증 진단이 늘어나고 있으며, 최근 코로나19의 전 세계적 창궐로 이러한 추세는 더욱 심해질 것입니다. 또한 보통 잘 걸린다고 알려진 중년층에서뿐 아니라 노년층과 소아청소년층으로도 그 범위가 확대되고 있습니다. 매해 수많은 사람이 우울증으로 목숨을 끊습니다.

이토록 중요한 우울증이 어려운 까닭은 너무나 다양한 얼굴을 갖고 있으며 병에 대한 오해 또한 많기 때문입니다. 이 장에서는 우울증에 대한 오해를 풀고, 우울증이 어떤 병인지 알아보며, 또 어떻게 치료해야 할지 살펴보도록 하겠습니다.

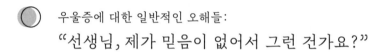

우울증에 대한 일반적인 오해들:
"선생님, 제가 믿음이 없어서 그런 건가요?"

· "당신이 하나님 앞에 바로 서 있으면 당신은 결코 우울하지 않을 것이다."
· "우울해하는 것은 마귀에게 지는 것이며, 하나님이 기뻐하지 않으실 것이다."

이러한 내용의 설교나 말씀을 많이 들어 보았을 것입니다. 그러면 성도들은 자신이 하나님과 동행하지 않으며 믿음이 없어서 우울한 것으로 생각하고 자책합니다. 우울감도 힘든데 믿음이 없다는 자책감까지 더해져 더욱 괴로워지고, 기도하라는데 기도도 제대로 되지가 않습니다.

우리가 일상에서 겪는 대부분의 어려움은 시간이 어느 정도 지나고, 매일의 경건의 시간이나 믿음의 동역자들과의 대화 등을 통해서 많은 부분 해소될 수 있습니다. 그러나 상담이나 진료를 받으러 와야 할 정도로 지속적이고 심한 우울증일 경우 '그리스도인은 우울하면 안 된다'는 생각은 하나님과의 거리를 더욱 멀어지게 합니다. 다른 모든 정신 질환과 마찬가지로 우울증도 죄의 결과라거나, 믿음이 없어서 생긴다거나, 하나님이 나를 버리셨기 때문에 생기는 것이 아닙니다. 우울증에 대한 대표적인 오해들을 자세히 살펴보겠습니다.

1. 우울증은 죄의 결과다.

아직도 목회자들 가운데 정신과 질환이 죄의 결과이기 때문에 회개하고 벗어나라는 말을 하는 경우가 많습니다. 앞서 이미 다루었지만, 우울증은 전적으로 죄의 결과는 아닙니다. 다양한 생물학적 원인, 심리사회적 원인, 영적 원인이 복합적으로 작용해 발생합니다. 이것을 영적 원인으로만 몰고 가서 안수 기도, 기도원 금식, 나아가서 귀신 들렸다고 축사 기도를 하는 경우가 있는데, 환자의 불안과 죄책감을 증폭시키고 신체 상태를 나쁘게 하여 증상을 악화시킬 수 있으므로 주의해야 합니다. 제가 경험한 한 환자는 교회에서 공황 발작이 생겨 주변에서 축사 기도를 급히 했는데, 이후로 '내가 귀신 들린 건 아닌가?'라는 불안이 생겨 오랜 기간 고통받았습니다.

하나님의 뜻에 반하는 행동들이 우울증을 유발하는 환경에 더 잘 놓이게 하는 것은 사실입니다. 성경의 일반적인 가르침과 뜻에 위배되는 행동을 할수록 죄책감뿐 아니라 현실적인 어려움에도 더 많이 처하게 됩니다. 예컨대 음주, 음란, 방탕함, 거짓말, 미워함, 불성실함, 인내하지 못함, 도둑질 등이 신체, 가정, 관계, 직업, 경제적

곤란을 유발하여 우울증이 더 잘 생기게 할 수 있습니다.

이때에도 우울증은 항상 복합적 원인으로 생긴다는 것을 염두에 두고, 죄가 전적인 병의 원인이라고 규정하는 것은 신중해야 합니다. 우리는 누군가에게 죄를 지적하면 다윗처럼 즉시 눈물로 회개하고 은혜로 죄 용서에 대한 감사까지 이르기를 기대하지만, 어떤 원인으로든 병적 우울증 상태에 있는 환자는 이런 과정이 쉽게 안 됩니다. 오히려 죄책감이 과도한 환자를 더 깊은 절망감으로 이끌 수 있기 때문에 주의해야 합니다.

2. 우울증은 믿음이 없어서 생긴다.

"김 집사, 그렇게 있으면 안 된다. 언제까지 누워만 있을 거야?"

성도가 우울증이 생겨서 무기력해 있으면 대부분의 친구 성도들은 심방하고 기도해 주며, 더 강한 구호를 제시해서 일어나도록 격려합니다. 심방을 받고 '그래, 나도 일어서야지' 하고 결심하지만, 잘 되지가 않습니다. 시간은 지나가고 남편 밥도 못해 줄 지경이 되어서 가족 손에 끌려서 정신과를 방문하는 경우가 있습니다. 영적 문제로 생각하고 해결하려 하다가 병을 키운 것입니다. 이런 성도들도 약물 치료로 호전되어 일상생활을 회복했고, 나아가 영적 문제에 대한 깨달음 또한 더 수월해져 묵상과 기도도 잘된다고 하는 것을 종종 봅니다.

우울증은 믿음이 없어서 생기는 것은 아닙니다. 믿음이 없어서 생긴다는 주장은 이런 이유인 것 같습니다. 하나님이 우리에게 처하도록 허락해 놓으신 상황이나 조건을 받아들일 수 없기 때문입니다. 하나님은 늘 선하시기 때문에 종국적으로 우리에게 좋은 것으로 주실 것인데, 이에 대한 믿음과 신뢰가 부족한 것이 맞습니다. 그러나 이 믿음만 붙들고 가기에는 폭력적인 아버지나 배우자, 극심한 가난과 질병, 경제적 어려움 등 현실이 너무나 고통스러운 경우가 많습니다. 이런 일들은 너무 흔하며 또 우리는 육을 입고 있기 때문에, 우리가 우울할 때마다 그것을 믿음이 없어서라고 정죄해서는 안 됩니다.

✎ 3. 우울증은 하나님이 나를 버리셨기 때문에 생긴다.

결론부터 이야기하면, 하나님은 결코 우리를 버리지 않으십니다. 세상 친구들이나 부모조차도 나를 버릴 수 있지만, 하나님은 나를 버리지 않으십니다. 하나님은 나를 업고 가시고, 내 이름을 손바닥에 새겼다고 하셨습니다. 오히려 우리가 버렸으면 버렸지 말입니다. 그럼에도 하나님은 나를 사랑하시고 오래 참으사 회개하고 돌아오기를 기다리십니다.

요약하면, 우울증은 전적으로 죄의 결과라거나, 믿음이 없어서 생긴다거나, 하나님이 나를 버리셨기 때문에 생기는 것이 아니라, 복합적인 원인에 의해 발생합니다. 따라서 쉽게 정죄해서는 안 되고, 영적인 방향으로 중심을 잡되 원인과 치료에 있어 통합적으로 접근하는 것이 필요합니다. 결국 인생의 궁극적 의미는 영적으로만 규정될 수 있기 때문입니다.

우울증의
정신과적 이해

1. 어떤 증상이 있나요?

우울하고 슬픈 느낌, 눈물, 비관적이고 부정적인 생각, 죄책감을 자주 갖게 되고, 흥미나 즐거움을 잃습니다. 보통 어르신들은 "세상에 좋은 게 하나도 없다. 낙이 없다"라고 표현합니다. 일의 능률과 집중력이 저하됨에 따라 자신감이 떨어지고, '내가 치매가 아닌가?' 염려되고, 죽고 싶기까지도 합니다. 입맛 저하, 체중 감소, 소화 불량, 변비, 가슴 답답, 두통, 불면 등 신체 증상이 동반되기도 합니다. 우울 기분 외에도 불안이 흔히 동반되어 사소한 일상에 대한 걱정, 미래에 대한 불안, 건강염려증, 긴장감, 불확실성, 그리고 우유부단해져 결정을 잘 못 내리게 됩니다. 이 모든 것이 동시에 다 있는 것은 아니며 사람에 따라 주된 증상이 다릅니다.

정상적인 사람들도 인생의 중요한 일들을 겪으면서 이와 유사한 증상들을 경험합니다. 그러면 '나도 우울증인가?' 하고 궁금할 수 있는데, 심각도에 있어서 분명한 차이가 있습니다.

2. 우울감과 우울증은 다릅니다.

정상적인 우울감은 성적 하락, 직장 문제, 경제적 문제, 관계 문제, 신체의 질병 등 인생의 다양한 스트레스를 겪으면서 모두 다 경험합니다. 그러나 이것은 정도가 심하지 않아 기능에 지장을 주지 않고, 대부분 치료 없이 2주 이내에 저절로 좋아집니다. '누구나 우울할 수 있다', '우울증은 마음의 감기'라고 할 때 우울증은 이 정상적인 우울감을 가리킵니다. 우울감은 사람에 따라 매우 고통스러울 수 있지만, 반드시 나쁜 면만 있는 것은 아닙니다. 적응 과정을 통해 미래에 더 유연하게 대처할 수 있는 성장과 성숙을 가져오기 때문에 결국 유익한 경우가 많습니다.

병적인 우울증은 그 정도가 심각하고 2주 이상 오래가기 때문에 반드시 기능에 지장을 줍니다. 학생이라면 성적에, 주부라면 가사에, 직장인이라면 성과에, 또 대인 관계에 문제가 나타납니다. 지장을 주지 않더라도 억지로 견디며 에너지를 짜내어서 해야 하는 경우도 우울증이라고 볼 수 있으며, 이러한 우울증은 저절로 낫지 않고 치료를 요합니다. 의사들이 우울증이라고 할 때는 바로 이 병적인, 임상적인 우울증을 가리킵니다.

3. 우울증의 원인별 형태

세상의 모든 병이 다양한 원인에 의해 생기지만, 우울증처럼 원인이 다양하면서 복합적인 질환도 없는 것 같습니다. 따라서 다음에 언급하는 원인들 중 어느 하나를 콕 집어서 그것만 교정하려고 하면 낫지 않는 경우가 많아 통합적인 접근이 아주 중요하다 하겠습니다. 이제부터 원인과 형태 중 굵직한 것만 설명하겠습니다.

생물학적 원인에 의한 우울증

체질적 소인(우울증에 잘 걸리는 체질)이나 유전적 소인, 신체 질병 자체, 나아가 특정 약물의 효과 등에 의한 것을 말합니다.

1) 내인성 우울증

내인성 우울증은 말 그대로 원인이 안에 있는 것입니다. 내 체질이나 유전적 소인 자체가 우울증에 걸리기 쉬운 상태로서, 스트레스에 의해 발병 내지 악화되기도 하나 외부적 요인이 없이도 무던히 우울증이 오는 것이 특징입니다. "네가 우울할 일이 뭐 있어? 의지가 약한 것 아니야? 게을러졌어"라는 비난을 받기 쉽고, 자기 자신도 이해가 잘 안 됩니다. 혈당이나 혈압을 낮출 수 없는 것처럼 의지로 극복이 안 되며 조절할 수가 없습니다. 이것은 명백히 생물학적인, '일차성 우울증'으로서 진정한 우울증이라고 할 수 있습니다. 따라서 치료도 약을 먹는 것이 가장 효과가 좋으며 이에 대해 죄책감을 가질 필요가 없습니다. 여기에는 단극성 우울증과 양극성 우울증이 있습니다.

단극성 우울증은 극(pole)이 하나, 우울한 극만 있는 우울증이고, 보통 우울증이라고 하면 이를 가리킵니다. 양극성 우울증은 극이 두 개, 즉 조증과 우울증의 두 극이 존재하는 기분 장애(조울증)의 한 부분으로서의 우울증을 가리킵니다. 앞서 2부 3장에서 다루었습니다.

2) 신체 질환이나 약물에 의한 우울증

'이차성 우울증'이라고도 합니다. 각종 내분비 질환, 즉 부신이나 갑상선 질환 자체가 뚜렷한 우울증 증상을 유발할 수 있고 암, 당뇨, 기타 만성 질환이나 만성 통증에서도 흔히 우울증이 동반됩니다. 각종 치료 약물에 의해 발생되기도 합니다. 기저 질환이 치료되고 약물 효과가 사라지면 우울 증상도 같이 호전되므로 처음 발병했을 때 내과적 검사를 통한 원인 조사가 늘 우선시되어야 합니다.

심리사회적 원인에 의한 우울증

심리사회적 원인에 의한 우울증은 그 사람의 성격이나 기질, 자라난 환경과 경험들이 복합적으로 작용하는 가운데, 현재의 스트레스로 인해 촉발되어 발생하는 우울증을 말합니다. 보통 중요한 사건(신체, 가정, 관계, 직업, 경제적 문제 등)에 대한 반응으로 발생하므로 '반응성 우울증'(reactive depression)이라고 하며, 진료실 혹은 교회 상담실에서 가장 흔히 만나 볼 수 있는 우울증의 형태입니다.

이러한 우울증의 기전에 대해 많은 심리학자가 다양한 학파를 형성하면서 이론을 내놓았습니다. 이 중 어느 하나가 완전히 맞거나 틀렸다고 할 수는 없으나 공통적 기전을 요약하면 '상실'이라 할 수 있을 것 같습니다. 사랑하는 사람의 상실, 인정 욕구의 상실, 자존심의 상실, 통제의 상실, 의미의 상실 등 다 내가 얻고자 했던 어떤 심리적 욕구를 상실한 것으로 볼 수 있습니다. 그리스도인들도 반응성 우울증을 당연히 겪을 수 있으며, 주된 치료적 접근은 면담이겠으나 약물과 영적 지지도 도움이 됩니다.

영적 원인에 의한 우울증

영적 원인은 심리사회적 맥락과 유사한 부분이 많으나 그리스도인들에게 해당되는 부분만 언급을 해 보겠습니다. 우울증에 빠진 한 집사님에게 "김 집사, 이 문제 영적 문제 아닐까?"라고 할 때 보통은 정리하면 이렇습니다.

먼저, 우울증의 원인이 명백히 성경이 가르치는 경건 생활과는 거리가 먼, 죄 된 것일 경우입니다. 예컨대 유부남을 사귀는 것 등입니다. 이때 치료자는 내담자의 자아 강도를 보며 적절한 시기에 면담의 초점을 죄의 제거에 맞춰야 할 것입니다.

다른 경우는 하나님의 뜻과 나의 뜻이 불일치하는 경우, 즉 하나님이 우리에게 처하도록 허락하신 상황을 받아들일 수 없는 것입니다. 나아가 '왜 우울증을 허락하셨나?'라는 의문까지 갑니다. 이런 내적 갈등 때문에 그리스도인 환자의 경우 일부러 그리스도인 의사를 찾게 됩니다. 여기서 중요한 것은, 하나님의 뜻을 지금 다 알 수는 없지만 여전히 하나님이 통제하고 계시며 합력하여 선을 이루심을 인정하면서, 영적 문제로만 보는 시각보다는 항상 통합적인 이해와 접근을 해야 한다는 점입니다.

 ## 완벽주의와 우울증

우울증이 잘 생기는 특별한 성격을 하나 집어서 말할 수는 없지만, 이것 하나는 짚고 넘어가야겠기에 따로 이야기를 드리고자 합니다. 우울 증상으로 내원한 분들에게 성격이 어떠하냐고 물으면 이렇게 답하는 분들이 있습니다.

- "성격 좋지요. 남한테 잘하구요, 아주 정확하고 사람 좋다는 평가를 듣습니다."
- "싫은 소리 하는 것도 싫어하고, 싫은 소리 듣는 것도 싫어하고 딱 그렇습니다."

- "누가 뭐라 한마디 하면 오래오래 곱씹고 상처를 잘 받아요."
- "잔걱정이 많아요. 무슨 일이 있으면 해결될 때까지 잠을 잘 못 자요."
- "계획한 일이 내 뜻대로 안 되면 너무 스트레스를 받아요."

이런 분들에게 "혹시 약간 완벽주의적인 성향이 있으신 건가요?" 하고 물으면 자기는 절대 완벽하지 않다고 말하는 경우가 대부분입니다. 그러나 실제로 그들의 양상을 보면 끊임없이 완벽을 추구하고 있습니다. 자기가 세운 계획대로 안 되거나, 특히 자기가 한 일이 타인으로부터 인정받지 못하면 견디지 못합니다. 분하고 억울해하고, 누가 묻지도 않았는데 자꾸 자기 탓이 아니라고 먼저 변명을 하거나, 다른 사람 탓이라면서 떠넘깁니다. 이런 사람의 상사는 일이 잘 처리되니 좋겠지만, 아랫사람이나 가까운 사람, 특히 가족들은 곧 피곤을 느끼고 그를 가까이하고 싶어 하지 않게 됩니다.

결론적으로 이야기하면, 그들은 자기 자신이 하나님이며, 끊임없이 자기 의로 자기의 평가를 좋게 하고, 자기 가치를 높이려는 노력을 하는 중입니다. 그러니까 계획대로 안 되거나 누가 싫은 소리를 하면 못 견디고 화를 내며 억울해하는 것입니다.

또 그런 분들은 타인에게 모르는 것을 묻거나 도움을 청하는 것을 꺼려합니다. 이런 행동을 자기가 못나 보이거나 무능한 사람으로 보이는 것으로 여깁니다. 혹은 상대에게 부담을 주어 자기를 싫어하게 될까 염려합니다. 그래서 모든 일을 혼자서 해결하려고 부단히 애를 씁니다. 좋은 사람으로 보이기 위해 부탁을 받았을 때 거절을 못하고, 혼자서 해결하려고 하다가 결국 한계에 부딪칩니다. 그러면 어떻게 될까요? 다 내려놓고 포기하려고 합니다. 예를 들어, 관계를 끊는다거나, 직장을 그만둔다거나, 심지어는 그만둔다는 말을 못해서 죽고 싶은 마음이 들기도 합니다. 결국 드러나는 양상은 우울증입니다.

그런 분들은 창조주 하나님께 삶의 주인 자리를 내어 드리고, 나의 한계와 연약함을 인정하고, 나의 가치는 내가 이룬 업적이나 타인의 평가에 의해서 결정되는 것이 아니라 하나님이 나를 지으신 본래의 모습 그 자체에 있으며, 하나님이 나를 보시는 관점에 의해 결정되는 것임을 알아야 합니다. 믿지 않는 자들에게 이것은 너무나 터무니없고 이해가 가지 않는 생각입니다. 그러나 그리스도인인 우리에게는 이미 해답이 있으니 얼마나 감사한 일입니까. 우리는 이미 하나님의 걸작들입니다. 아무리 못생기고, 공부를 못하고, 가난하고, 빽이 없어도 우리는 하나님 안에서 당당할 수 있습니다.

⬤ 자존감, 그리고 자기부인

이런 이야기를 하다 보면 자존감에 대한 말이 안 나올 수가 없습니다. 서점에 가면 자존감이나 자신감에 관한 자기개발서가 수도 없이 많습니다. "자존감을 높여라", "자신을 사랑하라" 등 무수한 조언이 있지만, 막상 환자들 중에는 이 책들을 읽고도 별로 도움이 안 된다는 분들이 많았습니다. 마른 우물에서 물을 길 수 없듯, 없는 자존감을 억지로 끌어올릴 수는 없기 때문입니다.

성경적 자존감이란 어떤 것일까요? 원래 하나님이 하나님의 형

상대로 우리를 창조하신 모습 그대로 회복되는 것입니다. 죄로 인해 훼손된 모습이 예수 그리스도 안에서 회복되어 온전한 하나님의 자녀의 정체성으로 회복되는 것을 말합니다. 돈, 명예, 학벌 등으로 대별되는 세속적(혹은 조건적) 자존감과는 차원이 다른 이야기입니다. 실제로 진료실에 이 모두를 가진 대기업 임직원 사모님이나 엘리트들이 공허감과 반응성 우울증으로 무수히 방문하는 것을 보고 저는 일찍 깨달았습니다.

그러면서 또 예수님은 자기를 부인하라 하셨습니다. "자존감을 회복하라" 하시면서 또 "자기부인을 하라"는 말은 무슨 뜻일까요? 여기서 말하는 자기부인은 자존감 없이 짜부라지라는 의미가 아니라, 하나님의 뜻과 다른 내 생각, 내 기준, 내 고집을 내려놓는 것을 말합니다.

조건적인 높은 자존감은 곧 하나님 앞에서 교만으로 가기 쉽고, 조건적인 낮은 자존감은 하나님이 슬퍼하시는 자기 비하감으로 곤두박질치기 쉽습니다. 어느 한쪽으로 치우치지 않는, 이 둘 간의 미묘하고도 팽팽한 긴장감 속에서 우리는 매 순간을 아슬아슬하게 자기를 돌아보며 살아야 합니다. 어렵지요? 저도 너무 어렵습니다. 저는 특히 이 둘 사이에서 어느 한쪽으로 치우칠 때마다 심한 죄책감을 느꼈고 괴로웠습니다. 그리스도인이 이런 의미에서는 더 괴로울 수 있을 것 같습니다. 그러나 이것을 볼 수 있는 눈이 있다는 것이 복이고, 못 보는 것이 안타까운 일입니다. 이것을 돌아보는 과정을 통해 성숙이 이루어지고 있음을 감사하기로 결심해 봅니다. 이 과정은 아마도 평생 지속되어야 할 것입니다.

한국인의 우울 증상:
"왜 나보고 우울증이라고 할까요?"

제가 환자를 보고 나서 붙이는 대부분의 진단명은 '우울증' 아니면 '불안 장애'인데, 그중 환자가 호소하는 주 문제가 "우울하다"인 경우는 거의 없었습니다. 대부분이 "잠이 안 온다", "기운이 없다", "아무것도 하기 싫다", "밥맛이 없다", "눈물이 난다" 등 신체 증상을 위주로 한 호소였습니다. 그나마 호소를 하는 분들은 "슬프다", "자신감이 없다", "좋은 게 없다", "사람을 만나기 싫다" 등을 말하기도 합니다. 이것은 한국 사람 특유의, 감정을 억제하고 표현하지 않는 것을 미덕으로 생각하는 전통 때문인 것 같습니다. 이는 우리말에서 '속상하다', '애가 탄다', '애끓는다' 등 감정을 표현하는 말에 신체 부위가 자주 들어가는 것에서도 알 수 있습니다. 여기서 '속'은 '위'를, '애'는 '창자'를 뜻한다는 것을 아실 것입니다.

감정을 표현하지 않으면 마치 필요 없는 가지가 잘라지듯이 뇌가 감정을 인식하는 기능도 무디어지고, 신체 증상으로 표현되게 됩니다. 따라서 원인 모르게 오래 지속되는 신체 증상이 있을 때는 마음의 병을 의심하고 정신건강의학과를 찾아야 합니다.

한국 사람들이 감정을 표현하는 것이 서툰데, 글로 표현을 하면 덜 민망하니 소셜네트워크서비스(SNS)가 도움이 되지 않을까 생각해 본 적도 있습니다. 그러나 SNS를 통해 감정을 잘 표현하는 것이 아니라 오히려 익명성을 띠면서 걸러지지 않은 감정 그대로를 날것을 토해 내듯 쏟아 내 타인을 판단하고 감정을 난도질하는 데 사용하는 경우가 더 잦아진 것 같아서 마음이 아픕니다.

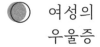

여성의
우울증

이 장은 저에게 특별한 의미를 가지는데, 그 이유는 이렇습니다. 10년을 여성 중심 종합병원에 근무하면서 소녀부터 할머니까지 정말 많은 여성을 만나 보았습니다. 여성의 중요성과 모성의 위대함을 뜨겁게 느끼는 동시에, 저를 포함한 한국의 엄마들이 너무나 불안해한다는 것도 알게 되었습니다. 그 과정에서 이 땅의 엄마들이 마음 편하게 아이를 낳고 기르는 데 기여하고 싶다는 사명을 발견하고, 아직 한국에서 생소한 주산기(출산 전후) 정신의학 분야에 관심을 갖고 호주에서 단기 연수를 하고 돌아왔습니다. 많은 여성, 특히 임산부 진료를 통해 얻은 경험들을 여기서 나누고자 합니다.

여성이 남성에게서보다 두 배가량 우울증이 더 자주 발병한다고 알려져 있습니다. 그 원인은 여성 호르몬의 변화라는 강력한 생물학적 원인, 임신·출산·육아와 관련된 전통적인 사회적 역할, 학습된 무기력 등을 들 수 있습니다.

과거 우리나라에는 여성의 낮은 사회적 지위, 가사와 육아를 전담하는 힘겨움, 시댁과의 갈등, 남편에 의해 억눌림 등 전통적 여성 역할로 인해 우울증이 생길 사회적 요인들이 많았습니다. 물론, 지금도 많은 주부가 이런 환경에 놓여 있어 고통을 호소하기는 하지만, 요즘은 여성의 역할에 많은 변화가 왔습니다. 맞벌이 부부가 대다수라 남편이 돈 벌어 온다고 우세 잡을 일이 적어졌습니다. 형제가 적거나 외동이라 어린 동생을 돌본 경험도 없을 뿐 아니라, 여자도 공부 열심히 해서 출세하고 몸값을 올려야 한다는 가치관 때문에 집안일 한 번 안 해 본 사람이 대부분입니다. 대학 나와서 직장에 취직하여 인정받는 것을 삶의 기쁨으로 삼다가, 결혼해서 아이를 낳은 후에 어려움을 겪는 경우가 종종 발생합니다.

멋지게 차려입고 회사에 나가 열심히 일하고, 성과를 내고, 인정받는 기쁨이 있습니다. 몸은 힘들지만 완벽주의적인 성향의 사람에게는 이보다 재밌고 보람 있는 일은 없습니다. 이런 여성이 결혼하여 아이를 낳으면 하루아침에 집 안에만 들어앉아 밤잠도 못 자고 하루 종일 아이만 봐야 하는 상황이 됩니다. 화장도 못하고 살이 쪄서 이전에 입던 예쁜 옷도 하나도 맞지가 않습니다. 목 늘어난 티와 무릎 튀어나온 추리닝이 제일 적합한 옷입니다. 게다가 살림과 육아는 아무리 해도 본전이요, 아무도 성과나 실적으로 인정해 주지도 않습니다. 도와줄 사람이 있으면 그나마 다행이지만, 혼자서 가사와 육아를 전담해야 하는 상황이 되면 체력과 정신력의 한계에 부딪칩니다. 그러면 소위 산후우울증 상태가 되는 것입니다.

산후우울증은 전 세계적으로 모든 산모의 17%에서 발병하는 아주 흔한 질환입니다. 7명 중 1명꼴로 발생하는 셈이니 정말 흔한 것입니다. 임신 기간 중 태반이 풍부하게 공급하던 여성 호르몬인 프로게스테론의 혈중 농도가 분만의 결과 급속히 떨어져서 생기는, 대표적인 생물학적 원인의 우울증입니다. 왜냐하면 여성 호르몬인 에스트로겐이나 프로게스테론이 기분을 조절하는 뇌의 생화학물질(세로토닌 등)에 영향을 주기 때문입니다.

그러나 이런 산후우울증의 발병 위험 인자 안에는 생물학적 소인 외에도 앞서 언급한 심리사회적 요인이 많이 들어가 있습니다. 이

전 우울증 과거력이나 정신과 질환력, 정신과 가족력, 가난, 최근의 스트레스, 남편과의 불화, 결혼이나 임신에 대한 지지 결여(시댁의 반대), 물질(알코올이나 담배) 사용, 어릴 적 학대 경험, 친정 엄마와의 관계, 갑작스런 직장의 중단 등 수십 가지의 위험 인자가 있습니다.

특히 자녀 양육은 여성이 가진 모든 신체적, 사회적, 심리적 자원의 바닥이 드러나는 계기가 됩니다. 어렸을 때 역기능적 가정에서 자라 심리적 문제가 있다 할지라도 직장 생활을 하면서 나름 사회화가 되면 여성은 '이만하면 나도 좀 괜찮아 보이지?' 하면서 자신을 포장하게 됩니다. 이 부분은 긍정적인 면도 매우 많습니다. 사회적 성취를 통해 인정받으면서 자신감이 올라가고, 경제적인 면에서도 안정이 되고, 좋은 남편을 만나게 될 가능성도 높아집니다.

남편과 둘이 살 때는 그나마 낫습니다. 나라는 별 혼자 돌던 궤도에 약간의 수정이 필요하기는 하나, 남편이 집안일도 도와주니까 할 만합니다. 그러다가 아이가 생기면 세 개의 궤도가 만나면서 궤도 수정이 대폭 필요합니다. 일단 신체적 한계에 부딪칩니다. 그러나 도움을 청할 사람이 없고, 있다 해도 미안해서 요구를 못하겠습니다. 사람을 부르자니 돈도 돈이지만 내 살림을 남이 만지는 것이 싫어서 부르기가 싫습니다.

또한 너무 불안합니다. 아이가 울면 '왜 울까? 어디 큰 병이 난 건 아닐까? 내가 애를 잘 못 봐서 아이가 잘못되면 어쩌나?' 등의 염려가 올라오고, 조금만 아파 보이거나 열이 나도 아이를 메고 응급실로 달려갑니다. 예민한 엄마라는 비난도 듣기 싫고, 아이에 대한 염려도 싫고, 이러지도 저러지도 못하는 우유부단함으로 거의 불안이 극도에 이르고 짜증, 분노, 탈진 상태가 되어 남편에게 끌려서 병원을 찾게 됩니다. 산후우울증은 산모와 아이의 애착과 정상 발달에 영향을 줄 뿐 아니라, 조울증의 전조 증상일 수도 있으므로 정신과적 응급 상황으로 보고 최대한 빨리 치료해야 합니다.

산후우울증 시기가 지난 후에도 매달의 생리전증후군을 겪어야 하며, 또 아이가 자라는 매 과정마다 고비가 있습니다. 특히 모든 것을 내 뜻대로, 내 계획대로 완벽하게 해 오던 여성들에게 있어 육아는 완전한 도전장입니다. 아이는 내가 3일 동안 치운 것을 3분 만에 어지릅니다. 어려서는 먹이고 입히고 재우기만 하면 되니 몸만 힘들면 되지만, 아이가 크면서 성격 문제, 성적 문제, 친구 문제 등 부모가 통제할 수 없는 일들이 너무나 많이 생기기 때문에 분노하고 고함치고 난리를 치다가 그제야 여성들은 나의 한계를 인식하고 크신 하나님께 눈물로, 기도로 항복할 수밖에 없게 됩니다. 그러면서 믿었다가 불안했다가, 내려놨다가 도로 머리에 이다가를 반복하면서 만성불안장애 내지는 만성적응장애 상태가 됩니다. 아마도 그 과정은 죽을 때까지 계속될 것입니다.

단점만 있는 것은 아닙니다. 육아를 통해 예상 불가하고 변화무쌍한 광야 같은 삶을 살 때 목이 굳고 뻣뻣한 이전의 방식이 아닌 유연하고 성숙한 인격으로 성장하며, 육아뿐 아니라 가정 밖의 대인 관계나 업무 처리에서도 놀라운 이해심과 소통 능력, 대처 능력이 길러지게 됩니다. 무엇보다도 타인을 용납하고 인내하는 마음이 생깁니다. 그래서 결혼만 한 상태를 '청소년'이라 하고, "아이를 낳아서 길러 봐야 진정한 어른이 된다. 철든다"고 하는 것이겠지요.

참으로 멋진 일 아닙니까. 여성에게 있어서 자녀만큼 고통을 주는 존재도 없지만, 동시에 자녀만큼 기쁨을 주는 존재도 없습니다. 고난이 있어야 성숙도, 행복과 기쁨도 오는 것입니다. 이 땅의 많은 여성이 마음 편하게 아이를 낳아서 기쁨으로 기르기를 소망합니다.

또한 여성은 50세 전후로 갱년기가 되면 급격한 체력 저하와 불면, 우울감, 통증, 비만 등이 찾아오면서 인생의 대전환기가 옵니다. 마침 이때가 아이들의 사춘기, 남편의 부도나 퇴직, 부모의 질병 내지는 사망 등 어마어마한 일들이 겹치는 시기가 되면서 여성의 일생은 일대 위기를 맞습니다. 이때 남편의 역할이 가장 중요하며, '갱년기라서 누구나 그래' 하고 넘어갈 것이 아니라 신체적, 정서적, 영적 지지를 쏟아부어야 합니다. 이 시기를 지혜롭게 잘 넘기면 인생의 황금기가 찾아올 것입니다. 필요하면 여성 호르몬이나 소량의 항우울제 치료를 받는 것이 매우 도움이 됩니다. 특히 유방암이나 자궁내막암 등 여성 호르몬을 복용할 수 없는 조건의 여성의 경우, 항우울제는 여성 호르몬의 60-70%의 효과를 내면서 암 악화의 위험성이 없는 안전한 치료제입니다.

 우울증의 치료:
내적 치유 vs 오직 복음 vs 병원

한때 한국 교회에 내적 치유가 유행하면서 마치 심리학이 복음 위에 있는 듯한 생각이 들 정도인 적이 있었습니다. 심리학을 공부한 목회자들이 대거 교회에 영입되면서 상담실을 운영하며 검사와 상담을 시작했습니다. 그러자 다시 '복음이면 충분하다'는 각성이 일어났습니다. 여기에는 프로이트가 무신론자라는 사실도 영향을 주는 것 같습니다. 그러나 만약 형광등을 개발한 사람이 불교 신자라고 해서 우리가 형광등을 사용하는 데 찝찝함을 느끼지 않듯이 여기에 대해서는 자유해도 될 것 같습니다.

모든 심리학 이론이 완전하지도 않지만, 완전히 틀린 것도 아닙니다. 약이 적절하게 사용될 때 오히려 자신을 더 잘 들여다볼 수 있고 하나님과 더 가까운 관계로 나아가는 데 도움이 되듯, 심리학도 그러합니다. 따라서 오직 심리학적, 아니면 오직 영적, 아니면 의학적 개입, 이런 식이 아니라 최종적으로는 영적인 방향으로 나아가되 어떻게 이 세 가지에 대한 통합적 관점을 견지하느냐가 중요할 것입니다. 그러면서 원인이 된 주 영역에 더 큰 비중을 두면서 해결해 나가야 할 것입니다.

주된 원인이 생물학적 원인인 사람은 병원 약물 치료로, 심리사회적 원인인 사람은 심리상담이나 환경 교정으로, 영적 원인인 사람은 영적 문제 해결로 좀 더 배분을 하되, 이 모든 치료를 주관하시는 분은 하나님이시라는 것을 인정해야 합니다. 왜냐하면 상담을 통해 우울증이 낫는 과정도, 약이 대사되어서 몸에서 효과를 발휘하는 그 모든 과정도 다 하나님이 개입하시는 일이기 때문입니다.

또 약을 먹고 쉽게 나으면 죄책감 내지 허무감을 느끼는 분들이 많은데 그럴 일이 아닙니다. 약만 먹는다고 다 낫는 것이 아닙니다. 약을 먹어도 안 낫는 경우가 너무나 많습니다. 오히려 하나님이 개입하시어 약효를 보게 하심에 감사해야 할 일입니다.

우울감이든 우울증이든 고통스러울 수밖에 없습니다. 인생은 고난의 연속입니다. 앞에서 정말 많은 우울증의 원인과 형태를 설명했고, 명백한 생물학적 원인을 제외하고는 상실이 원인이라고 언급했습니다. 여기서 우리는 상실에 대해 슬퍼하고 애통하는 과정을 무조건 없애려 하면 안 되고, 일단은 겪어야 합니다. 고난이 그 사람의 인생에 주는 의미와 메시지가 있습니다. 우리는 어떤 형태로든 고난을 겪어야 성숙해지며, 약해져야 강해지기 때문입니다. 내가 낮아지고 약해질수록 하나님의 크심을 알게 되는 것, 이것이 기독교의 역설입니다.

● ● ●

우울증은 다른 모든 정신 질환과 마찬가지로 죄의 결과라거나, 믿음이 없어서 생기거나, 하나님이 나를 버리셨기 때문에 생기는 것이 아닙니다. 우울증에는 생물학적, 심리사회적, 영적 원인이 있으며 이들이 복합적으로 작용하여 발생합니다. 내가 하나님처럼 되려는 완벽주의를 내려놓고, 창조 시의 하나님의 형상대로 만들어진 나인 성경적 자존감을 회복해야 합니다. 한국인 특유의 우울증의 신체 증상을 잘 알아채야 합니다. 여성의 우울증, 특히 산후우울증은 반드시 치료해야 합니다. 육아 중 발생하는 불안과 우울은 너무나 고통스럽지만, 여성을 더욱 성숙하고 유연한 인품으로 성장시켜 줍니다. 우울증의 다양성에 따라 치료적 접근 또한 통합적으로 이루어져야 하되, 하나님의 철저한 개입을 인정하며 영적인 방향으로 향해야 합니다.

기도

좋으신 하나님 아버지, 우리의 죄로 인해, 또한 우리에게 허락하신 상황을 받아들이지 못함으로 인해 우울해하고, 때로는 우리가 조절할 수 없는 우울 증상으로 고통받는 연약한 우리들입니다. 항상 기뻐하라 하셨는데 그러지·못하여 죄책감에 더욱 괴로워하는 영혼들을 위로해 주시고, 지친 제자들에게 다른 어떤 말보다 "와서 조반을 먹으라" 말씀하셨던 부활의 주님이 오셔서 우리의 영과 육을 낫게 하시고 회복의 소망을 주시옵소서. 특히 이 땅의 여성들과 어머니들을 불쌍히 여기사 모성의 위대함을 다시 일깨워 주시고·불안이 아니라 평안과 기쁨으로 자녀를 양육할 수 있도록 개인적인 마음뿐 아니라 사회적인 길도 열어 주옵소서. 부모가 되어 보아야 아버지 되신 하나님의 마음을 더 깊이 알게 됨도 깨닫게 하여 주옵소서. 예수님의 이름으로 기도드립니다. 아멘.

꼭 적용해 주세요

○ 그리스도인도 우울할 수 있다는 것을 인정하세요.

○ 우울증은 죄나 믿음 없음뿐 아니라 다양한 신체적 원인으로도 발생합니다.

○ 일상생활에 지장을 줄 정도의 우울증은 약을 복용하는 것이 영적 회복에도 훨씬 도움이 됩니다.

○ 여성의 우울증, 특히 산후우울증은 반드시 치료해야 합니다.

○ 육아를 두려워하지 말고 적극적으로 공부하고 어려움이 있을 때 주변 사람과 전문가에게 도움을 청하세요. 최근에는 국가에서도 무료로 많은 재원을 공급하고 있습니다(건강가정지원센터, 한부모가정지원센터, 난임·우울증상담센터 등).

이렇게 하지 말아 주세요

○ 약을 먹는 것에 대해 죄책감이나 수치심을 갖지 마세요.

○ 어려움이 있을 때 도움받는 것에 대해 무능하다거나 의지 부족이라 비난하지 마세요.

○ 완벽한 엄마가 되려고 하지 마세요.

○ 반대로, 나는 좋은 엄마가 될 수 없다 생각하여 회피하거나 방임하지 마세요.

5장

불안도
병일까?

— 김혜민

불안한 마음에 대하여

사람들은 살면서 다양한 이유로 불안을 느끼곤 합니다. 처한 상황이나 경제적 상태와 별개로 불안과 걱정으로부터 온전히 자유로운 사람은 없는 듯합니다. 더군다나 복잡한 현대 사회에서 우리는 매 순간 크고 작은 선택을 계속 해야 하고, 결과는 복잡하고 예측하기 어려운 경우가 많습니다. 환경적 영향으로 인하여 불안과 걱정의 양 자체가 늘어나 버렸습니다. 다양한 선택지를 앞에 두고 '과연 맞는 선택인가?'를 넘어서 '이것이 가장 최선일까?'를 고민하게 되었습니다.

불안과 두려움에 대한 내용은 성경에서도 자주 접할 수 있습니다. 말씀은 "불안과 두려움에서 벗어나라"고 권고합니다. 모든 것을 주께 맡기고 의지하여 불안으로부터 벗어나길 권합니다. 불안한 마음 자체가 괴롭기도 하지만, 그리스도인에게 불안한 마음은 나약함과 불완전함이라 여겨지고, 더 나아가 하나님에 대한 불순종, 죄의 속성에 속한다는 믿음도 관여하는 듯합니다. 가끔은 불안을 부끄럽거나 숨겨야 할 것으로 여기고 이겨 내지 못하는 자신을 자책하고 죄책감을 느끼는 분도 있습니다.

하지만 불안은 누구나 경험하는 자연스러운 감정입니다. "불안해하지 말라"는 권면이 반복되는 것은 불안한 마음 자체를 정죄한다기보다, 믿음의 선조들 역시 불안과 두려움을 자주 느꼈기에 이를 떨쳐 내고자 하는 의지이자 다른 이들을 격려하고자 함이 아닐까 싶습니다.

두려움 앞에 당당히 맞선 인물이라면 다윗이 떠오릅니다. 골리앗이라는 거구와의 대결에서 다윗이 불안과 두려움을 느끼지 않았을 리 없습니다. 하지만 다윗은 불안과 두려움으로 인해 상황을 회피한 것이 아니라 위기를 타개할 방법을 찾는 데 에너지를 모았습니다. 다윗이 골리앗을 이길 수 있던 것은 불안과 두려움이 없었기 때문이 아니라, 하나님을 의지하여 상황을 직면하고 해결하는 데 집중했기 때문입니다.

불안은 강렬한 위기의 순간뿐 아니라 일상생활에서도 자주 느낄 수 있습니다. 중요한 일을 앞두었을 때, 좋은 성과를 내야 할 때, 다른 사람에게 좋은 평가를 받고 싶을 때, 무언가 일이 잘못되었을 때 등 여러 상황에서 우리는 불안을 느낍니다. 하지만 적당한 불안과 긴장감을 느낄 때 우리는 상황에 집중할 수 있는 힘을 얻게 됩니다.

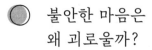

불안한 마음은 왜 괴로울까?

불안이란 불쾌한 일이나 위험이 닥칠 것처럼 느껴지는 기분 또는 정서적 상태를 말합니다. 그런데 불안은 단순히 기분뿐 아니라 신체, 생각, 행동까지 영향을 미칩니다. 몸에서 외부의 위협을 감지하면 스스로를 보호하기 위한 방어 체계가 작동하는데, 이에 관여하는 것이 자율신경계(교감 신경계 + 부교감 신경계)입니다.

교감 신경계는 위협에 대비하여 투쟁-도피 반응(싸우거나 도망가거나)을 일으켜 몸에서 사용할 수 있는 에너지를 끌어올립니다. 이 과정에서 가슴이 두근거리고, 호흡이 가빠지고, 식은땀이 흐르고, 입 마름이나 손발이 차가워지는 감각 이상 등을 경험할 수 있습니다. 심하면 질식감, 어지러움, 비현실감 등의 증상이 느껴지기도 합니다. 생리적 변화로 나타난 자연스러운 증상이지만 두렵고 괴로우며 불편한 기분을 더욱 악화시킬 수 있습니다.

이와 반대로 부교감 신경계는 심박수를 낮추고, 호흡을 차분하게 하고, 소화 기능을 도와 몸을 안정화시켜 균형을 회복하고, 에너지를 다시 비축하도록 합니다. 교감, 부교감 신경계의 상호 조절을 통해 우리 몸은 외부 상황에 적절히 대응하며 에너지 레벨을 조절해 나갑니다.

하지만 기억해야 할 점은 이러한 신체 불안 반응은 의지로 조절될 수 없는 생리적 반응이라는 것입니다. 오히려 신체 불안 반응을 억지로 없애려는 노력, 신체 반응에 대해 불안해하는 것 자체가 불안감을 더욱 악화시킵니다. 신체적 변화를 불안으로 인해 나타난 현상으로 있는 그대로 받아들여야 신체 불안 반응을 잠재울 수 있으며 시간이 지나면 자연스럽게 회복되기 마련입니다.

불안은 문제적 상황을 계속해서 떠올리며 에너지를 쏟아 집중하게 합니다. 이는 또 다른 위험 상황이 발생하는 것은 아닌지, 주변에 부정적인 요소들이 생기는 것은 아닌지 빨리 알아차려 위험 상황을 잘 대비할 수 있게끔 돕는 역할을 합니다. 이는 왜 불안할 때 긍정적 가능성보다 부정적 이미지와 가능성에 초점을 더 맞추게 되는지를 이해하게 해 줍니다.

그리고 불안은 행동까지 변화시킵니다. 불안이 커지면 안절부절 못하거나 해야 할 일에 집중하지 못하게 되고, 높은 신체적 긴장감으로 인해 흥분하거나 짜증스러워집니다. 또한 두려움의 대상이나 위험하다고 여겨지는 상황을 피하게 만들고 다른 곳으로 주의를 분산시키는 방식으로 행동하게 할 수 있습니다. 하지만 불안의 대상을 직면하는 방식이 아니라 회피나 주의 분산으로만 대응하게 된다면 장기적으로 불안과 두려움을 더욱 악화시키게 되기 때문에 결과적으로 도움이 되지 않습니다.

불안을 막연한 하나의 감정으로 받아들이기보다 신체, 생각(인지), 행동으로 나누어 보는 것은 불안에 대한 이해를 높여 주며, 어떻게 대응해야 할지를 아는 데에 도움이 됩니다. 이것들은 서로에게 영향을 미치며 전체적인 불안의 강도를 커지게 하기도, 감소시키기도 합니다. 이러한 이해를 통해 불안의 강도를 낮추고 다스리는 실질적 방안을 찾는 데 도움이 됩니다. 예를 들어, 신체적 긴장감은 근이완이나 호흡법 등의 이완 요법을 통해, 부정적 인지 왜곡과 같은 불안을 악화시키는 생각에는 인지 치료를, 점진적 노출과 같은 행동 치료를 통하여 불안에 대응하는 행동 패턴을 변화시켜 볼 수 있습니다.

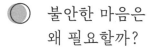

불안한 마음은 왜 필요할까?

사람의 뇌에서 불안을 처리하는 데에는 편도라는 기관이 관여를 합니다. 불안 장애를 겪는 사람들에게서 실제 편도의 크기가 커졌거나 과활성화되었음을 뒷받침하는 연구 결과들이 많습니다. 과거 편도체를 제거한 원숭이 실험이 있었는데 불안, 두려움을 느끼지 못하게 된 원숭이는 결과적으로 위험한 상황에서 도망치거나 피하지 않는 모습을 보였습니다. 실험 상황이 아니었더라면 이 원숭이는 상위 포식자에게 잡아먹히거나 생존하지 못했을 것입니다. 인위적 실험이긴 하나 불안감은 우리가 삶을 살아가고 생존하는 데 중요한 역할을 한다는 것을 알려 줍니다. 불안은 주변의 위험과 닥쳐올 위기를 기민하게 알아차리고 반응하도록 도와줍니다.

불안은 기본적인 생존을 넘어서서 중요한 일에 집중하도록 돕고 보다 잘해 내도록 에너지를 주는 역할을 합니다. 적절한 불안과 긴장감은 우리가 미래를 대비하게끔, 맡은 일을 성실하게 하도록 도와 좋은 결과를 이끌어 내게 합니다. 시험을 앞둔 학생이 결과에 대한 불안감이 있어야 집중하여 공부할 수 있게 되듯 말입니다.

역기능적 불안: 불안이 방해가 될 때

하지만 대부분의 사람들은 불안한 마음을 장애물이라 여기는 경우가 많습니다. 왜냐하면 역기능적 불안의 경우를 주로 떠올리기 때문입니다. 불안이 본래의 기능(순기능)을 하지 못할 때에 '역기능적 불안' 또는 '병적 불안'이라고 명명합니다. 제 기능을 하지 못하고 반대의 작용을 한다는 뜻입니다.

만약 불안이 지나치게 높다면 공부하는 기간 내내 불면이나 악몽에 시달리게 되고, 시험을 망치게 될 부정적인 경우만 떠올리다 보니 오히려 집중이 안 되고, 기분 또한 점차 우울해질 수 있습니다. 시험을 보는 중에도 '실수하면 안 돼'와 같은 절대적 기준치가 오히려 집중을 방해하고 수행 속도를 떨어뜨려 시험 문제조차 다 풀지 못하게 만드는 경우가 생기기도 합니다. 이처럼 주어진 상황에 비해 지나치게 높거나, 또는 장시간 지속되는 불안, 걱정해 봤자 의미가 없는 불필요한 걱정들까지 하는 것 등은 역기능적 불안이라고 할 수 있습니다. 적당한 불안은 우리에게 유익하지만 역기능적 불안은 장애물이 되곤 합니다.

 ## 하나님과의 관계에서 불안의 긍정적 역할

창세기 2장 17절을 보면, 하나님은 아담에게 "선악을 알게 하는 나무의 열매는 먹지 말라" 하시고는 "네가 먹는 날에는 반드시 죽으리라" 하고 경고하셨습니다. 만약 아담과 하와가 선악과를 먹지 말라는 하나님의 명령에 대해 두려움과 불안을 느꼈다면 뱀의 유혹에 넘어가는 죄를 범하지 않았을 것입니다. 하지만 선악과에 대한 호기심, 신과 같이 되고 싶은 욕망 앞에서 그들의 불안 신호는 제대로 작동하지 못했습니다.

이는 오늘날 우리에게도 충분히 일어나는 일입니다. 하나님의 명령을 어기는 것, 죄에 대한 불안은 오히려 죄를 범하는 위기 상황으로부터 우리를 보호하는 제 역할(순기능)을 해 냅니다. 또한 그리스도인이 하나님으로부터 벗어나는 삶, 하나님을 소외시키는 삶을 추구하게 된다면 이때 역시 불안 신호가 작동되어야 합니다. 그리스도인이 하나님과 끊어지는 삶을 살아간다는 것은 정체성 및 생존의 위협과도 같은 상황이기 때문입니다.

우리는 살아가면서 불안과 고난 가운데 처해 있을 때 오히려 하나님을 더 찾게 되는 경향이 있습니다. 모든 것이 잘되어 가고 부족함이 없어 보이는 삶 속에는 하나님이 계실 자리가 없게 됩니다. 가장 밑바닥에 처해 있을 때, 어찌할 방도가 없을 때는 결국 하나님께만 매달리게 됩니다. 역설적이지만, 우리는 오히려 불안 가운데 하나님을 더 찾고 의지하면서 하나님이 주시는 복을 경험할 때가 있습니다. 불안함 가운데에서 하나님께 길을 묻고, 하나님의 뜻을 묻고, 은혜를 소망하게 됩니다.

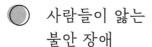

사람들이 앓는 불안 장애

불안 장애는 정신건강의학과로 진료받으러 오시는 분들이 가장 흔하게 호소하는 문제입니다. 그럼에도 여러 이유로 진료는 망설여지는 부분이 있습니다. 특히나 불안감이란 살아가면서 흔하게 느끼는 감정이기에 괴롭고 힘듦에도 불구하고 과연 병원에 갈 정도인지, 아니면 괜찮은 것인지, 또 치료를 통해 좋아질 수도 있는 것인지 알기 힘들 때가 많습니다. 치료적 도움이 필요한 불안 장애에 대한 개괄적 설명에 더하여 그리스도인의 관점으로 불안 장애를 어떻게 바라보는 것이 좋을지에 대한 내용을 첨부하여 소개하고자 합니다.

우선, 일상적인 불안감이 전부 치료가 필요한 불안 장애(disorder)라고 진단이 붙여지는 것은 아닙니다. 불안 장애로 진단이 되려면 과도한 불안과 두려움이 지속되어 그로 인한 고통이 심각해지고, 일상생활(직장. 학업. 사회적 관계 등)에 지장을 주게 될 정도라야 합니다. 불안 장애라는 상위 범주에는 여러 질환들이 포함되어 있는데 공황장애, 사회불안장애(대인 공포증), 범불안 장애, 분리불안장애, 광장 공포증, 특정 공포증 등 다수의 질환이 속해 있습니다. 이제 대표적인 불안 장애 몇 가지를 살펴보고자 합니다.

／ 1. 공황 장애 - 죽음, 불안에 대한 공포

건장한 체격의 남성 A씨가 상기되고 긴장된 표정으로 진료실에 들어왔습니다. 최근 야근을 자주 하면서 피로한 상태였고 어제는 친구들과 술자리를 가졌다고 했습니다. 오전 출근길, 지하철에서 갑작스럽게 속이 울렁거리고, 머리가 어지럽고, 가슴이 조이고, 곧 쓰러질 것 같은 아찔한 느낌이 들어 겨우 응급실을 찾아갔는데 몸에는 이상이 없어 보이고 공황 장애 같다는 이야기를 들었다고 했습니다.

A씨는 이러다가 언제 또 쓰러질지 모르니 불안하고 원인을 알 수 없어 더욱 두렵다고 했습니다. 분명히 몸에 이상이 있는 것 같은데

응급실에서 정신건강의학과 진료를 권유한 것을 못 미더워했습니다. 다행히 약물 치료로 공황 발작은 잦아들었지만, 당시의 공포감을 떠올리면 두렵고 언제 또 공포감이 밀려올지 몰라 A씨는 계속 불안해했습니다. 또한 진짜 몸의 이상 때문은 아닌지 여전히 염려스러워했습니다.

공황 장애는 유명인들의 투병 고백으로 인해 유명해진 질환입니다. 공황 장애가 많이 늘어나고 있는 것은 안타깝지만, 공황 장애라는 병명을 사람들이 이전보다 수월하게 받아들이게 된 점, 그리고 정신과 진료에 대한 거부감을 낮추어 빠른 치료를 받을 수 있게 된 것에 대해서는 여러 유명인의 투병 고백이 분명 기여한 바가 있습니다.

공황 장애란 갑작스러운 공황 발작의 발생, 그리고 그에 대한 예기 불안과 회피가 지속되는 질환입니다. 공황 발작이란 생전 경험해 보지 못한, 죽음의 문턱에 선 듯한, 곧 죽을 듯한 공포감에 이르는 상태를 말합니다. 공황 발작이 오게 되면 교감 신경계의 과항진으로 인해 수분 내에 숨이 가쁘고, 심장이 두근거리고, 어지러워 기절할 듯하고, 식은땀, 가슴 답답함 및 통증, 메슥거림, 비현실감, 몸의 떨림, 질식감, 마비감 등의 증상이 예기치 않게 몰려와 심한 공포감을 느끼게 됩니다.

공황 발작 자체로도 견디기 힘든 고통을 경험하게 되고, 이후에는 똑같은 증상이 반복되는 것은 아닌가 하는 불안(예기 불안)을 겪으며 일상생활을 하지 못할 것이라는 부정적인 예측을 하게 만듭니다. 충분히 내과적 검사를 받고, 몸에 이상이 없고, 실제 죽음과는 무관함을 확인했음에도 몸에서 느껴졌던 공포감이 이성을 마비시킵니다. 이러다 정말 급사하는 것은 아닌지, 스스로를 컨트롤하지 못하고 미쳐 버리는 것은 아닌지 등 두려움에 휩싸이게 됩니다.

공황 발작에 대한 두려움은 내 몸의 작은 변화에도 '오늘은 뭔가 안 좋은 일이 생길 것 같은 느낌'으로 이미 '불안한 기운'에 휩싸이게 만들며, 사소한 자극에도 다시 또 쉽게 불안해지게 합니다. 즉 불안이 불안을 일으키는 양상을 보입니다.

공황 장애와 함께 발생 가능한 광장 공포증

광장 공포증 역시 불안 장애의 일종이며 공황 장애와 밀접한 질환입니다. 각 질환은 개별적으로 존재할 수도 있지만, 공황 장애와 함께 동반되는 경우가 많습니다. 광장 공포증은 공공장소, 급히 빠져나가거나 도움을 받기 어려울 것이라고 생각되는 장소에 혼자 있게 되는 것에 대한 공포를 느끼는 질환입니다. 흔한 예로, 자동차, 지하철, 비행기 등의 대중교통이나 백화점, 영화관 등 밀폐된 장소, 많은 사람 속에 있는 것, 주차장, 시장 등 개방된 공간에 대한 공포감을 느낄 수 있습니다.

공황 장애는 공황 발작에 대한 두려움으로 인해 이와 연관성이 있다고 느껴지는 장소나 상황을 피하게 만들기 때문에 광장 공포증이 함께 생기기 쉽습니다. 증상이 심해지면 혼자서 집 밖 외출조차 힘들어할 수 있습니다.

공황 장애는 왜 생기나?

공황 장애는 특별히 위협을 느낄 상황이 아님에도 예상치 못하게 뇌의 경보 체계가 오작동을 일으키는 병적인 상황을 말합니다. 몸에서 위험 신호 전달 체계가 과활성화된 상태라고 할 수 있습니다. 공황 장애를 포함한 불안 장애의 원인은 하나를 꼽기보다 생물학적, 심리사회적 원인, 과거의 트라우마 등 복합적인 경우가 많고 개인에 따라 주요 원인은 다를 수 있습니다.

그런데 대부분의 사람들이 첫 공황 발작을 경험하기 전 과도한 심리적, 신체적 스트레스 상황에 노출된 경우가 많다는 공통점은 쉽게 찾아볼 수 있습니다. 이로 미루어 볼 때 불안에 민감한 생물학적인 개인적 특성에 더하여 최근 과도한 스트레스가 공황 발작의 촉발 인자 역할을 했다는 정도로 이해할 수 있습니다.

공황 장애는 꼭 치료받아야 하나? 어떻게 치료하나?

공황 발작 자체는 살아가면서 누구나 한두 번씩 겪을 수 있다고 알려져 있습니다. 하지만 한 달 이상 공황 발작이 반복되거나 이에 대한 불안, 두려움, 회피 등의 증상이 지속된다면 치료를 받는 것이 도움이 됩니다. 이때 공황 장애를 신앙의 힘으로만 극복해야 한다는 접근은 위험할 수 있습니다. 공황 장애가 호전되기 위해서는 질환 초기에 공황 발작에 대한 이해와 적절한 대처법을 익히는 것이 필요합니다. 오랫동안 치료받지 않았거나 광장 공포증이나 우울증 등 다른 정신과적 질환이 동반된 경우에는 치료 효과가 떨어질 수 있습니다. 따라서 공황 장애가 의심되는 경우에는 정확한 진단과 초기 적절한 약물 치료를 받는 것이 빠른 회복에 있어서 중요합니다.

정신건강의학과에서 권하는 공황 장애에서 가장 효과적인 치료법은 약물 치료와 함께 인지행동치료(CBT)를 병행하는 것입니다. 약물 치료는 과활성화된 신경 세포를 안정화시켜 반복되는 공황 발작을 없애고 신체 불안 및 예기 불안을 줄이는 데 도움이 됩니다. 또한 공황 장애의 치료 과정 초기에는 공황 발작이 실제 죽음과는 무관하며 불안으로 인해 나타날 수 있는 생리적 증상임을 반복적으로 교육하고 안심시켜 공황 발작에 대한 두려움을 줄일 수 있도록 합니다. 그리고 이완 기법, 호흡법 등 안정화 기법을 통해 신체적 각성 수준을 낮추고, 스트레스를 관리하며, 회피 증상에 대한 단계적 노출 치료를 병행하게 됩니다.

공황 장애 치료를 방해하는 것들 & 도움이 되지 않는 대처 방안

공황 장애에서 회복되기 위해서는 치료를 방해하는 생활 습관을 바꾸어 가는 것이 필요합니다. 공황 장애의 증상 악화를 일으키는 주요 원인을 꼽자면 음주, 커피나 녹차 등의 카페인 음료 섭취, 식사 거르기, 수면 부족, 과로, 불규칙한 생활 습관 등이 있습니다. 특히 음주는 공황 발작의 재발과 연관성이 높고 사람들이 불안을 회피하기 위한 즉각적이고 흔한 방법으로 이용하기 쉽기 때문에 조심해야 합니다. 이와 반대로 건강한 생활 습관을 유지하고 긍정적인 마음을 가지려 노력하는 것은 공황 장애에서 호전되는 데 도움이 됩니다.

하지만 스트레스를 받을 것 같은 상황이나 공황 발작이 발생되었던 장소를 아예 피한다든지, 심장이 뛸 정도의 운동은 피하는 등의 회피적 방법으로 공황 발작 자체를 완전히 없애기 위한 과도한 노력은 공황 발작에 대한 두려움을 악화시키기 때문에 장기적으로 치료에 도움이 되지 않습니다. 그리고 공황이 왔을 때 시끄러운 음악을 듣거나 몸을 꼬집거나 괴롭히는 등 주의를 분산시키는 방법만으로 공황을 벗어나려 애쓰는 것도 피해야 합니다.

어떤 분들은 개인적으로 의미 있는 물건, 사진, 문구, 징크스 등에 의존하는 경우도 있는데 이러한 방법들은 일시적 안정감을 주지만, 유일한 해결책이 되거나 미신적인 방법이 되어서는 안 되고 임시방편이라는 사실을 알아야 합니다. 과도한 맹신이나 의존은 공황 자체에 대한 두려움이나 회피를 악화시켜 오히려 삶의 질을 저하시킬 수 있습니다. 공황 발작은 언제든지 다시 생길 수 있습니다. 이때에 공황 발작이 다시 찾아오는 것에 대한 과도한 두려움을 갖기보다 언제든 찾아올 수 있다는 것을 받아들이고 '적절히 대처할 수 있다'는 마음가짐을 가지는 것이 중요합니다.

만약 공황 발작이 다시 찾아왔다면 또다시 불안이 찾아왔다는 것을 받아들이고, 하지만 "이 또한 지나가리라"라는 말을 떠올리며 불안 증상이 잦아들길 잠잠히 기다려야 합니다. 이때 복식 호흡을 하고 땅 위에 서 있는 발바닥과 손끝 근육의 감각을 확인해 보고 안정감을 느끼며 침착하게 공황 발작이 다시 사라져 가기를 기다려 주는 것이 좋습니다.

공황 장애를 넘어서서 - 죽음에 대한 공포, 두려움

공황 장애는 죽음의 문턱에 선 듯한 느낌을 경험하게 하고 이후 죽음과 연관된, 또는 죽음을 연상시키는 신체 감각, 공포감에 대해 지속적으로 걱정하게 합니다. 공황 발작 당시 사람들은 실제로 죽음을 떠올리게 하는 신체 감각(숨이 안 쉬어짐, 심근 경색을 연상케 하는 가슴 통증, 아득해지는 비현실감 등)을 경험하며 '이러다 죽는 것 아닌가', '죽을 수도 있겠구나' 하는 공포감에 빠지게 됩니다.

공황 장애를 앓는 분들은 치료 중에도 "이러다 죽을까 봐 두려워요. 정말 괜찮은 것 맞나요?", "운동할 때 가슴이 두근거리는데 이건 괜찮은 거예요?" 등의 이야기를 종종 합니다. 이는 공황 장애를 겪는 사람들이 작은 단서에도 최악의 상황을 생각하는 경향 때문이기도 하나 마음속 깊이 잠재해 있던 죽음과 연관된 실존적 불안을 경험했고 평상시 삶을 살아갈 때에도 다른 사람들에 비해 죽음 불안을 강하게 겪고 있는 것으로 이해할 수 있습니다.

죽음 불안 - 직면하기

죽음에 관해 사람들이 두려워하는 점은 죽는 과정에 대한 공포, 존재가 사라지는 것에 대한 상실감, 남겨진 이들에 대한 걱정, 내세에 대한 두려움 등을 꼽을 수 있습니다. 이러한 죽음에 대한 두려움과 공포는 오히려 죽음에 대한 생각을 회피하고 나와 관련이 없는 것으로 부정하게 만듭니다.

하지만 두려움의 대상을 극복해 내는 가장 효과적인 방법은 두려움을 일으키는 대상을 직면하고 받아들이는 것입니다. 죽음 역시 마찬가지입니다. 공황 장애를 극복해 낸 사람들은 공황 장애를 통해 죽음에 대해 생각하게 되었고, 오히려 현재 사는 삶에 긍정적인 의미를 부여하며 살아가게 되었다고 이야기합니다. 죽음에 대한 공포를 긍정적으로 해석해 낸 분들입니다. 죽음을 두려워하기보다는 죽음을 당연한 것으로 받아들이는 순간, 공황 장애가 주는 죽음의 공포를 벗어나 현재의 삶을 즐기고 감사히 여길 수 있다는 중요한 사실을 알려 줍니다.

불쾌하고 고통스러운 신체적 감각에서 벗어나 죽음을 생각해 볼 기회는 인생의 전환점이 될 수 있고 내가 가치 있다고 느끼는 것에 집중하게 도와줍니다. 우리는 평소 죽음에 대해 생각하지 않으며 살아갑니다. 지금 이 순간에도 많은 사람이 죽음을 맞고 있지만 대개의 사람들은 죽음은 나와는 아직 거리가 먼 것으로 여기기 쉽습니다.

하지만 죽음은 항상 나와 가깝게 존재합니다. 흙으로 지어진 사람은 그 숨을 언제든지 하나님이 거둬 가실 수 있고, 우리의 살고 죽음은 오직 하나님 손에 달려 있는 것이기에 죽음을 불안해할 것이 아니라 죽음을 기억하고 살아갈 필요가 있습니다. 죽음을 기억하며 살 때 우리는 현재의 삶을 감사하며 옆에 함께하는 사람을 더 소중히 여기고, 너그러워지고, 중요하고 가치 있는 일을 찾아 힘을 쏟을 수 있습니다. "흙은 여전히 땅으로 돌아가고 영은 그것을 주신 하나님께로 돌아가기 전에 기억하라"(전 12:7).

죽음에 대해 간접적으로나마 경험해 보고 깊이 생각해 보는 것은 그리스도인뿐 아니라 비그리스도인에게도 삶의 의미를 되새길 기회가 되곤 합니다. 동화 《크리스마스 캐럴》의 스크루지 영감은 미래의 자신의 죽음을 본 뒤 깨달음이 있었습니다. 그 후 다른 인격체가 된 듯 다른 삶을 살아가는 모습을 보였습니다. 또한 죽음을 기억하며 살아가는 것은 내세를 믿지 않고 신을 부인하는 사람들을 신앙으로 이끌어 주는 힘으로 작용할 수도 있습니다. 세속적인 가치에서 벗어나 영원한 것에 가치를 두고 소망하게 합니다. "악인은 그의 환난에 엎드러져도 의인은 그의 죽음에도 소망이 있느니라"(잠 14:32).

그리고 가족, 친구, 공동체와 깊은 관계를 맺고 살아가는 것, 서로를 이해하고 사랑하는 관계가 풍성해지는 것은 죽음에 대한 불안을 줄이는 데 도움이 됩니다. 나의 인생의 모습이 다른 사람에 의해서 기억될 때 우리의 육신은 사라지겠지만 삶의 모습은 사람들에게 남겨지고 기억됩니다. 공황 장애를 앓는 가족이나 지인이 있다면 그들이 근원적 외로움, 죽음과 연관된 실존 불안을 강하게 겪고 있다는 것을 이해해야 합니다. 이러한 외로움과 불안은 공동체 속에서 맺어 가는 깊은 관계 속에서 회복될 수 있습니다. 하나님 안에서 진실한 관계는 죽음에 대한 불안을 넘어서게 만들고 실존적인 두려움으로부터 자유롭게 함을 믿습니다.

주변에서 돕는 방법 - 의존이 아닌 의지의 대상이 되기

공황 장애를 겪을 때의 공포감이 굉장히 높기 때문에 환자 주변 사람들은 이를 이해하고 치료를 통해 나아질 수 있다는 믿음과 필요성에 대해서도 받아들여 주는 분위기를 조성해야 합니다. 환자 못지않게 치료 과정에 대해 이해하고, 병이 나아지는 속도가 느리거나 또는 재발되었다 할지라도 격려해 주고, 힘들어하는 환자에게 긍정적이고 침착한 태도를 보여 주는 것이 환자의 호전에 큰 도움이 됩니다.

또한 환자들은 두려움으로 인해 위축되고 의존적으로 행동하기 쉽지만, 환자들이 원하는 일상생활의 모든 것을 대신 해 주어 의존심을 키우기보다는 스스로 할 수 있는 일들은 직접 하도록 격려하고 조금 더 어려운 상황을 직면하여 이겨 내 보는 경험을 반복할 수 있도록 도와야 합니다.

2. 범불안 장애 - "걱정이 너무 많아 힘들어요"

60대 여성 B씨는 다른 사람들이 보기에 별다른 걱정거리가 없는 삶을 사는 듯 보였습니다. 두 아들은 각각 공무원, 경찰관으로 안정적인 직장을 다녔고 가정을 꾸려 잘 살아가고 있었습니다. 가족 중 아픈 사람이 있는 것도 아니고, 삶의 굴곡은 있었지만 현재도, 앞으로도 큰 걱정은 없어 보였습니다. 그럼에도 B씨의 얼굴은 항상 근심이 가득했습니다.

아들들이 직장에서 고충을 겪고 있진 않나, 밥은 잘 챙겨 먹고 다니나, 비가 오면 우산은 가지고 나갔나 걱정했습니다. 맞벌이하는 아들 내외가 손주들을 잘 돌볼지도 걱정스러웠고, 안 좋은 일이 있었다는 이야기를 들으면 걱정이 꼬리에 꼬리를 물었습니다. 뉴스에서 안 좋은 사고를 접하면 나와 가족에게 비슷한 일이 생긴 것처럼 불안해했습니다. 아들에게 안부를 묻기 위해 전화를 자주 했는데 정작 너무 잦은 전화 통화에 아들이 짜증을 내서 B씨는 서운하고 화도 났지만 걱정은 멈출 수 없었습니다. 그러다 보면 B씨는 잠을 푹 자지 못하는 날이 많았고 항상 머리가 아프고 마음이 편치 않았습니다. 자녀들을 위한 기도를 늘 했지만, 그로 인한 마음의 안정은 잠시뿐인 듯했습니다.

불안 장애의 두 번째 질환은 범불안 장애입니다. 범불안 장애라는 이름은 생소하지만, 남녀노소 모두 발생 가능하며 생각보다 꽤 많은 사람에게서 찾아볼 수 있습니다. 다른 불안 장애, 우울증과 자주 동반되며 단독으로 존재하기도 합니다. '범불안'이라는 단어에서 유추할 수 있듯이, 일상생활 전반의 다양한 주제에 걸쳐 과도한 걱정과 불안이 지속되는 경우를 말합니다.

누구나 걱정을 하며 살아가지만, 범불안 장애의 경우에는 다양한 문제에 있어서 걱정이 끊이지 않습니다. '걱정 많은 사람'이라는 성격적 특성으로 여기는 경우가 많아 치료가 필요한 질환으로 생각지 못하고 만성화 경향을 보입니다. 걱정의 주제는 주로 자신과 가족의 안위 등에 관한 것들로, 누구나 걱정해 볼 법한 내용들이지만 범불안 장애의 특징은 이러한 걱정과 염려가 지나치게 많고, 광범위하며, 오래 지속되고, 멈출 수 없다는 점입니다.

범불안 장애가 신체에 미치는 영향

공황 장애가 교감 신경계의 항진으로 인해 급박한 위험에 처한 듯한 신체적 불안, 공포감을 강렬하게 경험한다면, 범불안 장애에서는 몸을 안정화시키는 부교감 신경계가 만성적으로 작동하지 못하는 상황으로 볼 수 있습니다. 그 결과 몸은 항상 긴장되고 예민한 상태이며 짜증이 많아지고 안절부절못합니다. 해결되지 않는 걱정거리에 대해 반복적으로 생각하다 보니 실생활에서 중요한 문제에는 집중이 어렵고, 만성 피로감을 호소하며, 불면으로 이어지기 쉽습니다. 또한 과민성대장증후군과 같은 만성적 위장 장애, 원인이 불명확한 두통, 근육통 및 방광염 등 면역력 저하로 생기는 질환이 발생하기 쉽습니다. 여러 신체적 불편감으로 정신건강의학과보다는 내과, 가정의학과, 정형외과 등 신체 질환에 대한 치료를 많이 받으러 다니는 경우가 많습니다.

걱정의 아이러니 - "걱정을 하면 걱정이 사라질까요?"

걱정이란 불확실한 미래에 대한 가정입니다. 걱정과 염려는 '혹시 ~하면 어쩌지?'로 시작되며 꼬리에 꼬리를 무는 생각, 걱정되는 장면, 상황들을 떠올립니다. 지금 여기(here & now)보다는 상상 속의 부정적 상황에 머물러 있습니다. 물론, 걱정을 해서 미래의 불확실한 상황을 대비할 수도 있지만, 걱정 자체를 중단하기 어려울 정도라면 문제가 될 수 있습니다. 걱정이 끊이지 않는 '걱정 씨'가 등장하는 어린이 동화책이 있습니다. 주인공 '걱정 씨'는 걱정을 없애 주는 마법사를 만나 가진 걱정거리를 모두 해결했지만, 결국 걱정이 없는 것 자체가 걱정거리가 되는 우습지만 안타까운 모습을 보입니다.

걱정이 많은 사람의 경우, 걱정을 하는 것 자체가 미래의 부정적 사건을 막아 줄 것이라는 마술적 생각을 가지기도 합니다. 또한 최악의 상황을 미리 예상하는 것이 실제로 최악의 상황이 생겼을 때의 충격을 줄일 수 있는 방법이라 여기기도 합니다. 이런 식으로 매사에 끊임없이 걱정을 하지만, 대부분 걱정이 실제로 일어나는 경우는 드뭅니다. 그러다 간혹 최악의 상황이 벌어진다면 미리 걱정했기 때문에 충격이 덜할 수 있었다며 안도합니다. 걱정을 하는 행위 자체가 큰 두려움을 줄여 주는 예방접종과 같이 일종의 심리적 적응 기제가 된 셈입니다. 하지만 걱정을 하며 쓴 에너지와 시간을 생각한다면 굉장히 비효율적인 방법이 되고 맙니다.

걱정거리가 없는 사람은 없습니다. 걱정을 많이 오래 한다고 해서 결과가 달라지거나 해결되는 것은 아닙니다. 오히려 몸은 지치고, 현재의 삶에 집중하지 못하게 되고, 내가 진짜로 두려워하는 무엇인가를 회피하는 수단이 되기도 합니다.

범불안 장애가 왜 생기나?

범불안 장애는 일부 유전적 경향성이 있지만 이는 질환 자체보다는 높은 불안 민감도, 불확실성에 대해 견디기 어려움 등의 특성이 전달되는 것으로 이해할 수 있습니다. 범불안 장애가 있는 경우, 최근 환경의 변화 및 업무 변화나 해야 할 일, 요구 사항이 많아졌거나 갈등이 증가된 상황에서 발생할 수 있습니다. 그리고 그들은 갈등 상황에서 비효율적인 처리 방식, 예를 들면 문제 해결과 같은 적극적 대처 방식이 아닌 회피, 타인에게 의존적인 방식으로 일을 처리하는 경향을 보일 수 있습니다. 자신의 능력에 비해 비효율적인 방법으로 일을 진행하거나 자신감의 저하, 자기주장이 어려운 특성 등을 보이기도 합니다.

범불안 장애의 생각 특성 및 결과

범불안 장애에서는 미래에 대한 비관적 생각, 완벽주의, 불확실성을 견디기 어려움, 외부 위험을 과대평가하고 문제 해결에 대한 자신감 부족 등의 인지적 왜곡을 찾아볼 수 있습니다. 매사 부정적 상황을 예측하다 보니 위험 수를 두고 싶지 않아 현실에서는 정작 아무것도 시작하지 못할 때가 많습니다. 결정과 행동을 미루어 꾸물

거리고 새로운 성취를 경험할 기회나 도전을 피합니다. 다른 사람에게 일을 맡기지 못하고 모든 것을 스스로 떠맡아야 마음이 편해지기 때문에 맡은 일이 점차적으로 과도해질 수 있습니다. 거절당하거나 갈등이 생기는 것에 대한 두려움으로 다른 사람들과 관계 맺는 것을 피하게 되거나 의존적 성향을 보이기도 합니다.

범불안 장애의 치료 - "걱정이 줄어들 수 있나요?"

삶에서 걱정거리가 완전히 사라지는 것은 불가능할뿐더러 적당한 걱정은 미래의 대비를 위해 필요합니다. 하지만 지나친 걱정으로 인하여 신체적 불편감이 생기고 걱정을 멈출 수 없을 정도로 통제력이 상실된 상황이라면 치료가 필요합니다. 범불안 장애의 치료 목표는 불면, 초조감, 긴장감 등의 신체적 불편감을 줄이고 걱정에 집중하는 정도를 줄여 걱정을 적당히 하게끔 하는 것입니다.

이를 위해서 약물 치료 및 여러 이완 방법(점진적 근이완법, 호흡법), 바이오피드백, 명상 등을 통해 생리적 각성 수준이 낮아지게 하는데, 신체적 긴장감이 줄어들면 그 자체로 불안의 크기 또한 줄어들 수 있으며, 약물 치료는 과도한 걱정을 줄이는 데 도움이 됩니다. 동시에 걱정을 다루는 방법을 익히고 비합리적 믿음을 교정하는 인지 치료, 실제 벌어질 법한 스트레스 상황에서의 적절한 대처법과 문제 해결 능력을 키워 스트레스를 줄이도록 돕습니다.

걱정을 다루는 방법들

미국의 심리학자가 재미있는 조사 결과를 발표한 적이 있습니다.

사람들이 하는 걱정거리들을 분석해 본 결과, 40%가량은 일어날 가능성이 없는 일, 30%는 이미 일어난 일, 26%는 걱정할 가치가 없는 사소한 걱정이었고, 사람들이 하는 걱정들 중 겨우 4%만이 대처 방안을 찾아야 하는 소위 '해야 할 걱정'이었다고 합니다.

걱정이 끊이지 않는다면 하루 동안 떠오르는 걱정거리를 모두 기록해 보고 해야 할 걱정만을 헤아려 보는 방법이 도움이 됩니다. 또한 걱정이 많은 사람은 걱정의 내용보다는 걱정에 소비하는 시간이 과도한 것이 문제를 일으키는 경우가 많습니다. 이때에는 충분히 걱정에 몰두할 수 있는 걱정 시간을 하루 중 1시간씩 마련해 보는 것도 좋은 방법입니다. 걱정을 안 하려고 애쓸수록 오히려 걱정이 머릿속에서 계속 떠오르기 마련입니다. 시간을 정해 걱정을 충분히 효율적으로 하고 나머지 시간에 떠오르는 걱정은 걱정 시간으로 미루어 둡니다.

이에 더하여 걱정 시간과 기도 시간을 이어 볼 수도 있습니다. 기도는 하나님과 동행함, 친밀감을 느끼며 나의 마음과 생각, 그리고 진정 필요로 하는 것을 들여다보게 합니다. 주의를 기울여 머릿속으로 떠올리고, 손으로 적고, 눈으로 읽고, 입으로 내뱉어 보기도 합니다. 기도 시간을 통해 가지고 있는 문제에 집중하며 새로운 해결책, 지혜를 얻기도 하며, 하나님 앞에 걱정들을 쏟아 내는 과정 속에 우리의 마음은 이완(relaxation)이 되고, 스스로의 통제권을 내려놓고 하나님의 방식을 수용하게 될 수 있습니다. 걱정 목록을 해결해 가시는 하나님의 방식을 바라보며 감사 항목을 적어 보는 것도 도움이 될 수 있습니다. "아무것도 염려하지 말고 다만 모든 일에 기도와 간구로, 너희 구할 것을 감사함으로 하나님께 아뢰라 그리하면 모든 지각에 뛰어난 하나님의 평강이 그리스도 예수 안에서 너희 마음과 생각을 지키시리라"(빌 4:6-7).

불확실성을 견디기 어렵다면?

불확실한 상황을 견디기 어렵다면 일상생활에서 비교적 쉽고 간단한 상황부터 고민하는 시간을 줄이는 연습을 해 봅니다. 장보기, 쇼핑 품목 정하기, 입을 옷 고르기, 선물 고르기 등 고민해 왔던 항목들 중 결과가 큰 영향을 미치지 않는 항목부터 고민하지 않고 결정해 봅니다. 최선의 선택을 하기 위해 고민했던 시간들을 생략하는 것입니다. 그리고 다른 사람에게 나누어 줄 수 있는 간단한 업무나 집안일 등을 분배해 보는 시도를 합니다.

걱정을 줄이고 빨리 선택한 결과가 그리 나쁘지 않을 때가 대부분입니다. 또한 내가 일을 위임한 사람들 역시 내가 기대했던 것보다 일을 잘 처리해 내는 경험들을 반복해 보는 것이 좋습니다. 주변에서도 걱정이 많은 사람들의 실제적인 짐을 덜어 주어 감당하는 무게가 줄어들도록 환경적 변화를 만들어 주는 것이 도움이 됩니다.

범불안 장애를 넘어서서

마태복음 25장에 나오는 예수님의 달란트 비유에는 주인에게 받은 달란트를 땅에 묻어 둔 종의 이야기가 나옵니다. 주인은 종에게 악하고 게으르다고 말했습니다. 아마도 종은 자신에게 주어진 달란트를 잃어버리는 것에 대한 두려움이 컸을 것입니다. 손해를 보지 않을지, 실패하지 않을지, 주인에게 책망받지 않을지에 대한 두려움과 불안으로 아무것도 하지 못했습니다. 불안이 커지면 이 종처럼 아무것도 하지 못한 채 제자리에 얼어붙고 맙니다. 걱정과 불안한 마음이 떠오를 수 있지만 이에 대해 적절히 대처해 나갈 수 있다는 자신과 모든 것을 주관하시는 하나님에 대한 믿음이 부족했습니다.

우리를 지으신 하나님은 각 사람에게 맞는 다양한 달란트를 각각 쥐어 주셨습니다. 그리고 그 달란트를 잘 활용해 내길 기대하십니다. 완벽하고 실수하지 않으려고만 한다면 오히려 힘이 많이 들어갑니다. 걱정해 봤자 어찌할 수 없는 만일의 상황까지 걱정하는 것은 우리의 영역이 아닙니다. 에너지를 소모시키고 정작 힘을 내야 하는 상황에서는 바닥이 나 버립니다. 만약 부정적 미래를 예측하는 습관이 있다면 우리를 지으신 하나님과 능력을 주시는 하나님, 그리고 우리보다 한발 앞서 모든 것을 주관하시는 하나님 아버지를 떠올려 봅니다.

범불안 장애를 가진 사람들은 불확실성을 견디기 어려워하는 편입니다. 이는 스스로 컨트롤할 수 없고 예상하기 힘든 불확실한 상황에서 불안이 높아지고 견디는 힘이 부족함을 의미합니다. 하지만 한 치 앞도 내다볼 수 없는 것이 바로 인생입니다. 나름대로 계획과 준비를 하지만 뜻대로 되지 않거나 예상치 못한 일을 겪는 수가 많습니다. 그러기 위해 더 철저히 준비하고 계획을 세우고, 완벽하게 일을 처리하려 합니다. 하지만 사람의 지혜로 만들어 낸 해결책과 방법은 당장은 그럴듯해 보일 수 있지만 언제든지 내가 의도치 않은 결과를 낳을 수도 있다는 점을 받아들여야 합니다.

모든 것을 주관하시는 하나님께 시선을 고정하는 것이 불안과 걱정, 삶의 위기로부터 복을 이끌어 내는 길이 됩니다. 또한 현재의 고통이 미래의 감사가 될 수도 있는 것이 인생입니다. 완벽함을 기대하고 계획하기보다 현재의 상황에 맞추어 나의 태도와 행동을 정하고 유연하게 대처하는 것이 필요합니다.

"나의 원대로 마시옵고 아버지의 원대로 하옵소서"(막 14:36). 예수님의 기도 속에서 고통스럽고 불안하지만 하나님의 뜻을 수용하시는 그분의 모습을 볼 수 있습니다. 나의 삶의 주권이 하나님께 있음을 인정하고 받아들이는 태도는 오히려 현재의 고통과 불확실한 미래에 대한 불안을 줄이는 데 큰 도움이 됩니다. 모든 것을 합력하여 선을 이루어 내실 하나님을 떠올려 봅니다. 나의 걱정과 어려움이 하나님의 시각에서 해석될 수 있다면 불안은 낮아집니다.

3. 사회 공포증 - 타인의 평가에 대한 두려움, 열등감과 사회 불안

항상 모자를 푹 눌러쓰고 체형보다 한 치수 큰 옷을 입고 다니는 대학생 C양은 중고등학생 시절 친구가 그리 많지 않았습니다. 유일하게 친하다고 믿었던 친구가 뒤에서 자신에 대한 험담을 했다는 이야기를 들은 뒤에는 아무도 자신을 좋아하지 않는다는 믿음을 가지게 되었다고 합니다. 대학교 입학 후에는 다르게 지내 보겠다고 다짐했지만, 사람들이 자신의 옷차림이나 얼굴 표정을 이상하게 생각할 것 같다는 두려움에 대인 관계를 회피하며 지냈습니다. 남들의 시선이 의식되어 수업에 집중하기 힘들었고, 수업 시간에 교수님께 지적받은 뒤로는 휴학하여 집에서만 지내는 시간이 길어졌습니다.

가족과 함께 교회를 출석하긴 하지만, 사람들이 자신을 불편해하는 것 같다고 느껴져 모임에 나가기가 꺼려졌습니다. 혼자 있으면 마음은 오히려 편했지만, 자신의 처지에 대한 비판, 열등감은 점차 높아져 우울해질 때가 많았습니다.

활발하고 사교적인 D군은 매사에 열심인 사람으로 통했습니다. 교회에서도 평판이 좋았고 신앙생활에 있어서도 열심이었습니다. 그러던 어느 날 대표 기도를 하는 도중, 머리가 순간적으로 하얘지고 말이 나오지 않았습니다. 꽤 긴 정적이 흘렀다고 느꼈는데 어떻게 마무리를 하고 내려왔는지 잘 기억이 나지 않았습니다. 예배가 끝난 뒤 친구가 D군에게 무슨 일이 있었는지 묻자, D군은 당혹스러웠습니다. 그 후로는 대표 기도를 하는 순간에 또 같은 일이 일어나면 어쩌나 불안해졌고 가능한 피하고 싶어졌습니다.

사회 공포증(사회불안장애)의 다양한 현상

· 수줍음(shyness) - 사회불안장애(social anxiety disorder) - 회피성인격장애 (avoidant personality disorder)

'사회불안장애'란 사회적 상황에서 과도한 불안을 느끼고 불안을 일으킬 만한 사회적 상황을 피하게 되는 질환입니다. '사회 공포증', '대인 공포증' 등의 이름으로 불리기도 하며, 대개의 경우 '소심하다', '내성적이다', '속을 알 수 없다', '말수가 없다' 등의 모습으로 사람들이 인식하곤 합니다.

이러한 사회불안증상은 꽤나 흔하고, 10대 청소년기부터 시작되는 경우가 많으며, 다른 우울증이나 불안 장애보다 선행하여 시작된다고 알려져 있습니다. 사회불안장애가 드러나는 모습은 C양과 D군처럼 다양할 수 있습니다. 단순히 낯가림이 심하고 수줍음이 많은 사람만을 의미하는 것은 아니며 D군과 같이 외향적으로 보이지만 특정 상황에 국한하여 불안과 두려움이 지나친 경우에도 사회불안장애로 진단받기도 합니다. 또한 C양처럼 대부분의 사회적 상황을 회피하거나 때로는 스스로의 표정, 몸짓, 체취 등이 다른 사람을 불편하게 할 수 있다는 생각을 가진 가해형의 경우도 있으며, 회피적 성향이 고착화되어 회피성인격장애로 진단이 필요해질 수도 있습니다.

사회불안장애에서 불안을 일으킬 만한 사회적 상황이란 낯선 사람과 대화를 하거나 모임에서 이야기하는 등 사회적 관계를 맺는 상황이나, 다른 사람 앞에서 식사하거나 글씨 쓰기 또는 연주, 발표와 같이 타인에게 관찰되거나 일종의 수행(performance)을 하는 상황 등이 있습니다. 사회 불안을 느끼는 사람들은 타인과 대화할 때 눈을 마주치기 힘들다고 느낄 수 있고, 자신의 표정이 굳어지거나 목소리나 손의 떨림, 얼굴이 붉어지는 등의 신체적 불편감을 객관적 상태보다 과장되게 인지하며 걱정하는 경우가 많습니다. 또한 점원에게 말 걸기가 힘든 경우, 전화 사용이나 대중교통 이용이 힘든 경우, 공중 화장실 이용이 어려운 경우 등 일상생활과 밀접한 다양한 상황에서 나타납니다. 어려움을 겪는 대상 역시 일대일 관계 또는 소그룹 모임, 많은 사람 앞에서의 강연 등으로 각기 힘든 상황이 다양할 수 있습니다.

사회 불안의 핵심은 다른 사람에게 부정적 평가를 받을 것에 대한 과도한 두려움으로, 타인에게 좋은 평가를 받고 싶은 기대가 지나치다 보니 불안이 심해지고, 오히려 사회적 상황을 피하게 되고 맙니다. 사회적 상황에서 적당한 긴장감과 불편감은 누구나 경험합니다. 하지만 이러한 불편감을 대개는 가볍게 넘기거나 내가 원하는 바를 위해(예를 들면 주어진 과제를 발표해서 좋은 성과를 얻거나, 마음에 드는 이성에게 말을 걸어 보는 것, 필요한 답을 얻기 위해 질문하는 것 등) 감수하지만, 사회 불안이 높은 경우에는 불안 증상 자체에 집중하는 경향이 있습니다. 부정적인 평가를 받게 될지도 모를 상상만으로 상황에 나서기 전부터 이미 불안을 경험하고 두려움으로 인해 그 문턱을 넘지 못하고 돌아서게 됩니다.

사회불안장애의 원인, 성격적 특징

사회불안장애 역시 여타 불안 장애와 마찬가지로 유전적, 생물학적, 사회심리학적 요인이 복합적으로 작용해 발생합니다. 이 중 새로운 상황에서 위축되는 행동 억제와 수줍음과 같은 성향은 사회 불안과 특히 관련이 있습니다. 또한 어려서 과잉보호나 비판, 통제적인 양육 방식 및 다양한 사람들을 접해 보지 못하며 사회적 상황에 노출이 적은 환경에서 자란 경우도 사회 기술 발달의 저하로 인해 사회불안장애 발병과 연관성이 있습니다. 따돌림, 놀림과 같은 부정적인 사회적 경험 역시 영향을 미칩니다.

성인이 된 이후에도 감당하기 힘들 정도의 큰 업무나 사회적 요구가 갑자기 주어질 때 사회 불안이 높아질 수 있습니다. 지속적으로 사회 불안을 겪는 사람들의 경우에는 다른 사람의 눈치를 과도하게 살피게 되는 타인 지향성이 높은 편이며 낮은 자존감, 완벽주의 성향을 갖고 있을 가능성이 높습니다.

사회불안장애, 치료받아야 하나? 어떠한 치료가 가능한가?

사회 불안 자체는 누구나 느끼는 보편적인 현상입니다. 불안의 순기능이 있듯이 사회 불안 역시 상대방의 반응이나 필요에 민감하게 반응하여 좋은 관계를 맺어 가는 데 도움을 줄 수 있습니다. 하지만 불안이 과도한 두려움으로 발전하여 상황이나 관계를 오히려 회피하게 될 정도라면 치료 또한 고민해 볼 필요가 있습니다.

사회불안장애의 치료는 정상적인 사회 불안 증상을 전부 없애는 것이 아니라(불가능한 과제) 과도한 병적 불안을 줄이는 데 목표를 둡니다. 정신건강의학과에서는 사회 불안 증상을 줄이기 위해 약물치료와 인지행동치료를 병행하게 됩니다.

가장 먼저, 사회 불안은 누구나 있음을 이해해야 합니다. 의외로 많은 수의 사람들, 그리고 방송인, 연설가, 목회자 등 사회적 영향력을 끼치고 남들 앞에 서는 경우가 많은 사람들조차 사회 불안을 느낀다고 고백하곤 합니다. 어느 정도의 긴장감, 입 마름, 두근거림 등의 신체적 불편감은 누구나 느끼는 자연스러운 현상임을 받아들이는 것이 시작입니다. 사회불안장애를 치료받기 원하는 사람들의 경우, 이러한 불편감이 아예 없어져야 하는 것이라고 오해하는 경우가 많습니다.

그러고 나서 사회 불안을 더욱 악화시키는 요인들을 찾아봅니다. 비합리적 믿음(인지 왜곡)이 작용할 수 있는데, '나를 바보라고 생각할 거야', '저 사람은 나를 싫어할 거야'와 같은 상대방의 판단을 미리 결정해 버리는 독심술, '나는 잘해 낼 수 없어', '내가 뚱뚱해서 쳐다 보는 거야'와 같은 자신에 대한 부정적 평가, '당당하고 자신감 있어 야 해', '상대방에게 좋은 인상을 남겨야 해'와 같은 모호하고 달성하 기 어려운 자기 기준 설정 등이 있습니다.

사회 불안을 느끼는 순간, 자동적으로 떠오르는 부정적인 생각 패턴을 확인해 봅니다. 이외에도 치료자와 역할 연기를 해 보거나 비슷한 어려움을 겪는 사람들과 함께 소그룹 치료를 하기도 하고, 비디오 촬영을 하며 자기 모습을 객관화시켜 관찰해 보기도 하는 등 여러 치료 기법이 병행될 수 있습니다.

역설지향기법 - 불안을 드러내기

사회 불안이 심할수록 '다른 사람 앞에서 떨면 안 된다', '긴장하면 안 된다', '완벽해야 해' 등 자신이 원하는 이상적 이미지를 머릿속에 그려 놓고 무던히 노력하는 경우가 많습니다. 하지만 인위적 노력 은 오히려 긴장감을 더욱 악화시키게 됩니다. 겉으로 드러나는 모 습에 신경 쓰다 보면 정작 본질을 놓치는 경우가 생깁니다. 발표자 의 경우, 발표할 때 자신감 있는 태도나 목소리보다 발표 내용이 더 중요한 것처럼 본질에 주의를 기울여야 합니다.

치료 과정에서는 감추고 싶은 모습, 예를 들어 목소리나 손의 떨 림, 얼굴 붉어짐, 식은땀 등의 신체 불안 증상을 오히려 드러내 보려

하는 역설지향기법이 적용되기도 합니다. 왜냐하면 불안을 없애려 하기보다는 불안을 있는 그대로 받아들이고 인정할 때 신체적 긴장감과 불안 증상이 줄어든다는 원리를 이해하고 실제 경험을 통해 체득할 수 있기 때문입니다.

수줍음 인정하기

외향적이고 활발한 성격이 좋은 성격이라는 사회적 분위기 속에서 수줍음을 느끼는 사람들은 위축되기 쉽습니다. 그런데 내향적이고 사교적이지 못한 성격을 고민하는 분들이 의외로 많습니다. 그들에게 수줍음의 장점을 묻는다면 전혀 찾지 못하거나, 오히려 극복하고 고쳐야 할 단점으로 여기는 편입니다. 사회 불안이 높은 부모일수록 자녀의 수줍음이나 소심한 모습 등을 보고 자신감이 부족한 것 같다며 더 크게 걱정하기도 합니다. 하지만 반대로, 외향적인 이들은 오히려 조용하고 차분한 성향이 부럽다고 말하는 경우가 많습니다.

오래전부터 동양 문화권에서는 과묵하고 예의 바르고 조심스럽고 신중한 사람을 이상적인 사람으로 여겨 왔습니다. 우리나라 역시 아직까지도 그러한 면이 남아 있습니다. 서양 문화권은 외향적이고 어디서든 자기주장, 이야기를 잘하는 사람이 능력 있는 사람이라 인정받는 분위기입니다. 하지만 서양 문화권에서도 대부분의 사람들이 사회 불안을 경험하며, 사회불안장애로 고통을 받는 사람들 역시 다수 존재합니다. 이는 문화를 떠나 타고난 성향의 차이일 뿐입니다.

즉 병적인 불안, 지나치고 과도한 불안을 줄이는 정도가 아닌 다른 성향의 사람이 되고자 하는 것은 부자연스러운 일이며 일시적으로는 가능할지 모르나 지속되기 어렵습니다. 수줍음이 많거나 내향적이거나 조심성이 많은 사람들의 경우, 이를 극복해야 할 단점으로 여기기보다 스스로를 이해하고 받아들이는 편이 현실적입니다. 나의 기질과 성향을 이해하고, 장점을 개발하고, 상황에 맞게 적응해 가는 것이 필요합니다.

수줍음이 동양 문화권에서 어느 정도 받아들여진다는 것을 넘어서서, 수줍음은 여러 장점을 가지고 있습니다. 수줍음을 우유부단, 매력 없는 모습과 동일시하는 것은 개인의 주관적 평가가 더해진 것이지 객관적 사실은 아닐 가능성이 높습니다. 오히려 수줍음을 가진 사람은 사려 깊고 신중한 사람으로 보입니다. 말수가 적은 사람들의 말에는 더 무게가 실리고 진실성이 가미되는 경우가 많습니다. 주변 환경에 민감하고 예민한 반응을 보이기 때문에 주변을 살피고 다른 사람들의 마음을 공감하는 능력이 뛰어난 특성을 가집니다. 말이 없고 속을 알 수 없는 사람인 것이 아니라, 생각이 많고 조심스럽거나 주변 상황에 반하지 않고 순종적이기 때문일 수 있습니다. 주변 상황을 주의 깊게 파악하고 다른 사람의 마음에 상처 주지 않으려 탐색하는 경향을 보이기도 합니다. 다른 사람들의 이야기를 충분히 사려 깊게 듣는 편이라 이해와 상황에 대한 판단이 더 뛰어납니다.

대개 내향성의 기질을 가진 사람들이 수줍음을 느끼는 경우가 많은데, 내향성의 사람들은 주변 사람들에게 공감을 잘하고 부드러움으로 사람들을 이끌어 나가는 지도력을 발휘하기도 합니다. 혼자 있는 시간에 집중과 몰입하는 힘을 발휘할 수 있습니다. 이는 외적인 상호작용보다 내적인 정신 작용에 더 가치를 두고 집중하게 합니다.

이러한 기질적 성향을 잘 발휘한 여러 인물들은 현 시대에도 찾아볼 수 있으며, 성경 속에서도 물론 여럿 찾아볼 수 있습니다. 모세는 소심하고 우유부단한 사람, 사람들 앞에서 말을 더듬고 자신감 없는 사회 불안이 높은 사람이었지만, 사려 깊은 지도력을 발휘하고 주변 사람들을 단합시켜 출애굽을 이끌어 낸 지도자가 되었습니다. 디모데는 소극적이고 내성적인 사람이었지만, 진실하고 성실한 성품으로 바울을 도왔고 바울과 깊은 교제를 끊임없이 유지했습니다. 또한 교회의 어려움들을 주의 깊게 파악하고 해결해 내는 온유한 리더십을 발휘한 사람이었습니다.

사회불안장애를 넘어서서 - 타인의 눈이 아닌 하나님의 시각으로 보기

저 역시 어려서부터 사회 불안이 높던 사람입니다. 다른 사람들에게 긴장된 모습을 보이지 않으려 했고, 실망을 주거나 이기적인 사람으로 보이기 싫어 거절을 힘들어했습니다. 사회 불안과 타인의 평가에 민감했던 스스로에 대한 이해를 통해 나아져 간다고 여기지만, 여전히 때에 따라 악화되기도 합니다.

하지만 과거 사회 불안에 대한 이해가 부족했을 때에도 하나님 앞에 서서 기도하던 순간만큼은 이러한 생각들로부터 자유로워짐을 충만하게 느꼈던 경험이 떠오릅니다. 스스로의 감정과 생각에 집중하고 다른 사람들의 평가나 시선으로부터 자유로울 수 있다는 것 자체가 평안을 주기에 충분했던 것 같습니다. 하나님 앞에서는 어떠한 꾸밈도 굳이 필요하지 않기 때문입니다. 모습을 꾸미거나 감추는 것 자체가 불가능한 자리이기 때문입니다. 하나님 앞에서 자유로워지고 솔직해지는 경험, 있는 그대로 받아들여지는 경험은 우리가 사회적 관계에서도 두려움을 줄이고 스스로를 있는 그대로 표현해 내는 데 큰 도움이 되리라 생각합니다.

　주변 사람들과 비교를 통한 자기 비하와 열등감, 또는 우월감은 자존감을 무너뜨리곤 합니다. 더군다나 하나님 앞에서는 의미 없는 비교일 뿐입니다. 우리의 정체성은 피조물이자 죄인, 그리고 그리스도인입니다. 그리스도인에게 있어 자존감은 복음을 기억함으로써 회복될 수 있습니다. 죄인으로서 하나님 앞에서 의롭다 하심을 값없이 얻은 복음의 은혜를 기억함만으로도 우리의 열등감은 지극히 인간적인 생각이었음을 깨닫게 됩니다. 죄인임에도 불구하고 하나님의 은혜와 사랑으로 거듭났다는 사실을 떠올릴 때 우리의 자존감을 하나님이 회복시켜 주십니다. 인간적 기준으로는 외모, 학벌, 재력 등 노력만으로 채울 수 없는 수많은 기준으로 사람을 판단하게 됩니다. 열등감에 빠질 수밖에 없는 기준으로 스스로를 판단한다는 것은 비극적인 일입니다. 하나님의 관점에서 줌 아웃(Zoom out) 모드로 우리의 인생을 멀리서, 높은 곳에서 내려다보듯 스스로를 관망해 봅니다.

　사회 불안을 겪는 사람들에게 교회 모임이나 활동과 같은 신앙적 모임을 활용하는 것을 권하는 편입니다. 모임에 처음 참여하는 사람들에게는 비교적 사람들이 먼저 다가와 주며 부드러운 분위기로 관계가 시작될 가능성이 높습니다. 관대하고 너그러운 분위기 속에서 관계를 시작할 수 있어 긴장감이 줄어들고 긍정적인 피드백을 받을 가능성도 높습니다. 특히나 신앙 공동체는 서로의 약한 모습을 이해하고 지지하며 격려하고자 모인 공동체입니다. 약함이 결국 강함이 됨을 경험하는 모임입니다.

또한 나의 어려움을 고백하고 도움을 받을 수 있는 멘토나 선배가 있다면 더욱 좋습니다. 이들은 분명 용기와 지지를 줄 것이고, 현실적 도움과 조언 또한 줄 것입니다. 나의 어려움을 고백한다는 것 자체가 이미 솔직한 모습을 드러낸 것이기 때문에 불필요한 긴장감, 아닌 체하려는 인위적 노력을 하지 않아도 되기에 충분히 성공적이라 할 수 있습니다. 하나님과의 교제, 일대일 양육 관계 및 멘토와의 관계, 교회 공동체에서 자유로움을 느끼고 불안이 낮아진 경험들, 영적인 힘은 우리의 용기를 더욱 배가시켜 줄 것입니다.

◯ 정신과적 이해와 성경적 이해의 통합

✎ 역기능적 불안이 왜 생기게 되었나?

불안 장애는 유전적, 환경적, 스트레스 상황 등의 복합적 요인으로 발생 가능하며, 한 가지 원인을 명확히 꼽기는 어렵습니다. 각 사람에게서 나타나는 현상은 복잡합니다. 한 사람의 탄생, 생물학적 특성, 기질, 성장 배경, 삶의 모습을 단순하게 설명하기 어렵고 상호작용을 끊임없이 주고받기 때문입니다.

유전적으로 불안에 취약한 개인적 특성이 있습니다. '불안 민감도(anxiety sensitivity)가 높다'고 표현되기도 하는데, 이는 다른 사람들에 비해 불안 자체를 견디기 어려워하는 특성을 말합니다. 또한 성장 과정에서 부모가 유독 불안이 높았거나 불안을 느낄 만한 환경에 노출이 잦았던 경우 역시 불안에 취약해질 수 있습니다. 즉 유전적, 환경적 영향이 서로 얽혀 있습니다. 개인적 취약성에 더하여 과거, 현재 진행 중인 스트레스 사건들이 복합적으로 불안 장애의 발생 요인이 됩니다.

하지만 인간의 불안이 이로써 전부 설명되지는 않습니다. 어찌 보면 인간은 태어날 때부터 불안할 수밖에 없는 존재입니다. 실존주의적 관점에서 바라보면 인간은 죽음에서 자유로울 수 없고 유한한 존재이기 때문에 불안할 수밖에 없다고 이야기합니다. 또한 인간은 스스로 완전할 수 없고 홀로 살아갈 수 없는 존재이기에 불안할 수밖에 없습니다.

에덴동산에서 쫓겨난 이후 인간은 하나님과의 관계에서 끊어지는 벌을 받게 되었습니다. 일용할 양식을 하나님으로부터 공급받아야 하는데 하나님을 떠난 인간은 스스로 자신의 필요를 채워야 했습니다. 하나님과 끊어진 인간은 내가 왜 살아가야 하는지, 삶의 목적을 상실해 버렸습니다. '나는 어떠한 존재이며 나의 근원은 어디인가?'에 대해 수많은 철학자가 고민해 왔지만 명쾌한 답은 없습니다.

창조주를 떠난 인간은 스스로 신이 되어 자신을 지키고자 합니다. 그러다 보면 스스로 완벽해져야 하는 일종의 '머스트(must)병'에 걸리기도 하고, 주위 상황을 항상 불신하는 '의심병'에 걸리기도 합니다. 모든 경우의 수를 따져 보고 조금이라도 손해 보는 상황을 만들지 않기 위해 노력합니다. 원하는 대로 상황이 돌아가지 않으면 불안해집니다. 다른 사람들이 정해 놓은 사회적 기준에 맞지 않으면 내 길이 잘못된 길은 아닌가 불안해집니다. 인간적 기준에 나를 맞추다 보면 항상 뭔가 부족해 보일 뿐입니다.

창세기에서 가인이 성을 쌓고 그의 아들의 이름을 따 에녹성이라 지은 장면이 나오는데(창 4:17), 하나님을 떠난 인간이 스스로를 지키기 위한 행동으로 볼 수 있습니다. 하나님과의 관계가 단절된 것, 하나님과 연합되지 못한 상태가 큰 범주에서는 죄인 동시에 우리가 불안을 느끼는 이유라 볼 수 있습니다. 하나님과 온전히 연합한 인간은 스스로를 지켜야 하는 불안으로부터 멀어질 수 있습니다.

하나님을 떠난 인간은 불안해집니다. 나란 존재가 어디서 와서 어디로 흘러가는지 모릅니다. 사람들은 불안하지 않으려고 미래의 위험을 대비하고, 돈을 모으고, 때로는 미래보다는 현재의 쾌락에 초점을 맞추어 당장을 즐기는 삶에만 몰두하기도 합니다. 창조주 하나님을 떠나 스스로 불완전한 존재인 인간은 창조주 하나님 대신에 다른 우상을 찾게 됩니다. 돈, 권력, 명예, 외모, 스펙, 술, 마약까지…. 하지만 어떠한 것도 우리를 온전히 채울 수 없습니다.

하나님의 주권을 인정하고 나 자신이 흙으로부터 만들어진 피조물임을 받아들이는 것이 은혜가 됩니다. 세상 모든 것이 나의 뜻대로 흘러가고 내가 컨트롤할 수 있는 것이 아님을 깨닫고 내려놓는 마음가짐이 필요합니다. 그리고 나의 뿌리가 흔들리지 않으시고 영원하시며 전지전능하신 하나님이심을 받아들이면 하나님의 은혜에 온전히 붙들려 있게 됩니다. 내가 불안을 겪고 있는 중에도, 내가 고통을 당하는 중에도 하나님이 항상 함께하시며, 하나님의 계획 속에서 세상이 흘러가고 있음을 기억한다면 불안을 두려워하지 않게 됩니다.

불안 장애를 겪는 사람들을 위한 조언

1. 불안을 이해해야 합니다.

불안한 마음을 억누르고 회피하는 것이 아니라 불안의 정체를 있는 그대로 살펴보는 것이 도움이 됩니다. '왜 불안한가? 지금 어떠한 상황인가? 상황 그대로를 바라보는 것이 아니라 역기능적 사고와 부정적 관점이 상황을 왜곡하여 해석하는 것은 아닌가?'

정신과 의사들은 불안해하는 사람들과 함께 상황을 객관적으로 바라보고 정리하고 대처할 수 있도록 돕는 역할을 합니다. 문제를 직접 해결해 준다기보다 문제를 함께 들여다볼 수 있게끔 합니다. 불안이란 감정은 매우 강렬해서 때로는 이성적 판단을 마비시킬 수도 있기 때문에 판단이 어려울 수 있습니다. 병적 불안을 걷어 내고 이해하며 두려움을 직면하여 해결해 나가는 힘을 기르도록 돕습니다.

2. 불안을 수용해야 합니다.

불안을 이해하기 위해서는 어느 정도 거리를 두고 관망하듯 자신의 생각과 감정을 바라볼 수 있는 힘이 생겨야 합니다. 그래야 불안에 휩쓸려 동요되지 않습니다. 불안이 찾아온다면, 내 마음 공간을 불안이 모두 잠식하는 것이 아닌, 불안한 마음이 차지하는 공간을 일부 내어준다고 상상해 봅니다. 잠시 왔다 가는 불편한 대상으로 여기며 거리를 두고 봅니다. 결국 불안은 언제든 다시 찾아올 수 있다는 점을 받아들이고 설사 불안해진다 해도 '괜찮다. 다시 사라지기 마련이고 적절히 대응할 수 있다'라는 관점으로 바꾸는 것이 목표입니다. 불안은 가끔씩 우리 인생에 찾아올 수밖에 없는 존재이고, 위기 상황을 알려 주며, 변화의 기회가 될 수 있는 신호 역할을 합니다.

3. 적절한 약물 치료를 받아야 합니다.

불안 장애로 진단이 필요한 정도인 경우, 약물 치료가 효과적이고 빠른 도움이 됩니다. 감정과 생각을 약물로 치료한다는 것에 대해 거부감을 가지는 사람들도 있지만 약물 치료는 효과가 입증된 분명하고 안전한 치료법입니다. 특히나 신체 불안 반응을 빠르게 호전시키는 데 도움이 됩니다. 공황 장애와 같은 질환은 불안 반응 자체가 학습되어 불안이 더욱 악화되는 경향이 있기 때문에 초기의 적절한 약물 치료가 증상의 악화를 막는 데 중요합니다.

인위적(?)으로 몸을 편안하게 만든다는 것에 거부감을 가지는 경우도 있으나 몸의 회복 또한 심신의 건강을 찾아가는 데 매우 필수적인 조건입니다. 하나님은 다양한 통로를 통하여 우리에게 계시하시며 회복시키신다는 사실을 기억해야 합니다.

4. 혼자가 아닙니다. 도움을 줄 사람을 찾아보아야 합니다.

주변에서 도움을 줄 수 있는 사람들을 찾아봅니다. 가족들이나 친구들뿐 아니라 소그룹 모임이나 멘토, 지지 그룹, 전문가 그룹 등 어디서든 도움을 받고자 하면 도와줄 수 있는 사람들을 만날 수 있습니다. 그들은 모두 하나님이 각 개인을 위하여 준비하시고 사용하시고 힘을 주시는 사람들임을 기억합니다.

5. 성장의 계기가 될 수 있는 은혜를 구해야 합니다.

질병, 경제적 어려움, 해결이 안 될 것 같은 가족 문제 등 내가 어찌할 수 없어 보이는 문제들로 힘든 상황을 겪어 나가는 분들도 많습니다. 그런데 이때야말로 하나님의 은혜가 필요합니다. 하나님과의 연결선 안에서 상황을 해석하는 것은 하나님의 은혜를 직접적으로 경험하는 소중한 시간이 될 수 있습니다.

불안 장애의 치료 과정을 통해서도 마찬가지입니다. 질환을 겪고 회복되어 가는 과정에서 하나님과 가까워지는 영적 성장의 기회가 될 수 있습니다. 불안을 느낄 때는 외롭고 혼자인 듯한 느낌을 받곤 합니다. 하지만 그 자리에서 하나님의 음성에 더 민감하게 반응할 수 있기도 합니다. 고난과 질환조차도 하나님을 더욱 깊이 알아 가는 성장의 시간이 되기도 합니다. 다른 이들의 아픔을 이해하고 더 도울 수 있는 사람이 되기도 합니다. 불안 장애를 겪고 있는 중에도 하나님의 은혜에 붙들려 있음을 떠올려 봅니다. 불안 장애를 이겨 내는 과정에서, 그 후에 누리는 삶에서까지 하나님의 유익을 더욱 풍성하게 누리는 시간으로 작용되길 소망합니다.

기도

우리를 눈동자처럼 붙들고 지키시는 하나님 아버지, 우리 스스로 모든 것을 계획하여 인생을 살아가듯 보이지만, 이 모든 것은 하나님이 예비하시고 관여하시어 만들어 가심을 인정합니다. 그럼에도 여러 상황들이 우리를 불안하게 만들고, 때로는 두려움을 느끼게 될 때가 많습니다. 그때 우리가 혼자가 아님을 기억하게 하시고, 주변의 돕는 이들을 둘러보게 하시고, 우리를 만들고 계획하신 하나님의 섭리를 떠올리게 되길 원합니다. 내가 하나님 안에 속해 있는 자임을 기억하게 하소서. 감당치 못할 불안과 고통을 주님께 내려놓을 수 있는 지혜와 쉼을 허락하여 주시길 기도합니다. 인생의 뜻하지 않은 어려움 속에서도 이 모든 것이 하나님의 주관하심 속에서 흘러가고 있음을 깨닫게 하시고 그 속에서 하나님을 더욱 찾는 은혜를 누리길 원합니다. 불안을 잠잠하게 하시고 이를 들여다볼 힘을 갖게 하소서. 어디로 눈을 향하고 나아가야 할지 알게 하소서. 연약함을 들어 높이 쓰실 하나님이심을 찬양하며 의지합니다. 예수 그리스도의 이름으로 기도드립니다. 아멘.

꼭 적용해 주세요

○ 건강하고 규칙적인 생활 습관을 유지해 주세요.

○ 호전과 악화에 일희일비하지 말고 유연한 마음가짐을 가지세요.

○ 전문가의 도움, 약물 치료를 받는 것에 대해 긍정적 태도를 보여 주세요.

○ 일관되게 지지해 줄 친밀한 공동체 그룹을 형성해 주세요.

○ 불안으로 인해 내가 놓치고 있는 것이 무엇인지, 현재 내가 집중해야 할 것이 무엇인지 상기해 보세요.

○ 나를 이해해 줄 사람이 없다고 낙담하지 마세요. 가장 큰 힘이신 하나님을 기억하세요.

이렇게 하지 말아 주세요

○ 나아지지 않는다 해서 환자의 믿음이나 의지를 탓하지 말아 주세요.

○ 증상에 대해 가볍게 여기지 말아 주세요.

○ 두려움을 일으킬 만한 환경에 노출되지 않도록 주의해 주세요.

○ 모든 불편감을 해소시켜 주어 자립심이 없어지지 않도록 주의해 주세요.

○ 불안해질 것을 두려워하지 마세요. 왔다가 떠나갈 손님처럼 생각하세요.

○ 갈등이 생기는 것, 안 좋은 결과를 예상해서 도전을 피하지 마세요.

6장

신체적 통증과
마음의 고통을
나눌 수 있을까?

_ 이상수

생애 첫 교통사고, 왜 하필 나에게

2014년 11월 대학원 박사 과정 수업을 들으러 경상남도 진주로 가는 길이었다. 마침 경상대학교병원에 지인이 입원했다는 소식을 들어서 수업 듣기 전에 잠깐 짬을 내서 병문안도 해 볼 생각이었다. 진주 IC에서 나와 신호를 기다리고 있는데, 뒤에서 트럭 한 대가 속도를 줄이지 않고 달려오는 것이 아닌가. '어어! 안 되는데!' "꽝!" 폭탄 터지는 굉음과 함께 생애 첫 교통사고는 그렇게 정신없이 나에게 왔다.

'이게 무슨 일인가?' 질주하던 트럭의 가속력으로 인해 후방 추돌을 당한 정지 상태의 내 차가 붕 날아가듯 앞 차를 들이받고, 뒤로 튕겨져 나가고, 다시 트럭을 뒤에서 받고, 또다시 앞 차를 들이받은 샌드위치 연쇄 추돌 사고였다. 정신없던 그 순간에 '왜 하필 나에게 이런 일이 일어났는가?' 그런 생각이 들었던 것 같다. '이럴 때는 어떡하나?'란 두려움과 함께.

퇴근길과 맞물려 도로는 부서진 차체의 잔해들로 그야말로 아수

라장이 되었고, 구급차와 경찰차의 사이렌 소리에 순간, '이게 뭐지? 이 순간에 어떻게 해야 하나?'란 생각뿐이었다. 사고 접수를 하고, 집과 대학원 지도교수님께도 전화를 드리면서 '아, 이게 무슨 민폐란 말인가!'란 생각도 들었던 것 같다.

두통과 구토가 나서 방문한 응급실에서 뇌 CT를 찍고 큰 이상이 없는 것을 확인했지만, 온몸이 긴장된 느낌은 급성 염좌라서 그냥 쉽게 나을 줄 알았다. 워낙 건강에 자신이 있었고 운동도 열심히 했기에 병원에서 시키는 대로만 하면 빨리 회복할 줄 알았다. 하지만 그 이후로부터 만성 통증 환자로, 노곤한 기분이 드는 근이완제와 속 쓰린 진통제를 먹어 가며 통증을 견디는 삶을 살아야 했다.

◯ 만성 통증 환자로서 뼛속 깊이 경험한 통증

뭐라도 해야 하겠기에 퇴근 후 달려간 정형외과에서는 물리치료실을 갔다 오는 것이 치료의 끝이었다. 그때의 느낌은 응급 환자로 죽음의 문턱에서 사투를 벌이는 환자들 중에서 나는 그저 단순 열감기 환자로 치부되는 심정이었다. '괜찮겠지. 그래, 살아남은 것만도 다행으로 생각하자. 계속 빠지지 않고 치료받으면 낫겠지.' 그렇게 다독이면 될 줄 알았다.

물리치료실에선 뒷목도 아프고, 어깻죽지와 날개 뼈 사이, 허리도 아픈데 딱 한 군데만 치료받을 수 있다고 했다. 왜 그러냐고 하니까, 보험 때문에 한 부위만 할 수 있으니 빨리 결정하라고 재촉했다. 울며 겨자 먹기식으로 '오늘은 어디를 치료받아야 하나?' 고민하는 일상이 반복됨에도, 여전히 통증은 내 삶을 침범하며 나아지지 않고 있었다. '아파도 많이 아프면 안 되는구나'라는 생각에 서럽게 느껴졌다.

솔직히 말해서 교통사고를 당하기 전에는 그저 통증은 내 일이 아니라고 생각했다. 어려서부터 육상 선수를 하며 다져진 체력에다 아침에 2시간씩 걷기 운동을 하던 시절이었기에 나와 무관한 것으로 여긴 것이다. 가끔 신체에 여러 부위의 통증을 호소하면서 많이 힘들다고 하던 환자들은 약을 먹으면 충분히 해결된다고 생각했다. 그나마 통증에 괜찮다는 약물을 바꿔 가면서 처방을 해도 별로 신통치 않은 경과를 보이는 환자들을 보면 '뭔가 숨겨져 있는 동반 질환이 있는 것은 아닐까?'라는 생각이 들 정도로 통증 환자는 잘 이해되지 않는 환자들 축에 들었다. 하지만 내가 아파 보니 지난날 통증 환자를 대했던 경험은 비공감과 무지의 소치였다. 부끄러웠다.

일상을 회복하기 위해서 빨리 나아야 된다는 촉박감이 있어서 열심히 치료를 받았지만 통증은 여전히 줄어들지 않고 있었다. 원치 않게 찾아온 통증 환자 경험은 좌절과 절망감, 우울, 불안, 무력감을 느끼기에 충분했다. '그분들도 그랬겠지. 지금의 나처럼.'

통증을 호소했던 환자들의 말에 진정으로 귀 기울이지 못한 것이 한없이 부끄럽기만 했다. 때로는 '뭐 그 정도로 아프진 않을 텐데'라고 건성건성 흘려보냈던 내 모습에 반성도 되었고, 의사로서 어쩌면 교만했던 나에게 회개하라고 고통을 주신 것일 수도 있겠다는 생각에, 이제는 참회하는 심정으로 살아갈 테니 제발 이 고통에서 벗어나게 해 주시길 기도했다.

그 무렵 교통사고를 당해서 하루아침에 아무것도 못하게 되었다는 무기력한 환자들을 진료실에서 볼 때 동병상련의 느낌이 들었다. 전보다 면담에 임하는 자세에 변화가 생긴 것 같았다. '그래, 이런 환자들이 어쩌면 제일 소외되고 이해받지 못하는 환자들일 수 있겠다'는 생각에, '내가 받은 고통도 내가 알지 못하는 숨겨진 의미가 있는 것이 아닐까?'라고 느꼈다.

의자에 장시간 앉아 있지 못할 정도로 통증은 여전히 내 삶을 방해했지만, 그럴 때일지라도 환자들에게 따뜻한 말을 건네는 순간만큼은 통증이 덜하게 느껴지기도 했다. 통증이 사라지지는 않지만 줄어들거나 작게 느껴지니까 조금은 견딜 수 있을 것 같아서 그것이 위로가 되었다.

통증에 대해서 아무것도 하지 않고 지냈던 것은 아니다. 나름대로 적극적으로 통증에서 벗어날 방법을 찾으려고 노력했다. 안구운동재처리요법인 EMDR을 통해서 급성기 통증을 완화하는 것이 도움이 될까 싶어 나름대로 셀프 EMDR을 잠도 오지 않는 교통사고를 당한 다음 날부터 시행했다. 운전대를 잡으면 룸미러를 통해서 혹시나 나를 덮치는 차량이 없을까 여전히 확인하게 되는 트라우마는 몸에 그렇게 상흔을 남긴 것 같았다. 그나마 그거라도 했으니까 다행이다 싶었다.

급성기 통증은 뒷목 통증, 목덜미와 어깻죽지 통증, 그리고 다리까지 저리는 허리 통증을 느끼게 했고, 온몸에 불이 나는 것 같은 감각신경성 통증 등 통증의 다양한 감각을 체험하게 했다. 그것은 불쾌한 감각 경험이었고, 뭔가 유해한 자극이 내 몸을 망가뜨리고 있다는 불안감과 위협감이 들게 했다.

그런 통증을 빨리 없애야 한다는 마음으로 뭐라도 도움이 될까 싶어 병원에서 오라는 계획대로 시간을 내어 물리치료를 받는 일정을 충실히 따랐다. 그런데도 여전히 아팠지만, 전보다 조금 나아질 수 있다는 작은 희망을 품고 살기 시작했다. 어느 정도 통증을 조절한다는 기대는 포기한 채로 그저 순응하면서 말이다. 안 아픈 것이 당연한 것이 아니었다는 생각에 마음을 다잡고, 통증 환자들에게 나의 이야기를 용기 있게 건네 보기도 했다.

너무 자주 오면 보험공단에서 삭감이 된다는 말을 들으니 병원을 가는 것도 때로는 눈치가 보였다. '나 같은 교통사고 환자는 환영받지 못하는구나. 어쩌다 내 신세가 이렇게 처량하게 되었을까? 나는 분명 교통사고 이전에는 있지도 않았던 통증 때문에 전에는 가지도 않았던 병원을 제 발로 들락거리는 겉으론 멀쩡해 보이는 어느 나이롱 환자겠지.'

이틀이나 사흘에 한 번꼴로 병원을 가는 일정을 생략하면 어김없이 통증은 원래의 통증으로 되돌아가려는 성질을 보이곤 했다. 처량했지만, 그러려니 받아들일 수밖에 없었다. 억울한 심정도 들기는 했지만, 트럭 운전 기사는 사고를 내자마자 나에게 미안하다고 했던 터였다. 그분도 생업에 쫓겨 졸음운전으로 자신을 돌보지 못했던 처지라 아마 자책하면서 시간을 보냈을지도 모른다고 생각했다. "힘들지만 그래도 잘 견디면서 살려고 한다"는 말을 전하려 전화를 걸어 보았지만 막상 받지 않는 전화에 복잡한 감정이 들었다.

그때 왜 그랬는지 모르겠다. 아마 그분 입장에서 내게 걸려온 전화가 두렵고 불쾌한 경험일 수 있었겠지만, 당시의 심경을 돌아보면 통증의 조절 정도에 따라 감정의 기복도 꽤 있었던 것 같다.

당시 내가 근무했던 병원의 원장님은 후방 충돌 교통사고로 사지가 마비된 경우도 본 적 있다고 하시면서 그나마 천만다행이라고 나를 위로해 주셨다. 그 얘기를 들으니 그렇게 되지 않고 살아남은 것에 감사하며 남은 삶을 견디며 살아가자며 다짐했다. '가치 있는 삶이란 무엇인가? 내가 만난 이 고통은 무엇인가? 내게 주어진 통증을 받아들이며 견뎌 내며 살아가는 삶이어야 한다'는 생각과 함께 '하나님은 왜 나에게 이런 시련을 주셨을까?'를 생각하게 되었다. 내가 자초한 것은 아니지만, 인생은 원래 어쩔 수 없이 이런 일들이 생길 수밖에 없음을 그저 묵묵히 받아 내야 했다.

어쨌든 삶이 무력해지고, 약발도 듣지 않고, 속도 쓰린 상태로 지내다가 나를 진료했던 의사를 연말 지역 의사회 송년회장에서 잠시 보았다. 그때까지도 통증 진료에서 의사는 수술할지 아니면 약물이나 물리치료를 처방하는 역할을 하고, 중간에 있는 환자들은 물리치료실이나 도수치료실을 전전하며 다니는 것 같았다. 통증 조절에 있어 의사의 역할은 거의 없고, 통증을 감당하는 것은 오롯이 어쩔 수 없는 환자의 몫이라고 말해 주는 것 같았다.

치료를 성실히 받고 있었지만, '왜 나는 여전히 아파하는가? 내 몸은 언제 나을 것인가?'를 고민했고, 한편으론 '최선의 치료는 무엇일까?' 고민하게 하는 지점은 있었다. 다만 그 무렵 통증은 그렇게 개인적인 무늬와 삶의 파장에 약간의 의미를 남기며 개인화된다고 느졌다. '아픈 만큼 성숙해지는가? 안 되는 것을 받아들이라는 뜻일까? 고난도 그렇게 의미가 있겠다'는 마음으로 버텼던 것 같다. 일상을 회복하기 위해서 통증이 없어져야만 한다는 것보다 통증이 없어지지 않아도, 다 낫지 않아도 일상을 회복하는 것이 더 중요하겠다는 생각이 들었던 것 같다.

◕ 어쩌다 통증을 보는 의사로 살다 보니

그러던 어느 날 서울에서 통증 진료를 하시는 정신과 박희관 선생님의 진료실에 참관할 기회를 얻었다. 그분은 통증 진료에 대해서 자신만의 독특한 진료 역량을 쌓아 온 분이셨는데 나에게 통증을 공부하는 모임을 소개해 주셨고, 진주에 있는 성정원 선생님 병원에서 진료를 참관할 수 있도록 알려 주셨다.

'나도 한번 용기 내서 가 볼까? 가도 뭐가 있겠나? 하지만 내 통증을 이렇게 세심히 알아 주는 의사를 찾아가 만난다면 다른 방법이 있지 않을까?' 생각했다. 성정원 원장님은 한마디로 최중립 선생님의 수제자로, 통사 이론을 체계화한 《통증의 원리와 통찰》(군자출판사, 2016)이라는 책을 저술해 당시 학계의 주목을 받고 있었는데 진료실에 치료받으러 온 나에게 첫날부터 진료 참관을 시키셨다. 어떤 정신과 선생님이 얼마 전까지만 해도 진료실에 매주 참관을 오셨다고 하시면서 나에게도 자신이 하는 진료에 대한 솔직한 피드백을 달라고 말씀하셨다.

낯설었지만, 나는 그날 이후로 통증 환자로서의 다른 체험을 하기 시작했다. 일주일에 한 번 진주를 방문해서 6시부터 야간 진료가 끝나는 9시 반까지 거의 1년 가까이 참관을 다니며 내 몸을 재료로 통증을 알아 가는 공부를 하기 시작했다. 병원에 수시로 참관을 오시는 선생님들과 그날의 주사 자입점을 몸을 바꿔 가면서 서로에게 찔러 보기도 했고, 다음 날 병원에서는 배운 자입점을 직원들과 환자들에게 적용해 보면서 그렇게 통증을 익혀 가게 되었다.

그렇게 보내다가 본의 아니게 통증에 관한 증례 논문도 미국 저널에 제1저자로 쓰게 되었다. 그리고 2017년에 캄보디아에 의료 봉사를 다녀오기도 했다. 당시 캄보디아에서 수많은 근골격 통증 환자를 치료했던 경험은 잊지 못할 경험으로 남아 있다. 정신과 의사로 다른 전문의 선생님들과 참여했지만, 아이러니하게도 정작 상담이 필요했던 분보다 머리, 목, 어깨, 무릎, 허리, 손목, 발바닥, 종아리 통증 등을 호소하는 환자들이 더 많았다.

통증을 다루는 의사로 산 지 벌써 7년째다. 교통사고가 아니었다면 이런 이야기는 세상에 나오지 못했을 것이다.

통증의 원리

통증이란 무엇인가? 단순히 아픈 것 이상의 고통이다. 통증이란 우리가 원치 않는 불쾌한 감각을 총칭하는 것으로서 신체 장기의 어느 부분에 이상이 생겼음을 알려 주는 여러 가지 신호 중의 하나다.

그래서 통증은 '여섯 번째 바이탈 사인'이라고도 한다. 국제통증학회의 통증 정의는 포괄적이게도 "통증은 세포 조직의 실제적 또는 잠재적 상해와 관련된 또는 그러한 통증의 표현들로 묘사된 불쾌한 감각적 감정적 경험"으로서, 주관적인 경험을 강조한다. 감각과 함께 주관적인 감정 경험이 통증을 구성하는 중요 요소로 개입이 되어 있는데, 다시 말해 객관적인 검사상에 나오는 것이 없어도 환자가 아파서 고통스럽다면 통증이라 정의할 수 있다는 말이다.

이런 통증은 우리 삶의 영역에 처음부터 가까이 있었다. 성경 창세기에 태초부터 그런 언급이 있는 것을 보면, 통증은 아마 인간이 삶을 시작하면서 어쩔 수 없이 처음부터 경험하게 되는 감각이었을 것이다. 아담을 창조하신 창조주는 아담을 깊이 잠들게 하신 후 그의 갈빗대를 하나 빼내어 하와를 만드셨다. 아담을 깊이 잠들게 하심으로 통증을 느끼지 못하게 하신 일이야말로 마취통증의학의 원조라 할 수 있을 것이다. 실제로 19세기 최초의 흡입마취제를 고안해 외과 수술의 큰 진보를 이룬 역사적 장면은 이 성경 구절을 보고 착안한 것이라고 들었다.

그런 면에서, 인간의 통증은 병적인 과정이 아니라 하나님이 설계하신 인체의 항상성을 해치는 과정에서 필연적으로 느끼게 되는 자연스러운 생리적 과정이며, 최초의 마취 통증 시술과 외과 수술의 대상자는 아담이었고, 집도의는 하나님이셨다고 이해해 볼 수 있겠다. 다만, 그 통증을 아담의 범죄 이전에는 느끼지 않게 배려하셨고, 아담은 수술 후 통증도 호소하지 않았던 것 같다.

이런 맥락은 하와에게 '임신하는 고통을 더한다'는 표현을 통해서도 추정해 볼 수 있지 않을까? 더하신 것이면, 통증은 그저 타락 이전에도 여전히 유효한 감각이라는 것을 의미하는 것이 아닐까? 그렇다면 인간의 타락 이후에는 원래 있었던 통증을 방어하는 인자가 약화된 취약성이 생겨서 인간이 고통을 더 잘 느끼게 된 것이 아니었을까?

어쨌든 통증이란 원래부터 쓸모 있는 유익한 감각으로 볼 수 있다. 통증이 있다는 것은 몸 안에 질병이나 이상이 있음을 의미하기에 통증 자체는 증상이며, 정확히 말해서 무언가를 알려 주는 감각 상태일 뿐이다. 통증은 화재 경보 장치와 같이 인체를 보호하기 위한 방어 수단으로, 통증 정도나 특성에 따라 다양하게 표현되는, 창조주가 허락하신 좋은 감각인 것이다.

통증은 신체를 보호하기 위해 꼭 필요한 신호이지만, 일단 나타난 통증은 어딘가에 문제가 있다는 것을 알려 주는 신호이므로, 통증의 원인을 먼저 찾는 노력을 기울이게 된다. 그래서 급성기 통증은 어느 정도 통증을 제거하는 행동이 수반된다.

통증은 인간이 보편적으로 경험하는 감각이다 보니 통증을 이해하려는 노력도 오래전부터 있었다. 하지만 통증은 여전히 객관화시켜서 규정하기가 어렵다는 것을 진료 현장에서 자주 겪는다. "좀 어때요?"라는 의사의 질문에, '어떻게 정확히 대답해야 하나?' 고민했던 경험을 되살려 보면, 통증은 환자의 언어적 보고로만 측정할 수 없는 복잡하고 주관적인 경험일 수 있겠다는 생각이 든다. 신경외과에서 요추 MRI의 방사선적 영상의 심각도와 허리 디스크 탈출증 통증의 정도는 비례하지 않는다는 것은 잘 알려진 사실이다. 통증이 깨끗이 낫지 않는 이유는 뭔가 다른 요인이 개입될 수 있다는 추정을 가능하게 하며, 통증은 생각보다 단순하지 않은 복잡한 감각이라는 점을 반영하는 것이다.

● 통증의 통합적 이해와 성경적 통찰

통증은 단순히 조직에서 오는 위험 신호를 알려 줄 뿐 아니라 주관적인 감정과 믿음 체계와도 관련이 있어 보인다. 통증을 느낀다는 것은 우리에게 영향을 미치는 모든 것과 관련이 있어 뇌에서 통증을 느끼고 받아들이고 해석하는 신경망으로 기능하는 것 같다. 그래서 누군가가 자기가 아프다고 얘기하면, 그 사람은 아픈 상태일 것이다. 그래서 신체적 통증과 마음의 통증은 구분하는 것이 무의미해진다. 나에게는 그랬다. 신체적 통증으로 마음의 통증, 즉 우울증이 찾아왔고, 이것이 곧 나에게도 신체적 통증을 민감하게 하는 자극으로 작용했기 때문이다.

여전히 의사는 통증을 객관적으로 측정하려고 하지만, 통증을 없애려고 시도하다 통증을 겪고 있는 아픈 사람을 배제하는 진료 환경에서는 여전히 통증을 갖고 통증을 표현하며 통증을 갖고 살아가는 본질적 맥락을 사려 깊게 이해하지 못할 가능성이 있다. 아무래도 아픈 사람이 아파하는 특성과 낫고자 하는 기대의 수준이 다르다는 것을 환자나 의사 모두 인지하지 못하기 때문이 아닐까 싶다. 그것이 절망적인지, 비관적인지 통증 환자로서의 경험과 그간의 치

265

료자로서의 경험을 생각해 볼 때 만성 통증의 오랜 삶의 경험이 부정적인 삶의 관점을 더 공고하게 가지게 하는 것이 아닐까 생각한다. 의사 역시 낫지 않는 환자들을 보면서 무기력해져 갔던 것이 아니었을까?

정신과 의사들에게는 익숙한 용어이지만, 나와 세상과 미래를 바라보는 관점을 '스키마'라고 한다. 스키마는 타고난 유전적 기질의 바탕 위에 성장 과정의 경험이 덧씌워져서 만들어진다. 만성 통증도 그렇게 뇌가 움직이는 방식이 굳어져 제 나름대로 '이 통증을 견딜 수 없다', '빨리 벗어나야 한다', '그렇지 않으면 내 삶이 망가질 것이다'라고 받아들이는 익숙한 방식이 아닐까 싶다. 만성 통증을 겪는 사람이 자신의 삶과 타인, 그리고 세상을 바라보는 방식이 왜곡될 수밖에 없는 것은 당연하다.

치료적 반응에 여전히 플라세보 위약 효과가 적지 않은 효과를 내는 것을 보면, 기대와 믿음이 치료에 큰 영향을 미치는 것이 분명하다고 생각된다. 믿음과 기대의 경로에는 통증 조절에 중요한 역할을 하는 체내 아편성 물질의 신경 경로가 포함된다. 아파 본 사람의 관점과 치료자로서 통증을 연구하면서 통증을 조절할 수 있는 치료적 개입 지점이 우리가 논의하는 영역보다 생각보다는 다양할 것 같다는 생각이 든다. 그래서 조직 안에서 생기는 문제가 만성 통증의 원인은 아니라는 사실이 어느 정도는 개연성 있게 받아들여진다.

예를 들어, 관절 표면이 닳으며 여기서 뼈가 드러나 버려 통증을 호소하는 것은 맞지만, 아이러니하게도 관절이 닳은 사람들 대부분은 여기에 대해 결코 알지 못하며 통증도 잘 모르며 살아간다. 어깨의 회전 근개 질환의 심각성과 통증의 정도가 회전 근개가 얼마나 심각하게 찢어졌는지와는 상관관계가 없다는 연구들을 보면, 통증을 이해하는 통합적 시도가 어쩌면 만성 통증이나 난치성 통증의 돌파구가 되지 않을까?

그런 점에서 만성 통증을 통증의학과나 정형외과, 신경외과나 재활의학과, 정신건강의학과에서 통합적으로 이해하는 노력이 더욱 관심 있게 다뤄져야 한다고 생각한다. 조직의 문제가 통증의 원인이 아닌데, 우리는 조직에서 느끼는 통각의 수용체에 집착하는 관점에서 탈피하지 못하는 듯하다. 통증은 통각의 문제가 아니라 뇌의 지각의 문제라는 점에서 더욱 그렇다. 통증을 통증 수용기 개체의 통각 신호로 바라보는 관점에서 벗어날 필요가 있겠다.

급성 통증과 만성 통증의 특성은 다를 수 있다는 것도 이해할 필요가 있겠다. 문헌에 따르면, 급성 통증은 신경계와 면역계가 작동하는 방식을 바꾼다고 한다. 이런 변화는 확대되어 단단히 자리 잡는데, 이렇게 뇌가 작동하는 방식을 '감작'이라고 한다. 경보 체계의 볼륨이 높아지는 것을 감작이라고 한다면, 감작은 나름대로 빨리 신호를 전달해서 문제를 알려 주는 기능으로서 충실한 역할을 한다.

우리 몸은 창조주가 설계하신 항상성의 원리에 의해서 손상된 조직이라도 몇 개월이면 낫게 된다. 급성 염증이 나으면 새로운 단백질 섬유가 자라나고, 상처 조직이 그 위를 덮는 치유 과정이 일어나는데, 조직의 치유 과정이 끝나고도 통증이 계속되어 만성화된다면 이것은 뇌가 경보 장치를 끄는 것을 잊어버린 상태라고 보는 의견도 있다.

조직의 치유 과정이 지속되어도 지속적인 통증이 있다면 신경계가 민감한 것이니 만성 통증의 치유는 민감해진 신경계 상태를 끄는 것을 목표로 반영되어야 하지 않을까? 뇌의 경고 장치는 조직이 치유된 이후에도 경계 상태이기에, 결국 이를 도와주는 전략적이고 통합적인 접근 방법이 필요하리라 생각한다.

만성 통증을 신경 생리적인 측면에서 살펴보면, 통증은 통각의 문제가 아니라 지각의 문제라는 입장이 더욱 설득력 있게 다가온다. 우리 뇌에는 신경 세포, 즉 뉴런이 1,000억 개쯤 있다고 알려져 있다. 뉴런의 수상돌기는 주변 신경 세포에서 오는 신호를 받는다. 신경 세포는 대개 수천 개의 다른 신경 세포와 이어져 있다. 뉴런과 뉴런이 만나는 시냅스는 500조 개가 있다고 추산하니, 그 안에서 많은 다양한 신호 전달을 해석할 가능성을 전제로 한다.

세포체는 수상돌기에서 오는 신호를 모으는 역할을 한다. 이 신호를 조합해서 마지막 신호를 결정한다. 일종의 택배 물량 집합소인 것이다. 세포막의 수용체들은 주변 환경을 감지하고, 신경의 민감성을 바꾸고 조율하고 조정하는 역할을 한다. 세포체에서 뻗어 나온 축삭돌기는 신경이 받는 충격을 빠르게 전달한다. 축삭돌기의 말단가지는 점점 자라나 더 많은 축삭돌기와 연결된다. 서로 작동하는 방식이 비슷하다면 동시에 발화하는 세포들은 같이 묶이기 때문이다. 신경 세포는 자기만의 의도가 있는 작은 행위자들로 자기가 원하는 바를 이루고자 하는 자율적이고 능동적인 조직이라는 견해가 있는데, 그 신경 세포는 신경망으로 이해할 수 있다.

신경 세포는 시냅스를 통해 서로 연결된다. 시냅스에서는 축삭돌기를 따라 전하가 흐르면서 그에 따라 신경전달물질이라는 화학 물질이 나오면서 서로 유기적인 신호를 전달받는다. 시냅스의 반대쪽 끝에서는 또 다른 신경 세포가 세포막 수용체를 통해 신경전달물질을 흡수하면서 연결되는데, 신경전달물질은 바로 옆의 시냅스에만 영향을 주지 않는다. 입체적으로 퍼져 나가 다른 세포에까지 영향을 미친다. 위험 신호와 관련된 신경전달물질은 재빨리 다른 세포들로 전달되는데, 이런 신경전달물질을 통한 신호 전달 체계에 영향을 미치는 항우울제와 같은 신경계 약물들이 만성 통증에도 도움이 되는 근거로 작용한다.

신경생리학적으로 세포막 수용체는 계속해서 바뀐다고 한다. 새로운 수용체들이 세포벽 안으로 들어오기 때문이기도 하다. 이 수용체들은 재빨리 신경 세포들을 민감하게 하는데, 스트레스 호르몬이나 염증 반응, 위험을 알리는 신경전달물질이 몸속을 끊임없이 돌면서 세포막 수용체를 변화시킨다. 이런 세포가 가진 신경 가소성은 신경 세포 사이의 연결 방식이 자극(경험)에 따라 변화한다는 사실을 알려 준다. 즉 경험에 의한 신경 가소성이 세포막을 결국 바꾸는 방식으로 작동한다. 반복된 자극으로 새로운 시냅스가 뻗어 나오고, 축삭돌기의 절연체가 많아지면 기억이 단단하게 강화되는 식이다. 그리고 세포들의 연결이 바뀌면서 신경계에서 학습이 일어난다. 분명히 통증을 느끼는 방식도 학습될 수 있다. 만성 통증이 이렇게 강화되는 학습을 할 수 있다고 이해해 볼 수 있을 것 같다.

우리 뇌는 끊임없이 경험을 통해 통증을 받아들이고 통증을 강화하기도, 통증을 약화시키기도 할 수 있다. 결국 통각을 어떻게 받아들이느냐에 따라 통증이 조절되는 기전이 우리 뇌에 있음을 알아차리는 것이 중요하다는 말을 하고 싶다. 물론 개인적으로 나는 이것을 고통으로 가득한 세상을 살아가며 통증에 노출되기 쉬운 인간을 향한 창조주의 세심한 배려라고 믿고 싶다.

◉ 만성 통증을 다스리는 법

그렇다면 우리는 어떻게 만성 통증을 다스릴 수 있을까? 통증을 길들이며 통증을 다스리는 정신력을 유지하려면 경험에 의한 신경 가소성(회복탄력성)을 길러야 한다. 신경학자 마이클 머제니치(Michael Merzenich)는 신경계는 고정된 것이 아니라 부드럽게 배선된 것이며, 그렇게 되도록 강화할 수 있다는 점을 제안했는데, 우리의 두뇌는 새로운 연결 짓기를 좋아한다는 점을 말해 준다. 하나님이 주신 뇌, 즉 마음의 밭은 30배, 60배, 100배의 열매가 맺힐 수 있는 성장 잠재력이 충분한 것이다. 다시 말해, 하나님과 연결되고, 사람과 이웃과 통하는 방식이 신경계의 기본 원리라는 것을 볼 때 통증을 겪으면서도 얼마든지 긍정적으로 다시 생각하고 신경계를 재배치할 충분한 여지가 있다는 것을 확인할 필요가 있다.

고통 속에서도 견디고 새롭게 삶을 시작하는 회복탄력성은 그리스도인의 익숙한 숙명이 아니던가. 그리스도인은 고통스러운 환경에서 하나님이 주신 뜻을 찾으려 노력했듯이, 자신이 처한 통증의 의미를 깨닫고 이를 수용해 다른 초월적인 목표를 향해 나아가야 한다. 그러기 위해서 각자에게 주어진 삶에서 하나님이 내게 원하시는 것이 무엇인가를 돌아보는 시간이 여전히 유익할 듯싶다. 고통이 있어도 우리 자신이 하나님이 만드신 독특한 존재이며, 오늘 주어진 하루에 하나님이 나에게 무엇을 원하시는지 살펴보고, 또한 그것을 할 수 있도록 찾으려고 노력하는 태도야말로 고통에 대한 삶의 진통제로, 통증의 자극을 분산하는 역할로 작용할 수 있다.

우리의 두뇌는 새로운 일을 하는 참신한 자극을 받을 때 제일 잘 돌아간다고 한다. '통증으로 인해 내 삶이 망가졌다'는 편견과 '나는 이 통증을 다스릴 수 없다'는 고정관념과 같은 유연하지 못한 생각 습관은 우리가 성장하고 학습하는 능력에 한계를 짓게 한다. 이제는 새롭고 흥미로운 방식으로 통증에 대해 다시 생각하고 학습하고 느끼는 법을 배워야 한다. 통증을 다르게 해석하면서 '나는 지금 이대로 괜찮다', '나는 통증을 다스릴 수 있다', '나는 통증으로 배운 것이 있다', '나는 더 단단해질 것이다'라는 식으로 통증에 대한 적응적 믿음을 키우는 것이 필요하겠다.

이렇게 통증을 다스리는 정신력의 좋은 모델이 되시는 분이 있다. 십자가의 고난으로 인간의 극심한 신체적 고통을 온몸으로 체험하신 예수님이시다. 예수님이야말로 인간의 모든 신체적인 고통뿐만 아니라 인류의 죄를 짊어지고 하나님과 단절되는 영적인 고통까지도 경험하신 분이다. 예수님의 십자가 고난이 지금 우리에게 시사하는 바는 무엇일까?

"그가 찔림은 우리의 허물 때문이요 그가 상함은 우리의 죄악 때문이라 그가 징계를 받으므로 우리는 평화를 누리고 그가 채찍에 맞으므로 우리는 나음을 받았도다"(사 53:5). 주어진 고통을 받아들여야 하는 것도 필요하나, 고통을 일부러 감수할 필요는 없다는 것이다. 예수님이 우리의 허물과 죄악을 대신해서 찔리시고, 상하시고, 징계를 받으시고, 채찍에 맞으신 고통을 통해서 우리를 낫게 하셨기 때문이다. 그리고 분명한 것은 예수님 자신도 십자가의 고통을 피할 수 있게 해 달라고 기도하셨다는 점이 통증에 현명하게 대처하는 시각이 무엇인지를 알려 준다.

또한 예수님은 만성 통증의 무기력하고 사기 저하되는 성질을 아셨기에 만성 질환자에게 "네가 낫고자 하느냐"라고 동기를 끌어 내셨다. "예수께서 그 누운 것을 보시고 병이 벌써 오래된 줄 아시고 이르시되 네가 낫고자 하느냐"(요 5:6). 무기력 속에서도 낫고자 무언가를 해야 한다는 뜻이다. 이것이 통증을 다스리는 좋은 지침이 되어 줄 것이다.

사도 바울은 그리스도의 몸인 교회, 그리고 몸 된 지체를 강조하는 것을 통해 지체 의식을 갖는 경험을 중요시했다. 다시 말해, 짊어져야 할 고통도 최대한 나눠야 한다는 고통 분담을 강조했다. "만일 한 지체가 고통을 받으면 모든 지체가 함께 고통을 받고 한 지체가 영광을 얻으면 모든 지체가 함께 즐거워하느니라 너희는 그리스도의 몸이요 지체의 각 부분이라"(고전 12:26-27). "그에게서 온몸이 각 마디를 통하여 도움을 받음으로 연결되고 결합되어 각 지체의 분량대로 역사하여 그 몸을 자라게 하며 사랑 안에서 스스로 세우느니라"(엡 4:16).

결국 고통을 통해서 성장하고 배우게 하시려는 숨겨진 의미를 깨닫고 완전케 됨을 바라신 것이 하나님의 뜻이 아니었을까? 나의 교통사고 경험도 결국 그러했다. 통증을 전혀 모르던 사람이 힘들었던 통증을 통해서 아픈 사람들을 더 잘 이해할 수 있고, 그들을 더 잘 도울 수 있도록 계획하신 일들이었다는 사실이 캄보디아 의료 선교 현장에서 깨달아졌을 때 뜨거운 눈물이 나왔다. 뭔가 연결되고 알아차려지는 은혜였다. 어느 날 통증학회에서 통증을 전혀 몰랐던 정신과 의사가 통증을 다루는 여러 선생님들 앞에서 발표하게 된 것도 사실은 교통사고로 시작된 고난이었다. "혹시 내 삶에 이해하지 못하는 아픔이 있다면 '그 고통에는 더 큰 존재의 숨겨진 뜻이 있지 않나?'라는 생각을 저를 통해서라도 한번 생각해 보셨으면 한다"라는 간증을 잠시 하게 된 것은 참 생경한 경험이었다.

신경 세포와 신경 세포가 시냅스를 통해 연결되는 것처럼, 그리스도의 몸 된 우리가 서로에게 지체 의식을 갖고 사랑으로 연결되고, 지체의 고통이 나의 고통과 다르지 않음을 느끼며, 고통스러운 지체의 상황을 내 몸처럼 아파하며 대신 기도해 줄 때 하나님은 우리에게 예수님의 보혈을 통한 치유의 은총을 베풀어 주실 것이다. 같이 활성화된 신경 세포는 같이 엮이는 법이니까 말이다.

통증으로 힘든 중에도 우리는 범사에 헤아려 좋은 것을 취해야 한다(살전 5:21). "나는 비천에 처할 줄도 알고 풍부에 처할 줄도 알아 모든 일 곧 배부름과 배고픔과 풍부와 궁핍에도 처할 줄 아는 일체의 비결을 배웠노라 내게 능력 주시는 자 안에서 내가 모든 것을 할 수 있느니라 그러나 너희가 내 괴로움에 함께 참여하였으니 잘하였도다"(빌 4:12-14).

● ● ●

뉴로태그(Neuro Tag)이론을 언급하며 글을 마무리하고자 한다. '뉴로 태그'는 신체의 특정 부위에서 통증이 느껴지게 하는 신경 세포들의 네트워크로서, 통증을 느낄 때 우리 몸은 뉴로태그를 붙여 구분되는 감각을 인지한다고 한다. 마치 상점에서 상품을 계산하지 않아 태그를 떼지 않으면 나올 때 도난 신호가 울리듯, 뉴로태그는 일상에서 이것을 빨리 해결해야 한다며 울리는 것과 비슷하다. 내가 교통사고를 당하고 이것을 반드시 해결해야 한다고 생각하면서 더 힘들어했던 것도 뉴로태그의 경보음이 아니었을까?

만약 뉴로태그가 붙여질 때 이 말씀을 생각하면 좋겠다. "그가 찔림은 우리의 허물 때문이요 그가 상함은 우리의 죄악 때문이라 그가 징계를 받으므로 우리는 평화를 누리고 그가 채찍에 맞으므로 우리는 나음을 받았도다"(사 53:5). 그럼에도 주께서 낫게 하실 것임을 기대하자. 예수님이 우리의 허물과 죄악을 대신해서 찔리시고, 상하시고, 징계를 받으시고, 채찍에 맞으셔서 우리에게 평화를 주셨고 나음을 입게 하셨음을 기억하자. 예수님이 우리의 고통을 이해하고 계신다는 것을 깨닫고, 우리의 고통받는 아픔을 나누고, 고통받는 이웃의 고통을 나눌 수 있도록 다가가자.

통증은 여전히 존재한다. 그리고 나는 지금 이대로도 괜찮다. 그리고 나는 욥처럼 단련되고 있다. 통증은 여전히 존재한다. 그리고 나는 통증을 길들일 수 있다. 나는 오늘 무언가를 할 수 있다. 통증은 여전히 존재한다. 그리고 통증으로 배운 것이 있다. 그래서 나는 더 잘될 것이다.

기도

우리의 고통을 아시는 아버지 하나님, 고통 가운데 있는 주님의 자녀들을 위로하여 주옵소서. 마음속에 쌓인 상한 감정을 위로하시고 힘든 마음의 짐을 내려놓고 마음의 평안을 허락하옵소서. 지금 여기 이 순간 예수님의 생명과 부활의 기운이 우리 신경 세포와 온몸을 휘감게 하옵소서. 여호와 라파 치유의 하나님을 우리 모두가 경험하게 하옵소서. 예수님이 우리의 허물과 죄악을 대신해서 찔리시고, 상하시고, 징계를 받으시고, 채찍에 맞으셔서 평화와 나음을 입게 되었음을 감사합니다. 우리가 이해하지 못하는 고통에도 주님의 숨겨진 뜻이 있다는 것을 깨닫게 하옵소서. 우리를 단련하신 이후에 욥처럼 정금같이 나오기를 소망합니다. 예수 그리스도의 이름으로 기도드립니다. 아멘.

꼭 적용해 주세요

○ 통증을 적극적으로 관리해 주세요. 통증의 제거보다 현명하게 아픈 몸을 달래면서 관리하는 것이 더 낫습니다.

○ 통증을 받아들이는 것도 필요합니다. 감사로 제사를 드려 보세요.

○ 통증의 의미를 다르게 해석하면 현재를 살아가는 삶에 도움이 됩니다.

○ 산책 등 즐거운 활동을 통해서 통각이 아닌 다른 감각이 열리게 해 주세요.

○ 균형 있는 바른 자세를 유지하고 틈틈이 스트레칭과 복식 호흡을 통해 근육의 과긴장을 풀어 주세요.

이렇게 하지 말아 주세요

○ 급성기 통증을 방치하지 마세요. 이제껏 경험하지 못한 급성기 통증은 심각한 질환의 전조 증상일 수도 있습니다.

○ 제발 과로하지 말아 주세요. 무리한 활동은 근육의 탄력성을 줄이고 통증을 고착화합니다.

○ 부정적인 생각을 하지 마세요. 스트레스에 현명하게 대처해 주세요.

○ 술과 담배는 멀리해 주세요. 염증 유발 식품으로 알려진 인스턴트식품 대신 신선한 채소와 과일과 수분 섭취를 늘려 주세요.

○ 수면 부족은 통증 민감도를 올립니다. 하나님이 사랑하시는 자에게 꿀잠을 주십니다.

7장

불면증에
대하여

_ 김상원

잠과 관련된 이야기

사춘기를 겪으며 주로 잠언을 읽었습니다. 지혜가 필요한 시기였고 말씀이 나의 길을 바로 세우는 데 도움이 될 것 같았기 때문입니다. 잠언 말씀 중에 "잠자기를 즐겨 하는 자는 해어진 옷을 입을 것임이 니라"(잠 23:21), "너는 잠자기를 좋아하지 말라 네가 빈궁하게 될까 두려우니라"(잠 20:13)라는 말씀에 잠자리를 박차고 일어나기 위해 노력했던 기억이 생생합니다. 말씀을 통해서 '잠 = 가난'이라는 등식이 나의 머리에 새겨졌던 것 같습니다.

한편, "여호와께서 그의 사랑하시는 자에게는 잠을 주시는도다"(시 127:2)라는 시편 말씀은 중요한 시험을 앞두고 있거나 내 힘으로는 도저히 해결하기 어려운 문제로 잠을 이루지 못할 때 큰 위로가 되었습니다. 하나님을 사랑한다는 고백과 함께 모든 것을 하나님께 맡기는 기도로 잠을 청했고, 다음 날이면 비교적 담담한 마음으로 시험과 문제들을 마주할 수 있었습니다.

성경에는 잠과 관련된 많은 이야기가 있습니다. 인간이 겪을 수 있는 모든 종류의 고통을 짊어진 욥은 "내가 여러 달째 고통을 받으니 고달픈 밤이 내게 작정되었구나"(욥 7:3)라고 걱정하면서도 "내 잠자리가 나를 위로하고 내 침상이 내 수심을 풀리라"(욥 7:13)라고 고백했습니다. 그는 외상후스트레스장애나 중증 우울증에 걸릴 수밖에 없는 상황이었으나 잠을 잘 수 있다는 것은 하나님의 위로와 복이라고 이야기했습니다. 잠을 잘 수 있다는 것이 욥이 건강을 회복할 수 있었던 힘이라는 생각을 하게 됩니다.

전도서 기자는 "노동자는 먹는 것이 많든지 적든지 잠을 달게 자거니와 부자는 그 부요함 때문에 자지 못하느니라"(전 5:12)라고 하며 재물을 자기에게 해가 되도록 소유하는 것이 잠을 이루지 못하는 이유라고 이야기했습니다. 단순하게 살지 못하고 부를 향한 욕망으로 무거운 스트레스를 견디며 살아가야 하는 현대인의 잠 못 이루는 밤을 이야기하는 것 같습니다.

에스더서에서는 잠이 오지 않은 아하수에로왕이 역대일기를 듣게 되었고, 그로 인해 모르드개의 공헌이 드러나 유대인을 멸하려던 하만의 계획이 수포로 돌아가는 생사의 전환점이 이루어졌습니다. 때로는 잠이 오지 않는 것도 하나님의 일을 성취하는 방법으로 사용되었습니다. 다니엘서에서 느부갓네살왕은 꿈으로 인해 마음이 번민하여 잠을 이루지 못했고, 예레미야 선지자는 "내가 그 사로잡힌 자를 돌아오게 하리라"라는 하나님의 말씀을 듣고 "내가 깨어 보니 내 잠이 달았더라"(렘 31:26)라고 고백했습니다. 꿈이 마음의 번민이 되기도 하고, 역으로 꿈을 통해 마음의 번민과 괴로움이 해소되기도 합니다.

신앙인도 잠을 이루지 못하는 경우가 많이 있습니다. 그래서 잠들기 위해 기도하고, 목회자의 안수 기도를 받기도 합니다. 한편, 잠을 이루지 못해 수면제를 복용하려 하면 믿음이 약한 것처럼 느껴지기도 합니다.

불면증에 대해 관심을 가지게 된 것은 목사님의 어느 성도를 위한 기도로부터 시작되었습니다. 그 성도는 이전에 불면증으로 상담을 받았고, 그 당시 처방받은 약을 먹으면 잠이 너무 많이 와서 힘들다고 했습니다. 그런데 그 후 안수 기도를 통해 많이 안정되고 편안해졌다고 했는데, 안타깝게도 다시 재발되어 목사님과 성도들이 중보 기도를 하고 있다는 소식이 들렸습니다. 그래서 뭔가 도움을 주고 싶은 마음에 불면증에 대해 공부하게 되었고, 이를 통해 하나님의 창조의 세계는 세밀하고 정교하다는 것을 깨닫게 되었습니다.

 **불면증이란
무엇인가?**

성도들과 이야기를 하다 보면 불면증에 대한 이해도가 부족하다는 생각이 많이 들었습니다. 실제 불면증은 임상에서 제일 흔한 어려움이고, 유병률은 10% 정도라고 합니다. 유병률이란 전체 인구 중 특정한 장애나 질병 또는 심리, 신체적 상태를 지니고 있는 사람들의 비율로서, 10명 중 1명은 불면증에 걸렸다는 것입니다.

하지만 잠을 이루지 못한다고 해서 무조건 불면증이라고 할 수는 없습니다. 그래서 보통 임상적으로는 적절한 수면의 기회가 있음에도 불구하고 잠이 들기 어렵고, 수면의 유지에 어려움이 있거나 너무 일찍 깨는 불면 증상이 있고, 이로 인해 낮 동안의 생활에서 기능이 유의미하게 저하되어 있는 것이라고 정의합니다. 국제수면장애분류(ICSD-3)에 의하면, 불면 증상이 일주일에 적어도 3일 정도 있어야 하고, 3개월 이상 지속되면 만성 불면증, 그 이하는 단기 불면증이라고 합니다. 단기와 만성으로 나눈 이유에 대해서는 수면제와 같은 약물의 오남용을 막기 위한 조치라고 생각됩니다.

⬤ 불면증의 치료는 어떤 과에서 하나?

외래를 보다 보면 잠이 오지 않아 수면제를 타러 왔다고 하는 분들이 간혹 있습니다. 그런 분들 중에는 면담을 오래 하는 것을 싫어하고 치료자의 질문에 대해 무조건 괜찮다고 합니다. 별다른 이유 없이 잠이 오지 않아 수면제의 도움을 받고 싶다고 해서 매번 처방만 받아 간 한 환자가 어느 날 갑상선기능항진 진단을 받고 치료를 받고 있다고 했습니다. 갑상선 기능이 항진되면 불안정해지고, 안절부절못하며, 잠도 못 이루는 경향이 있습니다. 그분은 갑상선 기능이 항진되어 불면증이 온 것으로, 갑상선 기능이 안정되면서 불면증도 호전되고 수면제 복용을 점차 줄이면서 치료가 종결되었습니다.

이처럼 불면증으로 외래를 방문하는 분들은 다른 신체 질환이나 정신건강의학적 어려움과도 관련되어 있을 수 있습니다. 보편적으로 내과나 가정의학과를 방문해서 수면제를 처방받아 복용하는 분들이 많은데, 단지 잠을 이루지 못하는 문제만 있는 것은 아니고 앞선 사례처럼 신체 질환과 강하게 연관되어 있는 경우도 있습니다. 불면증 환자의 절반 정도가 다양한 신체 질환을 가지고 있다고 합니다. 그런데 내과나 가정의학과에서 불면증으로 치료받다가 호전되지 않아 수면제 용량이 점점 늘어 결국 정신건강의학과로 의뢰되는 경우도 있습니다.

우리나라는 OECD국가 중에서 자살률이 제일 높은 나라입니다. 그만큼 스트레스가 심하고, 그로 인해 발생한 우울증을 가진 사람들이 처음에는 대부분 불면증을 호소하며 병원을 방문합니다. 그래서 불면증은 우울증, 불안 장애, 조울증, 자살 등 정신건강의학적 문제들을 발생시킬 수 있는 예측 인자가 되기도 합니다. 내과나 가정의학과에서 단순한 수면제 처방으로 불면 증상만 해결하려고 하다가 우울증이나 조울증이 더욱 악화되어 심각한 결과를 초래하는 경우도 있습니다.

모든 병은 초기가 중요합니다. 초기에 해결할 수 있는 문제가 방치되지 않고 적절한 치료를 받게 된다면 심각한 어려움에서 쉽게 벗어날 수 있습니다. 지금도 정신건강의학과에 의뢰하기를 꺼려하는 분들이 있다 보니 내과나 가정의학과 의사들이 정신건강의학과를 방문하도록 권유하기가 어려울 수 있습니다. 그때는 본인이 신뢰하는 가족이나 지인, 친한 성도와 함께 정신건강의학과를 방문해 상담을 받으면 도움을 받을 수 있습니다.

불면으로 한 남자 성도님이 찾아오셨습니다. 평소에 건장하고 강인한 인상을 주는 분이셨는데, 몇 개월 전부터 잠이 오지 않는 증상을 호소하셨습니다. 최근 어떤 변화가 있었는지 여쭤 보니 하던 일을 그만두고 다른 일을 알아보고 있다고 하셨습니다. 대학 시절, 아버지가 보증을 잘못 서면서 경제적인 어려움이 한꺼번에 밀려왔고, 그 후 어떻게 살아왔는지 모를 정도로 온갖 힘든 일을 겪으며 대학을 겨우 졸업한 후 직장을 다니며 안정을 되찾게 되었습니다. 그런데 최근 예기치 못한 상황을 맞게 되어 하던 일을 접고 새로운 일을 찾아야 하는데 오래전 힘들게 고생했던 경험이 생각나면서 잠이 오지 않는다고 하셨습니다.

순간, 잠언의 '가난과 잠'에 관한 말씀이 생각나 공감이 더 되었습니다. 그 어려웠던 시절을 어떻게 극복했는지 묻자, 당시에 의지할 수 있는 분은 하나님밖에 없었고 하나님의 은혜가 아니었다면 지금의 자신을 생각할 수 없다면서 눈물을 흘리셨습니다. 이처럼 과거의 힘들었던 기억은 우리를 어느 순간 불안과 두려움에 사로잡히게 합니다.

저는 힘들었던 과거의 역경을 딛고 이겨 낸 성도님의 경험이 더 큰 의미가 있음을 이야기해 드리고 그런 경험들은 현재의 어려움을 이겨 낼 수 있는 힘이 된다고 했습니다. 그리고 그때나 지금이나 하나님의 은혜가 우리에게 베풀어지고 있음을 상기시켜 드리고, 약간의 수면제와 항우울제를 처방해 드렸습니다. 그 후 성도님은 마음을 회복하셨고, 새로운 일에도 잘 적응하고 계십니다.

 불면증의 위험 인자와 원인은?

불면증의 원인은 단일 원인이라기보다는 많은 복합 요인의 상호작용으로 기인됩니다. 우리가 짐작할 수 있듯이, 불면증은 인구통계학적으로는 남성보다 여성이 더 흔하고(증상은 1:1.4, 진단은 1:2), 나이가 들수록 남성과 여성 둘 다 증가한다고 합니다. 중년 여성에서 불면증의 호소는 심리적인 고통과 관련되며, 여성의 월경 시작 시기와 폐경기 모두에서 유병률이 증가하는 것은 호르몬의 변화와 관련된 것이라고 할 수 있습니다. 특히 폐경기로 이행되는 여성의 40-50%에서 수면 문제가 나타나는데, 열감과 발한의 정도와 직접적인 관련이 있습니다. 또한 불면증의 가족력은 35%나 됩니다.

이 밖에도 다양한 신체적인 질병들도 불면증에 영향을 줄 수 있습니다. 폐 질환이나 심장 질환, 내분비 질환, 신경 계통이나 근골격계, 비뇨기계 등도 영향을 줍니다. 또한 다양한 약물도 수면에 영향을 줄 수 있습니다. 항우울제나 항알러지 약(슈도에페드린, 페닐에프린 등)도 개인적인 다양성으로 영향을 주며, 알코올이나 마약류, 벤조다이아제핀 계열 약물의 금단 증상으로 불면증이 올 수도 있고, 폐 질환의 약들과 항고혈압 약물의 부작용으로 불면증이 올 수 있습니다.

또한 생소하게 들릴 수 있지만 수면과 관련된 질환들도 불면을 초래합니다. 가장 흔한 것은 일주기리듬각성장애가 있습니다. 시차가 다른 나라를 여행한 후 오는 불면증, 즉 수면 각성 패턴 때문에 불면증이 초래되는 경우가 있고, 폐쇄성수면무호흡증같이 수면 중 호흡이 멈추거나 얕아져서 중간에 자주 깨거나 깊은 잠을 이루지 못하는 경우도 있습니다. 또한 하지불안증후군처럼 다리의 불쾌한 느낌으로 다리를 움직이고 싶은 충동이 생겨 잠을 잘 이루지 못하는 질환도 있습니다. 그렇기 때문에 단순한 수면제 처방으로 해결하려고 하기보다는 정신건강의학과를 방문하여 면담을 통해 원인을 찾는 과정이 필요합니다.

스필만(Spielman)에 의해 개발된 '3P모델'이 있습니다. 이는 불면증이 어떤 특정한 사람들에게 잘 걸리고 만성 불면증으로 되는지에 대한 모델입니다. 3P에는 기저 요인(predisposing factor), 유발 요인(precipitating factor), 지속 요인(perpetuating factor)이 있습니다.

먼저, 기저 요인은 생리적, 인지적으로 각성시키는 유전적이거나 개인적인 성향들을 말합니다. 가족력이 높다는 것도 기저 요인의 하나입니다. 개인적인 성향은 대체적으로 꼼꼼하거나 쉽게 불안해지고 예민하여 걱정을 많이 하는 분들을 말합니다. 또한 유발 요인은 스트레스를 줄 만한 사건들을 이야기합니다. 여기에는 사랑하는 사람의 죽음, 은퇴뿐 아니라 결혼 같은 긍정적인 요인도 포함됩니다. 기저 요인을 가진 분들이 유발 요인을 겪게 되면서 불면증을 경험하게 되는데, 유발 요인이 사라져 일시적으로 회복된 후에도 수면에 대한 과도한 불안, 주간 활동이 줄고 침대에 오래 머무는 등 부적응적인 수면 습관이나 행동이 지속되어 만성 불면증의 요인이 됩니다.

◉ 불면증의 검사 도구

불면증 검사 도구에는 수면다원검사(polysomnography), 활동 기록계(actigraph), 수면 일기(sleep diary), 불면증 평가 설문 등이 사용됩니다.

수면다원검사는 불면증의 진단에 도움이 되는 것은 아니지만 검사실에서 하루를 자면서 뇌파 검사를 통해 폐쇄성수면무호흡증이나 주기성사지운동장애 같은 불면을 초래하는 질환을 찾는 데 도움이 됩니다. 활동 기록계는 수면 자체를 측정하지는 않지만 손목 부위에 착용하여 센서가 활동 정도를 측정하여 수면 상태를 간접적으로 평가합니다. 수면 일기는 전날 밤의 수면에 대해 다음 날 아침 직접 기록하는 방식으로, 적어도 2주 동안 수면 패턴을 평가하는 방법입니다. 자러 간 시간, 불을 끈 시간, 실제 취침 시간, 밤사이에 깬 시간, 기상 시간, 낮잠 시간, 수면의 깊이와 질, 수면 보조제나 알코올 섭취 유무 등이 포함됩니다. 수면 일기는 불면증의 진단뿐 아니라 치료에도 도움이 됩니다.

⬤ 신앙인으로서 불면증의 치료는 어떻게 해야 하나?

불면증의 원인이 다양하므로 그 원인에 따라 치료를 하는 것이 원칙입니다. 신체적인 문제나 수면 질환이 원인이라면 그 문제를 해결하는 것이 우선이고, 정신건강의학적인 문제가 원인이라면 상담과 약물 치료를 받아야 합니다. 그런데 우리는 신앙인이기 때문에 주저되는 부분이 있습니다. 치료받는 것과 영적인 생활을 관련시켜 그 가운데에서 해법을 찾으려고 합니다. 당연한 수순인 것 같습니다. 그래서 신앙인으로서 가질 수 있는 생각들을 정리해 봤습니다.

1. 믿음 생활을 충실히 한다고 생각하는데 왜 불면증이 오는 것일까요?

완벽을 추구하는 사람들은 모든 생활에 완벽을 기하려고 노력합니다. 완벽하게 보이는 그들은 나에게 오는 어려움들이 기도를 하지 않거나 신앙생활을 소홀히 했기 때문이라고 생각합니다. 나름 최선을 다해 교회와 이웃을 섬겨 온 사람들은 자신에게 다른 질병이나 불면증이 온 것이 자신의 부족함에 대한 하나님의 징계라고 받아들일 수도 있습니다.

그러나 저는 오히려 하나님이 우리에게 주고 싶어 하시는 것은 쉼과 평안이라고 생각합니다. 수면은 또한 하나님이 주시는 매일의 쉼입니다. 그런 분들에게 불면증이 왔다면 끊임없이 완벽하려고 노력하느라 진정한 쉼을 누리지 못했다고 생각될 수 있습니다. 하나님이 주시는 마음의 평안과 쉼을 찾기 위해 불면증의 원인을 찾아보는 것도 좋은 방법입니다. 아하수에로왕의 불면은 하나님의 뜻을 이루는 도구로 사용되었습니다. 그가 역대일기를 통해 진실을 알아낸 것처럼 잠시 멈추어 자신의 삶을 돌아본다면 나와 함께하시는 하나님의 뜻을 깨닫는 기회가 될 수 있습니다.

혼자서 고민하는 것보다는 목회자나 숙련된 정신건강의학과 전문의와 상의하는 것이 좋습니다. 왜냐하면 혼자서 고민하는 것은 자신의 주관적인 감정에 사로잡혀 왜곡될 수 있기 때문입니다. 우리에게 찾아온 불면은 평안과 쉼을 주기 원하시는 하나님이 그분의 뜻을 이루시는 계기가 될 수 있습니다.

2. 새벽기도로 주님과 교제하면서 기도와 평온함을 누리고 싶은데, 도저히 일어나지 못해 고민하는 분은 어떻게 해야 하나요?

소풍을 가거나 시험을 보기 전날 너무 흥분하거나 긴장한 나머지 잠을 제대로 자지 못하다 오히려 늦잠을 자 지각하거나 시험을 망치는 일을 경험한 사람들의 이야기를 들은 적이 있을 것입니다. 이런 경우, 이완 요법 등을 통해 과도한 각성을 줄여 주는 방법과 수면 일주기 리듬을 조절하는 방법도 있습니다. 새벽 5시에 일어나야 한다면, 7시간 전인 저녁 10시경에 잠이 들어야 합니다. 새벽기도를 시작하고 나서는 피곤하더라도 낮잠은 자지 말고 오후 10시까지 참고 잠자리 준비를 하면 점차 주기가 앞당겨져서 새벽에 일어날 수 있게 됩니다. 이때 새벽 5시에 꼭 일어나야 한다는 생각으로 각성되어 있으면 잠을 이루지 못하니 오히려 잠에 대해서 신경을 쓰지 않아야 잠을 잘 잘 수 있습니다.

하지만 새벽형 인간이 아닌 분이 새벽기도회에 적응하는 것은 시간이 많이 걸리는 일입니다. 마음을 느긋하게 가지면 좋겠습니다. 새벽기도회에 참석하는 것을 믿음의 지표로 삼는 분들이 많이 있습니다. 교회에서 중직자의 요건 중 하나인 새벽기도회 참석을 못하는 것은 신앙인의 결점이라고 생각될 수도 있습니다. 그렇다 보니 더 많이 긴장되기도 하고, 잠에서 못 깨어나 참석을 못하면 마음이 편치 않습니다. 하지만 하나님은 세밀하신 분입니다. 개인의 생리나 신체적인 여러 가지 조건들을 고려하여 만나 주시는 하나님은 내 중심을 보시는 분이라고 믿습니다.

3. 신앙인이 불면증으로 수면제 등을 복용하는 것은 하나님을 의지하지 않고 약에 의존하는 것으로, 잘못된 것이 아닌가요?

예수님이 계셨을 때에는 의학의 발전이 거의 이루어지지 않은 시대였습니다. 당시 예수님께 치유하심을 입은 사람들이 많이 있었지만 현대 의학의 발전이 이루어지면서 인류가 질병에 대해 치료받은 숫자보다는 적습니다. 저는 한때 의문이 있었습니다. 많은 사람이 질병으로 고통을 받고 있던 시대인데, 왜 예수님은 현대 의학의 발전에 필요한 치료 지침 등을 주셔서 의학을 발전시키지 않으셨을까요? 하나님의 뜻을 다 알 수는 없지만, 그 당시 예수님이 말씀하신다고 해서 그 시대 사람들이 이해할 수 있는 것도 아니고, 무엇보다 예수님의 목적은 의학의 발전을 통해 질병을 치료하는 것보다는 하나님의 뜻인 십자가를 통한 영혼 구원이기 때문이었을 것이라고 생각합니다.

기도를 통해 영적 능력으로 치료받는 것도 하나의 방법이지만, 의사의 진료와 처방으로 치료받지 않고 병이 더 깊어진다면 하나님이 주신 육체의 건강을 소홀히 하는 것과 다름이 없다고 생각합니다. 사도 바울도 양자인 디모데에게 "이제부터는 물만 마시지 말고 네 위장과 자주 나는 병을 위하여는 포도주를 조금씩 쓰라"(딤전 5:23)고 이야기했습니다. 그 시대에는 약이 거의 없었기 때문에 포도주가 약으로 사용되었습니다. 처방받은 약으로 치료받는 것은 하나님을 의지하지 않는 것이 아니며, 오히려 회복된 건강한 육체를 통해 하나님이 맡겨 주신 사명을 감당하는 사람이 되라는 의미일 것입니다.

4. 한 번 수면제를 먹으면 평생 먹어야 하는 것은 아닌가요?

불면증은 치료가 잘 안 되고 만성화된다는 불안이 있어서 그렇게 느껴질 수도 있습니다. 그러나 실제로는 단기간의 수면제 복용으로 비교적 별다른 부작용 없이 잘 치료됩니다. 염려하시는 부분은 수면제의 내성과 의존성 때문인 것 같습니다. 의존성이라는 것은 약물을 복용하다가 중지하게 되면 불안 증상 및 안절부절못하는 것 같은 금단 증상이 일어나 잠이 더 오지 않고 다시 수면제를 복용하게 만드는 것을 의미합니다. 내성이라는 것은 수면제를 장기 복용하게 되면서 처음에 기대한 효과를 얻기 위해 수면제의 양을 점점 늘려야 하는 것을 의미합니다.

치료자들도 이런 문제에 대처하기 위해 수면제의 복용 기간을 정하거나 수면이 복귀되면 수면제를 점점 줄여 나가는 방법 등을 사용하여 내성과 의존성을 줄이고 있습니다. 또한 인지행동치료나 광치료, 운동 요법 등과 같은 보조 치료를 같이 사용하면서 단기간의 약물 치료로 안전하게 불면증을 치료할 수 있습니다.

5. 수면제를 복용하면 인지 기능이 저하되어서 치매가 발생할 확률이 높아지는 것은 아닌가요?

수면제의 종류는 다양합니다. 벤조다이아제핀 계열의 수면제를 복용하게 되면 졸림, 운동 실조, 어지럼증, 약간의 인지 기능의 저하가 있어서 직장에서 업무 수행 기능이 저하되거나 졸음운전으로 이어질 수 있어 주의를 요하기도 합니다. 하지만 치매의 확률이 높아지려면 수면제의 양도 많아야 되고 복용하는 기간도 길어야 합니다.

오히려 불면증으로 인한 짧은 수면을 갖는 경우 주의력 저하와 단기 시각 기억력이 저하되고 향후 인지 기능에 영향을 미칠 수 있습니다. 그러므로 불면증 치료를 위한 일시적인 수면제의 복용은 치매와 연관성이 거의 없다고 봐도 무방합니다.

비벤조다이아제핀 계열의 졸피뎀의 경우는 부작용이 적고 수면의 질도 좋지만 수면 보행증이나 수면 관련 식이장애 등의 사건 수면 부작용이 있습니다. 언젠가 불면증으로 잠을 이루지 못하던 성도님에게 졸피뎀을 처방했는데 며칠 후 당황해하며 찾아오셨습니다. 졸피뎀을 먹고 잠이 든 후 자신도 모르게 새벽에 일어나 냉장고에서 음식을 꺼내서 먹고 다시 잤는데 전혀 기억이 나지 않는다는 것입니다. 일단 안심시켜 드리고 졸피뎀의 부작용인 수면 관련 식이장애임을 설명한 후 수면제의 종류를 바꾸자 괜찮아졌습니다.

부작용이 모두 생기는 것은 아니기 때문에 누구에게 생길지는 알 수 없습니다. 그러므로 수면제는 자신에게 맞는 약을 처방받아 복용하는 것이 필요하며 4주 이상 장기간 사용하는 것은 권고되지 않습니다. 만약 4주 이상 장기간 복용이 필요하다면 정신건강의학과 전문의와 충분히 의논해 볼 필요가 있습니다. 또한 매일 복용하는 것보다는 필요 시 간헐적으로 복용하는 것이 바람직합니다.

최근에 노인에게는 인지 기능의 저하와 근육 이완 효과가 없는 멜라토닌 지속형 방출제를 사용하기도 합니다. 멜라토닌은 송과체에서 분비되는 호르몬으로서 광주기를 감지하여 생체 일주기 리듬의 조절에 관여합니다. 낮에는 빛에 의해 분비가 억제되다가 저녁에 농도가 증가하여 수면을 유도하게 됩니다. 연령이 증가하면서 멜라토닌의 합성이 감소되고 멜라토닌 농도의 최고점이 낮아지는 경향이 있어서 이로 인해 일주기 리듬이 약화되고 불면 증상이 발생할 수 있습니다. 특히 노인에게는 생리적으로 부족해진 멜라토닌을 보충하는 것이 노인 불면증에 효과적일 수 있습니다. 그렇지만 멜라토닌 지속형 방출제는 잠들기 2시간 전에 복용해야 하고 3-4주 정도 지속적으로 복용을 해야 효과가 나타납니다.

✎ 6. 수면제를 복용하지 않고 치료할 수 없나요?

불면증의 치료는 약물 치료와 비약물 치료로 나뉘고, 그 효과는 동일하다고 합니다. 비약물학적 치료에는 인지행동치료와 보조 요법으로 광 치료 및 운동 요법이 있는데 그 효과가 약물 치료에 비해 늦게 나타나기 때문에 약물 치료와 병행하는 것이 좋습니다. 인지행동치료는 모든 수면장애 치료 임상진료지침에서 만성 불면증의 1차 치료로 권장되고 있습니다.

첫째, 수면 위생을 조절해야 합니다. 수면 환경은 어둡고 조용하고 시원하게 유지하는 것이 중요합니다. 또한 자기 전에 수면에 영향을 주는 카페인이나 니코틴, 알코올을 섭취하면 안 됩니다. 잠자기 3-4시간 전 심한 운동도 피해야 합니다. 또한 각성시킬 수 있는 활동들, 예를 들면 TV나 컴퓨터, 스크린 같은 밝은 빛에 노출되는 것은 일주기 리듬에 부정적인 영향을 주므로 피해야 합니다.

둘째, 자극 조절법으로 생활 습관을 바꾸어야 합니다. 조건화된 각성은 불면증을 일으킬 수 있는 핵심 요소 중 하나입니다. 만일 침대나 침실에서 각성이나 두려움, 불안, 상실에 대한 경험이 반복되면 오히려 침대가 수면보다는 각성을 일으키는 조건화된 자극이 되어 수면을 방해합니다. 그래서 침실은 잠을 자는 공간으로만 활용하고 수면을 방해하는 활동은 침실 밖에서 하도록 합니다.

수면과 관련된 잘못된 조건화를 건강한 수면 습관으로 바꾸는 행동 치료적 기법으로는 잠자리에서 잠자는 것 외에는 TV 시청, 업무와 관련된 행동, 인터넷이나 휴대폰 사용 등을 하지 않도록 하는 것입니다. 졸릴 때에만 자리에 눕도록 하고 잠이 오지 않으면 10-15분 후에 다시 일어나서 거실에 나가 책을 읽거나 음악을 듣습니다. 이 과정을 반복하며 잠자리는 잠을 자는 용도로만 사용하고, 매일 아침 정해진 시간에 일어나며, 잠에서 깬 후 10-15분 내 침대에서 나가야 합니다.

셋째, 수면 제한법입니다. 불면증 환자들이 수면 시간을 확보하기 위해 비정상적으로 노력하는 것을 환자의 실제 수면 시간을 고려하여 제한하는 방법입니다. 즉 수면의 효율을 높이면서 환자의 주관적인 증상이 개선되는 것을 확인하게 하는 것입니다. 수면 일기 또는 활동 기록계를 통해 환자의 수면 시간을 확인하고 환자의 수면 효율을 높이기 위해 목표 수면 시간 및 기상 시간을 결정하고, 총 침상 시간을 점진적으로 줄이거나 제한합니다.

목표 수면 효율이 85%에 이르기까지 총 침상 시간을 매주 15분 또는 30분씩 줄여 나가며 환자의 주간 증상(피곤함, 낮 졸림증, 활력 여부, 집중력)을 평가하여 수면 효율이 증가함에 따라 환자의 주관적인 증상이 개선되는지 여부를 본인이 확인하도록 돕는 방법입니다.

넷째, 이완 요법입니다. 복식 호흡이나 점진적 근육 이완법 같은 이완 훈련을 하며 잠을 잘 이룰 수 있도록 하는 기법입니다. 만성 불면증을 앓고 있는 환자의 경우 자율신경계 조절 기능 저하로 인해 긴장 상태가 동반되는 경우가 많기 때문에 신체적인 이완 훈련을 하는 것이 수면에 도움이 됩니다.

다섯째, 인지 치료입니다. 잠에 대한 잘못된 역기능적 사고들과 불면에 대한 자동화된 사고를 점검하고 교정하는 치료로, 수면에 대한 강박적인 집착, 파국화 사고, 일반화 등을 교정합니다. 예를 들면, '하루에 잠은 8시간 자야 한다'거나 '부족한 잠은 어떻게 해서든지 보충해야 한다'거나 '잠을 못 자면 건강을 해치거나 이튿날 생활을 망치게 될 것이다'라고 걱정해 잠을 영영 통제하지 못하게 될까 봐 걱정하는 것 등입니다. 인지 치료는 이런 잘못된 사고나 신념들을 조사해서 사실이 아님을 확인하게 합니다.

여섯째, 기타 보조 요법으로 광 치료와 운동 요법이 있습니다. 빛 자극은 외부 환경의 시간 정보를 제공하는 가장 중요한 '자이트게버'(zeitgeber)입니다. 자이트게버는 생체 시계에 영향을 주는 인자입니다. 우리 몸의 생체 시계는 24시간의 명암 주기에 맞추어 동조화된 리듬을 나타냅니다. 그래서 수면 리듬을 조절하는 데 도움을 줍니다. 현대인들은 실내에서 생활하는 시간이 길기 때문에 야외에서 햇빛에 노출되는 시간이 적습니다. 낮에 빛에 노출되는 시간이 길어지면 밤에 숙면을 취할 가능성이 높습니다. 광 치료는 인공조명으로 2,000-10,000럭스의 광을 이용하여 치료에 사용합니다. 규칙적인 운동도 외부 환경의 시간 정보를 생체로 제공하는 자이트게버의 역할을 하기 때문에 수면 향상성 강화 및 일주기 리듬의 안정에 도움이 됩니다. 그래서 낮에 적당량의 운동을 하는 것은 수면에 필수적입니다.

이상으로 불면증에 대한 이야기를 나누어 보았습니다. 목회자들을 대상으로 불면증에 대한 설문을 한 적이 있습니다. 불면증의 원인에 대해 보통은 과도한 스트레스나 걱정으로 인한 것이라는 대답이 많았습니다. 정신건강의학과 상담의 필요성에 대해서는 대부분 동의했지만, 정신적인 문제가 있다고 소문이 날까 봐 걱정하는 분도 있었습니다. 수면제를 처방받아 복용하는 것에 대해서는 믿음이나 기도의 부족으로 보지 않을까 하는 우려에도, 빠른 회복을 위해 수면제를 복용하겠다고 응답한 분들도 있었습니다. 수면제 복용에 대해서는 의존성과 뇌 기능 저하를 염려했고, 약물 외에 불면증을 치료하는 방법으로는 카페인 섭취를 줄이고 운동과 야외 활동이 도움이 될 것이라는 의견이 많았습니다.

성도들은 삶의 대부분의 문제들을 목회자들과 상의합니다. 이 책을 통해 적절한 상담과 치료가 이루어져 목회자들이 성도들의 불면의 밤을 하나님의 평안과 쉼으로 이끄는 데 도움이 되길 기대합니다.

불면 증상에 대해 수면제를 먹고 호전되는 것보다 기도와 믿음으로 치료받아야 진정한 신앙인인 것처럼 보일 수 있습니다. 우리는 보이지 않는 하나님을 믿고 있고, 그분의 사랑과 은혜를 느끼고 싶고, 그분의 능력을 확인하고 싶어 합니다. 하나님이 의학의 발전을 통해 인간에게 알려 주고자 하시는 것은 무엇일까요? 의학을 외면하라는 의미는 아닐 것입니다. 발전된 의학을 주셔서 병의 초기에 치료받을 수 있는 기회를 주신 하나님께 감사와 찬양이 돌려져야 할 것입니다. 믿음과 기도로 의학적 치료에 참여함으로 우리에게 더 큰 하나님의 사랑과 치유의 능력이 나타나리라 믿습니다.

기도

우리의 창조주가 되신 하나님, 감사합니다. 우리의 몸을 연약하게 만들어 항상 주님을 바라보게 하셨습니다. 우리가 일상에서 누리는 맑은 공기의 소중함을 미세먼지로 고통 중에 있을 때에야 비로소 알게 되듯이, 매일 습관처럼 반복되는 잠도 불면을 통해 하나님의 선물임을 깨달았습니다. 인생의 순례길을 가는 동안 우리는 때로는 마라에 머물러 있고, 때로는 엘림에 머물러 있습니다. 마라의 쓴물을 단물로 바꾸어 주시는 분도 하나님이심을 깨달아 알게 하시고, 우리의 발걸을 주께서 인도하심을 믿으며 평안 가운데 나아가게 하옵소서. 우리를 힘들게 하는 고통스런 불면의 밤들도, 또다시 꼬박 지새울까 두려운 불안한 밤들도 다 주님께 맡깁니다. 주님이 사랑하시는 자에게 잠을 주시길 기도합니다. 내 잠자리가 위로의 자리가 되고 내 침상이 수심을 푸는 자리가 되게 하옵소서. 예수 그리스도의 이름으로 기도드립니다. 아멘.

꼭 적용해 주세요

○ 잠들기에 좋은 상태로 수면 위생을 조절해 주세요.
○ 낮에 규칙적인 운동을 해 주세요.
○ 침실은 잠을 자는 공간으로만 활용해 주세요. 다른 일을 하려면 침실 외의 장소에서 해 주세요.
○ 잠자고 일어나는 시간을 규칙적으로 정해 주세요
○ 하나님께 모든 것을 맡기고 단잠을 주시길 기도하세요.

이렇게 하지 말아 주세요

○ 잠이 오지 않으면 너무 자려고 애쓰지 말아 주세요. 애를 쓸수록 더 잠들기 어렵습니다.
○ 밤에 잠을 못 잤다고 낮에 자려고 하지 말고, 자더라도 30분을 넘기지 마세요.
○ 카페인 음료는 피해 주세요.
○ 처방된 수면제를 너무 두려워하지 말고 의사의 지시에 따라 복용하되 장기간 복용하지 말아 주세요.
○ 불면증이 지속되는 것에 대해 자신의 믿음이 강하고 약한 정도를 판단하지 말고 여러 신체적인 원인들도 있다는 것을 기억해 주세요.

8장

내 머릿속의
지우개,
치매

_ 김성진

"내 머릿속의 지우개"는 2004년 개봉한 영화입니다. 손예진 씨와 정우성 씨가 주연으로 출연한 멜로 영화입니다. 두 사람의 리즈 시절 영화라서 화면이 참 예쁩니다. 게다가 OST가 좋아서 음악을 듣느라 스토리를 잊을 정도입니다. 간략한 줄거리를 소개하면 이렇습니다. 두 사람의 특별했던 만남과 달달한 연애 이야기, 결혼 과정의 어려움 등은 예상하는 정도입니다. 그런데 결혼 후 여자 주인공인 손예진 씨가 젊은 나이에 치매에 걸립니다. 가족들이 남편 정우성 씨를 위해 몰래 손예진 씨를 먼 요양 시설로 보내 헤어지지만, 결국 정우성 씨가 찾아내어 다시 재회하게 된 후 행복하게 여행을 떠나는 것으로 영화는 끝이 납니다.

손예진 씨가 기억을 점차 잃어 가면서 경험하는 슬픔, 두려움, 절망감과 미안함 등 다양한 감정의 흐름이 잘 나타나 있습니다. 남편을 바라보며 다른 남자의 이름을 부르는데, 남편이 이를 담담하게 받아 주는 장면은 가슴이 참 먹먹하더군요. 이 글을 준비하며 다시 한번 영화를 봤는데 예전과 달리 눈물을 참느라 혼났습니다. 치매를 소재로 참 예쁘게 만든 영화인 것 같습니다. 이 장에서는 '내 머릿속의 지우개, 치매'가 주연인 인지기능장애에 대해서 알아보겠습니다.

◑ 마음의 장소, 뇌

마음은 어디에 있을까요? 일반적으로 마음이란 감정, 생각, 의지, 기억 등을 담당하는 어떤 기능이라고 생각합니다. 성경에서도 마음은 참 많이 강조되어 잠언에서는 생명의 근원이 여기서 나온다고 했지요. 그런데 이때 마음이라고 사용된 영어 단어는 'heart'입니다. 아마도 성경에서도 마음은 심장에 있다고 생각했던 것 같습니다. 예전에는 보통 그렇게 생각했습니다. 어떤 감정이나 생각이 떠오르면 심장이 빨리 뛰고 두근거리는 경험을 모두 하니까 마음이 심장에 있다고 생각한 것이겠지요.

또 다른 의견으로, 위장에 마음이 있다고 생각한 분도 많았습니다. 왜냐하면 스트레스를 많이 받으면 소화 불량이 생기고 위장 장애를 많이 경험하다 보니 마음이 위장에 있는 것이 아니겠는가 생각한 것입니다. 그리고 특이하게도 횡격막에 마음이 있다고 생각한 적도 있었습니다. 조현병(정신분열병)의 영문이 'schizophrenia'인데, 단어 그대로 횡격막이 찢어져서 생긴 병이라고 했는데, 그 용어를 지금도 사용하고 있습니다.

해부학과 영상학을 포함한 의학이 발전하면서 이제 마음의 장소는 뇌라고 대체로 공감대가 형성된 것 같습니다. 뇌에 어떤 장애들이 생길 때 나타나는 증상들이 '마음의 기능'이라고 부르는 정서나 감정의 변화, 의지나 생각의 변화, 이로 인한 행동의 변화들을 주로 보이고 각 기능을 담당하는 뇌 영역들이 발견되면서 이제 마음의 장소는 뇌라는 데 이견이 없어 보입니다.

뇌는 어찌 보면 그리 특별한 장기는 아닙니다. 가장 단단한 뼈로 둘러싸여 잘 보호받고 있으면서, 생긴 것은 주름진 두부처럼 물컹합니다. 사이즈는 보통 1,500g 정도, 그러니까 보통 체중의 2% 정도로 굉장히 작습니다. 반면 전체 혈류의 20%를 사용할 정도로 에너지를 많이 사용합니다. 학창 시절 가만히 앉아서 공부만 했는데 배가 무척 고팠던 경험이 있을 텐데, 거짓말이 아니고 정말로 공부를 많이 하면 몸을 쓰는 것만큼이나 많은 에너지를 쓰고 있는 것이지요.

치매는 바로 이 특이한 조직인 뇌의 세포들이 노화나 질병으로 인해 손상이 되면서 마음이라고 부르는 기능에 문제가 생긴 질환입니다. 그러니 치매에서 나오는 대부분의 증상들은 바로 마음의 증상이라고 할 수도 있습니다. 이제 정말 치매에 대해서 알아봅시다.

 치매(Dementia)에
대하여

최근에 안타까운 신문 기사를 보았습니다. 치매에 걸린 어르신이 자신의 부인을 칼로 살해했다는 기사였습니다. 법정에서 어르신은 자신의 행동을 기억하지 못했고, 자녀들에게 엄마는 어디 있는지, 왜 자신이 여기에 있는지 등을 질문했다고 합니다. 평균 연령이 높아지고 치매 환자가 크게 늘면서 비슷한 사건들이 종종 벌어지고 있습니다. 치매에 대한 이해가 부족하고 치료가 늦어지면서 위험한 일들이 벌어지고 있습니다. 조기에 개입해서 치료했더라면 사건을 예방할 수 있었을 것입니다. 모든 질병이 마찬가지지만, 치매도 예방과 조기 발견, 그리고 조기 치료가 가장 중요합니다.

현재 한국은 고령화가 급속히 진행되고 있는데, 2025년이면 우리나라 인구의 20%가 65세 이상인 초고령사회가 된다고 합니다. 교회 성도들의 고령화는 이보다 훨씬 빨라 보입니다. 어르신들에게 가장 걱정되는 질병이 뭐냐고 물으면 단연 치매가 1등입니다. '두렵다'는 면을 다르게 표현해 보면 '잘 모른다'는 말입니다. 보통 잘 알고 있으면 두려움이 덜한데 치매 하면 보통 대소변도 가리지 못해 요양 병원에 있는 모습만 생각하니 걱정이 될 만합니다. 실제로 초기는 물론이고 중등도 이상의 치매인 분들 중에서도 시설이 아닌 가족과 함께 지내는 경우가 제법 많은데, 병원에서 긴밀하게 치료를 받고 있으면 충분히 가능합니다.

최근 규모가 좀 되는 교회들은 주간에 '노인대학' 프로그램을 많이 실행하고 있는 것 같습니다. 교회의 이런 프로그램은 교회 내뿐만 아니라 지역 사회의 어르신들에게도 좋은 기회라고 생각합니다. 사회 참여와 학습은 치매 예방에 도움이 되고 고립감을 감소시켜 우울증 예방에도 훌륭한 도구가 될 것입니다. 여기에 조기 발견해서 치료에 연계까지 할 수 있다면 교회가 성도들을 섬기고 지역 사회를 돌보는 좋은 프로그램이 될 것이라 기대해 봅니다.

치매의
진단

그럼 어떤 경우에 우리는 치매를 의심해 봐야 할까요? 가장 중요한 위험 요인은 나이입니다. 대표적인 치매 원인인 알츠하이머병의 경우 65세 10명 중 1명 정도가 질병 상태이고, 이후 5년마다 2배씩 유병률이 증가한다고 합니다. 65세 이상의 어르신이 점차 물건을 자주 잃어버리고, 최근 있었던 일을 자주 잊어버린다든지, 예전보다 짜증이 늘어 성격이 변한 것 같다면 치매를 생각해 봐야 합니다. 음식 맛이 변한다든지, 옷차림에 실수가 많아지는 것도 초기 증상일 수 있습니다. 어떤 치매는 꿈을 행동으로 옮겨 잠꼬대가 심해지고, 옆 사람을 때리는 모습을 보일 수 있다고 합니다.

이때 중요한 포인트 중 하나는 자신의 증상을 숨기기 위해 별 필요 없는 말들을 하거나, 익숙하고 잘하는 것에 대해 반복하면서 아는 척하고, 친한 척하는 모습이 늘어나는 것입니다. 특히 성도들은 성경과 찬송을 반복해서 익혔기 때문에 증상이 잘 숨겨질 수 있습니다. 과거의 기억은 아주 잘하기 때문에 보통 사람들은 전혀 치매를 알아채지 못할 가능성이 많습니다.

부모님이나 주변 어른들이 앞서의 변화를 보인다면 빨리 병원에 모셔서 검사를 받게 하는 것이 좋습니다. 기억 장애가 서서히 진행되기 때문에 가족들은 노화의 과정으로 생각하기 마련이지요. 또 우리 부모가 치매라고 생각하는 것은 고통스러운 일이기 때문에 병원에 가기를 꺼리는 경향도 있습니다. 이런 이유로 치매가 의심된다고 하더라도 병원 내원까지 상당한 시간이 걸리게 됩니다. 앞서 말했듯이 조기 검진이 굉장히 중요합니다.

기억 장애 초기에는 자신의 변화에 대해 부정하고 만회하려는 모습이 많습니다. 병원에 가자고 하면 화를 내며 고집부리는 수가 많지요. 이럴 때 처음부터 치매 검사를 받으러 가자고 하는 것은 좋지 않습니다. 정기적인 건강 검진 등을 권유하면서 인지 검사를 함께 받을 수 있도록 병원에 미리 부탁하는 지혜가 필요합니다.

실제로 치매 진찰을 받으려고 가면 다양한 면담과 신체적 진찰, 약물 복용력, 혈액 및 소변 검사와 영상 검사 등의 건강 검진을 반드시 실시합니다. 치매의 15% 정도는 가역적이기 때문입니다. 말이 어려운데, 치료를 받으면 회복이 가능한 치매라는 의미입니다. 완치가 가능한 치매를 빨리 찾아내는 것이 환자에게 아주 소중한 기회가 됩니다.

신체 검진과 함께 기억력 검사를 시행하게 되는데, 간단한 검사를 해 보고 이상이 있거나 더 정밀한 결과가 필요하면 신경인지검사를 시행하게 됩니다. 신경인지검사는 6가지 인지 영역별로 어떤 기능이 얼마나 떨어졌는지를 자세하게 평가하게 되는데, 1시간 정도의 시간이 듭니다. CT나 MRI 같은 영상 검사도 할 수 있는데, 꼭 알아야 할 점은 영상 검사 결과로는 치매 진단을 내릴 수 없다는 사실입니다. 그런데도 비싼데 왜 하느냐면 앞서 언급한 완치 가능한 치매를 알아내기 위한 것과 뇌의 용적 등의 물리적 변화를 보조적으로 알아보기 위해서 시행합니다.

치매의
경과

치매로 진단을 받게 되면 가족들이 가장 먼저 해야 할 일은 가족 회의입니다. 치매는 만성적이고 장기적인 질환입니다. 일반적으로 알츠하이머 치매는 증상 발현 이후 10-15년 정도 생존하는 것으로 알려져 있습니다. 긴 질병 기간 동안 전반적으로 신체는 멀쩡한데 다양한 신경정신과적인 문제들이 발생합니다. 이런 질병의 특성 때문에 보호자의 간병 부담이 많고 점차 더 증가하는 경향을 보입니다. 시간과 비용 측면에서 한 가족이 감당하기가 쉽지 않습니다.

최근 국가에서 치매국가책임제라는 정책을 시행하면서 부담을 덜고자 노력하고 있지만, 여전히 가족들의 부담이 큰 질환입니다. 가족 회의를 통해 간병 시간과 비용 분배를 논의해야 합니다. 치료비 통장을 마련하거나 간병을 담당하는 기간 등을 보호자들이 구체적으로 배분하는 것이 좋습니다. 치료진과 정확한 교감을 통해서 필요한 치료와 재활의 수준을 결정하고 이를 토대로 간병에 대한 부담을 분배하는 것이 필요합니다. 동시에 보건소의 치매안심센터에 치매 환자로 등록해 진료비 경감과 향후 간병에 필요한 정부의 지원에 대해 안내받는 것이 좋습니다. 제 외래 환자의 경우 보건소의 매일 오전 방문 간호를 통해 재활 치료와 일상생활에 도움을 받고 있으며 향후 혼자 지내기 힘들다고 평가되면 요양 병원에 입원하실 계획입니다.

치매로 진단받더라도 대부분 집에서 생활하는 것에 큰 불편은 없습니다. 초기 치매의 경우에는 집의 동선을 간결하게 하고 위치에 따른 설명을 간단히 적어 두어 인지 기능을 보조해 준다면 잠시 혼자 있을 수도 있으며 기본적인 활동이 가능할 수 있습니다. 읽기, 쓰기가 가능하다면 달력이 있는 수첩을 준비하여 기억 보조 장치로 활용하는 것도 좋은 방법입니다. 평소 좋아하는 찬송가를 듣거나 성경을 필사하는 것도 기억을 보존하고 정서를 안정시키는 좋은 방법이 됩니다.

그러나 중기 이후에는 실종, 화재, 사고 등의 위험이 있어 혼자 두는 것은 위험합니다. 가능한 가족이 함께 있도록 하고, 힘들 경우에는 보건소에 가정 방문 협조를 받아야 합니다. 치매안심센터를 통해 어르신의 지문 등록 사업에 참여하는 것도 실종을 막는 좋은 방법이 됩니다. 특히 중기 이후에는 '치매의 정신행동증상'(behavioral and psychological symptoms of dementia, BPSD)이 본격적으로 나타납니다. BPSD로 의심되는 증상이 나타나면 즉시 내원하여 적절한 투약을 받거나 심한 경우 입원 치료를 받아야 합니다.

BPSD는 환자나 보호자 모두에게 중요하기에 좀 더 자세한 설명이 필요할 것 같습니다. 기억력 감퇴 같은 인지 저하 외의 망상, 환청 같은 정신증적 증상, 불안, 초조 행동, 우울증, 불면 같은 증상을 말합니다. 환자가 밤에 잠을 자지 않고 계속 왔다 갔다 하면서 가족들이 자신의 돈을 다 훔쳐 간다고 의심하고, 심지어 화를 내면서 폭력까지 쓴다면 서로에게 얼마나 힘든 일이겠어요? 이럴 때는 정말 딴사람이 된 것 같아 귀신 들린 것은 아닌가 하는 생각이 들 정도입니다. '도둑이 들어 돈을 다 훔쳐 갔다', '나는 가난해졌다', '배우자가 심각한 외도를 하고 있다'는 망상이 흔하고, 이에 준하는 환청이나 환시 등도 나타날 수 있습니다. 이불이나 쓰레기를 뜯고 모으는 등의 이상 반복 행동도 생길 수 있습니다. 글로만 봐도 답답하지요?

이렇게 BPSD는 다양하고 심각한 증상들이 나타나 간병을 힘들게 만드는 원인이 됩니다. 방치하다가는 앞서 예를 든 경우처럼 비극적인 일들도 벌어집니다. 희망적인 것은 BPSD의 경우 인지 저하와 비교하면 약물 치료 효과가 빠르고 좋은 편이라는 점입니다. 적극적이고 빠른 대처가 필요한 이유입니다. 환자나 보호자 모두를 위해 적극적으로 정신건강의학과를 내원한다면 고통을 줄이고 간병 부담을 빨리 완화시킬 수 있습니다. 저의 외래에도 심각한 BPSD로 고생하시다가 투약하고 지금은 가족들과 편하게 지내시는 분들이 많습니다.

치매의 치료

치매에 있어 가장 기본이 되는 치료는 역시 약물입니다. 치매 치료라고 해서 완전히 원래의 기능으로 회복하는 것은 아닙니다만, 진행을 늦추고 질병 경과 중에 보이는 여러 가지 이상 행동이나 정서 문제에 대해서는 특히 약물 치료가 효과적이고 중요합니다.

우선, 치매의 기본 증상에 해당하는 기억력을 보호하는 약이 사용됩니다. 이 약은 기억력을 보조할 뿐 아니라 기억의 저하로 인해서 동반되는 망상이나 불안 등을 줄여 주는 효과도 기대할 수 있습니다. 앞서 설명한 대로, 치매에는 우울과 조증 같은 기분 증상은 물론 불안, 초조, 불면 등의 증상도 흔합니다. 심한 경우 망상과 환청까지 생긴다고 했습니다. 정신 질환의 모든 증상이 다 나타날 수 있다는 의미입니다. 그럴 경우 증상에 맞는 약들을 추가로 사용하게 됩니다. 불안이 심하면 항불안제, 우울이 심하면 항우울제, 문제 행동이 심하면 기분 조절제, 환청이나 망상이 심하면 항정신병 약물을 함께 사용합니다. 질병 초기에는 어르신이 챙겨 드실 수 있지만 조금 지나면 약 먹는 것조차 잊어버리는 수가 많아서 투약의 방법을 쉽고 간단하게 해야 합니다. 약통을 마련해서 날짜별로 투약을 하고 확인할 수 있도록 하면 좋고, 보호자들이 도와주는 것이 더 바람직합니다.

약물 치료 이외로 생각해 볼 수 있는 것들은 기억 보조를 돕는 여러 장치들을 사용하는 것입니다. 집 안의 동선을 간단하게 만드는 것이 좋습니다. 글을 읽을 수 있는 어르신들을 위해서는 집 안에 접착 메모지 등을 이용해 꼭 기억해야 할 사항들에 대해서 적어 두는 것이 좋습니다. 가능하다면 다이어리를 꼭 사용할 수 있도록 하여 날짜와 날씨 등에 대해 항상 기록하고 할 일, 그리고 하루 동안 있었던 일을 간단히 기록하는 것도 도움이 됩니다. 최근 기억부터 소실되므로 가장 최근의 가족사와 변화 등에 대해서 자주 기록하고 반복해서 읽도록 해 주세요. 가족 앨범과 손주 사진 등은 최신의 것으로 자주 보고 이야기하는 것이 좋습니다.

이런 장치와 활동들을 할 때 주의할 점은 가르치는 것처럼 잔소리하듯 하면 안 되고 함께 즐기는 방법으로 해야 한다는 것입니다. 어르신들은 기억이 사라지는 것을 잘 알지 못하기도 하고 인정하기 힘들기 때문에 자존심이 상할 수 있습니다. 함께 즐거운 활동을 하듯이 도와주는 것이 어르신들이 도움에 잘 따를 수 있도록 하는 방법입니다.

치매에 대해서 설명을 하다 보면 환자도, 보호자도, 설명을 하는 저 자신도 왠지 모를 답답함이 듭니다. 완치가 안 되는 만성 질환인 데다 주변에서 치매에 대해 하도 심한 이야기들을 들어서 어찌할 바를 모르기 때문인 것 같습니다. 치매는 완치되는 병은 아니지만 그렇다고 전혀 방법이 없는 질환은 아닙니다. 치료진을 믿고 정확한 소통과 재활을 한다면 적응이 가능하고 함께 살아갈 수 있는 질환입니다. 두려움 때문에 이 사람, 저 사람의 말에 휘둘리다 보면 서로의 고통만 커집니다. 내게 잘 맞는 치료진을 찾아서 서로 협동해 간다면 좋은 결과가 있을 것입니다.

치매 예방법

질병만 보면 절망하게 되니까, 이번에는 치매를 예방하기 위해 우리가 할 수 있는 방법들을 알아보겠습니다. 어려운 방법이 아니고 누구나 예상할 수 있는 것들입니다. 아는 것보다 실천이 중요합니다. 가족들이 함께 실천하면 가족 사랑도 커지고 치매 예방도 될 것입니다.

1. 공부

우리나라 어른들이 아이들에게 가장 많이 하는 잔소리가 뭘까요? 바로 "공부하라"는 것이겠지요. 치매를 예방하기 위해서도 마찬가지 잔소리가 필요합니다.

치매 예방 1번은 공부입니다. 치매의 가장 핵심 증상이 최근 기억력의 저하입니다. 쉽게 표현하면, 배움이 안 된다는 것이지요. 노화가 진행되면서 뇌세포들이 조금씩 기능이 떨어지고 죽게 되는데, 안 쓰면 더 잘 죽습니다. '우리 주인이 공부를 이제 안 하는구나. 내가 필요가 없겠구나' 하고 배움에 관련된 기억 세포들이 퇴화합니다. 게다가 새로운 것을 안 배우니 인생이 뻔하고 재미가 없어서 우울증도 옵니다.

연구에 따르면, 학력이 높고 평생 공부하는 습관을 가진 분들에게 치매의 발병이 늦다고 합니다. '저수지 이론'이라고 하는데, 평소에 많은 인지 보유고를 가지고 있으면 세포들이 조금 죽더라도 증상이 늦게 발현된다는 것입니다. 게다가 새로운 것을 배우는 재미가 있으니 우울증도 덜 걸리기에 일석이조입니다. 이 나이에 배워서 어디에 쓰냐고 묻는 분이 계십니다. 요즘은 백세 시대입니다. 우리는 생각보다 오래 살 것입니다. 항상 호기심을 가지고 배우는 분들이 치매가 덜 걸린다는 것을 잊지 마십시오.

이런 점에서 그리스도인들은 강점이 있습니다. 교회에서 항상 성경 보고 찬송하는 활동들이 모두 공부니까요. 성경 읽기, 성경 필사, 새로운 찬송 배우기 등은 좋은 치매 예방 활동이 될 수 있습니다.

2. 운동

두 번째 예방법도 너무나 뻔합니다. 바로 운동입니다. 가끔 인터넷을 보면 뇌 운동이 따로 있는 것처럼 광고하는 것을 보게 되는데, 사실과 다릅니다. 우리가 알고 있는 조깅, 자전거 타기, 수영 등의 활동이 뇌에게도 운동이 됩니다. 운동하면서 느껴지는 다양한 감각들과 신체의 변화, 운동 환경에 대한 인식과 판단 같은 모든 자극이 뇌에 운동이 됩니다. 운동 중에 나오는 여러 신경전달물질과 호르몬들이 뇌를 보호하고 새로운 신경망 연결을 촉진하기도 하지요.

운동을 하면 뇌로 가는 뇌의 혈류량이 많아져서 뇌 건강이 좋아지고 뇌 독성 물질이 제거됩니다. 심혈관계에도 좋은 영향을 주기 때문에 혈관성 치매(두 번째로 많은 치매의 원인입니다) 예방에도 도움이 됩니다. 특히 기상 후 밝은 햇빛을 쬐고 12시간 지나서 멜라토닌 분비가 되기 때문에 아침 운동은 수면에도 큰 도움을 줍니다. 심지어 젊을 때 많은 운동을 하면 인지 저하가 늦다는 연구도 있으니, 지금부터 바로 당장 가벼운 운동부터 시작하는 것이 좋습니다. 노년기에는 근육량이 떨어지므로 유산소 운동과 함께 근력 운동을 균형 있게 병행하면 더 좋습니다.

3. 균형 있는 영향 섭취

세 번째 중요한 예방법은 바로 균형 있는 영양 섭취입니다. 뇌는 보통 체중의 5% 미만임에도 불구하고 혈류의 20%를 차지할 정도로 엄청난 에너지 소비 기관입니다. 영양이 부족해지면 즉시 뇌는 심각한 타격을 입게 됩니다.

최근 조사에 따르면, 혼자 지내는 65세 이상 어른이 20%나 된답니다. 이때 문제가 되는 것이 바로 식사입니다. 입맛 당기는 것도 별로 없는데 혼자 요리해서 먹으려 하니 귀찮은 일입니다. 대충 밥과 국, 김치 정도로 드시는 경우가 많은데, 그렇다 보니 생각보다 영양 상태가 부족해지는 경우가 많습니다.

비만 어르신이 많은 까닭도 마찬가지입니다. 잘 살펴보면 칼로리는 과잉인 반면 고른 영양 섭취가 부족한 경우가 많습니다. 몸에는 칼로리뿐만 아니라 필수적인 영양소가 많이 필요합니다. 식사로 부족한 영양소는 영양제를 통해서 섭취해야 좋은데 비타민D, 오메가3, 종합비타민, 유산균 순으로 보충을 해 주는 것이 좋습니다. 그리고 "나는 자연인이다" 등과 같은 프로그램을 보고 육식에 대해 거부감을 갖는 경우가 있는데, 실제로 어른들의 근육을 유지하고 체력을 유지하기 위해서 적당한 육식 섭취는 반드시 필요하다는 점도 기억하세요.

4. 조기 검진과 약물 다이어트

조기 검진과 약물 다이어트가 필요합니다. 나이가 들면 건강에 문제가 많이 생기지요? 여러 병원 및 진료과를 다니면 먹는 약들이 많아집니다. 감기라도 걸리면 먹을 약이 훨씬 많아집니다. 제 외래 환자분은 하루에 다섯 번이나 투약을 한다고 해서 정리를 권유했습니다. 약 종류가 너무 많아지면 약물 상호 간의 간섭이 많아지고 뇌세포 기능을 저하시킬 수 있습니다. 그런데 병원에서는 필요하다고 주니까 안 먹을 수도 없지요. 어떤 약을 안 먹어도 되는 것인지 알 수가 없어 난감합니다.

제가 권유하는 것은 자신에게 맞는 개인 의원을 정하는 것입니다. 담당 선생님을 정해서 자신의 모든 상태에 대해 문의하는 것입니다. 필요하면 큰 병원으로 전원을 해 드릴 것이고, 꼭 필요한 약물 순서대로 정리를 도와줄 것입니다. 평소 상태를 잘 아니까 치매의 조기 발견에도 큰 도움이 될 것입니다. 치매도 다른 질병과 마찬가지로 조기 발견하면 예후가 훨씬 좋습니다. 내게 꼭 필요한 약만 복용하고 치매도 조기 발견하기에 좋은 일입니다. 자신만의 주치의를 찾는 일을 꼭 시도하시기 바랍니다.

5. 영성 추구하기

마지막으로 소개할 예방법은 '영성을 추구하는 것'입니다. 종교 자체가 치매의 유병률을 낮춘다는 보고는 아직 부족합니다. 그럼에도 종교 활동을 하거나 영성을 추구하는 것은 치매 예방에 도움이 됩니다.

노년기 우울증과 사회 활동의 감소는 그 자체로 알츠하이머의 위험 원인으로 알려져 있습니다. 또 가까운 분들의 질병과 죽음을 경험하는 것이 노년기에 큰 스트레스가 되지요. 혼자 고립되어 죽음에 대한 두려움으로 지내는 것은 그 자체로 우울증을 유발하고 치매의 가능성을 높입니다. 자신의 삶을 되돌아보고 나의 삶을 하나님의 관점에서 해석하고 인정하고 이해하는 것은 훌륭한 치매 예방 활동이 됩니다. 교회 활동은 이런 영적 관심을 촉진시키고 다양한 사회성을 유지할 수 있도록 돕는 좋은 장치가 될 수 있겠지요.

치매라는 질병에 대해 알아보고 예방책도 살펴보았습니다. 우리가 치매에 대해서 너무 막연한 두려움을 가지고 있는 것은 아닌가 합니다. 치매는 잘만 조절하면 우리와 함께 살아갈 수 있는 질병입니다. 제 환자분들 중에도 진료와 투약을 통해 혼자 또는 가족들과 함께 편안하게 잘 지내시는 분들이 많습니다.

그리스도인들은 이미 사랑으로 두려움을 내쫓은 자들입니다. 소망을 가지고 이웃들이 치매를 이길 수 있도록 도와야 합니다. 교회는 특별히 노인대학을 섬기시는 분들에게 치매에 대한 정확하고 정기적인 정보를 제공해 조기에 치매를 발견하고 관리할 수 있도록 도울 수 있습니다. 노인대학의 프로그램을 정부 차원의 복지와 연결할 수 있는 방법을 모색하는 것도 좋은 도구가 될 수 있겠습니다.

최근 우리 교회 목사님이 오랫동안 교회를 섬겨 오신 분들이 건강 문제로 교회를 떠나 쓸쓸이 소천하시는 것을 안타까워하셨습니다. 여력이 된다면 요양 시설이나 어르신 공동 주택을 마련하고 싶다는 이야기를 하셨는데, 정말 좋은 계획이라는 생각이 들었습니다. 사회나 교회나 구성원의 노령화가 지속되고 있어서 이웃 섬김 차원에서 노화와 치매에 대한 교회의 대비가 반드시 필요해 보입니다.

◐ 치매 돌봄에 대한 조언

평균 연령이 높아지다 보니 치매 어르신도 문제지만, 어르신을 돌보는 가족들의 문제가 최근 심각해지고 있습니다. 의학의 발전으로 치매 어르신의 생존 기간이 길어지다 보니 간병 가족들 역시 노인이 되고 있습니다. 말 그대로 노인이 노인을 간병하게 되는 것입니다. 80대 어르신을 간병하는 60대 자녀의 모습이 낯설지 않습니다. 그렇다 보니 치매 간병으로 인한 우울증 환자들이 문제가 되고 있습니다. 자녀들 챙기랴, 부모 챙기랴 중간에 낀 60세 전후의 가족들이 겪는 고통은 정말 심각합니다. 스스로를 돌볼 여력이 없어 결국 소진(born-out)으로 고생하다가 우울증으로 진행하는 경우도 제법 많습니다.

우리나라의 '효' 사상은 그 자체로 참 고귀하고 소중한 가치입니다. 우리가 잘 지켜 나가야 할 중요한 유산이지만, 효에 대한 기준 자체가 높고 과도해서 다양한 감정적 반응을 일으킵니다. 우선, 부모님이 치매 진단을 받는 것부터 벌써 보호자들은 죄책감이 듭니다. 뭔가 잘 챙겨 드리지 못하고 미리 보살펴 드리지 못해서 우리 부모님이 치매에 걸린 것 같아 괜히 죄송하고 미안한 생각으로 힘들어하지요. 간병에 대한 고민이 들다가도 그런 고민을 하는 자신이 또 뭔가 잘못하는 것 같아서 죄스럽습니다. 간병에 드는 비용을 헤아리는 것도 죄스럽고, 병원에 모시고 가는 것도, 병원에 입원시키는 것도 모두 죄짓는 기분이 듭니다.

모든 상황이 다 미안하고 죄스런 마음이 들다 보면 너무 무리를 하게 되는 경우가 생깁니다. 무리하게 혼자서만 감당하려 하고, 무리하게 병원에 데려가지 않으려 하지요. 한편으론 다른 가족들에게 너무 미안하지만, 그런 생각을 하는 자신이 불효자 같습니다. 지칠 때 언제까지 간병을 계속해야 하는지 생각하다 무력감이 들지만 그것 또한 죄책감을 일으킵니다. 계속 몸과 마음을 쓰다 보면 누구나 소진되기 마련입니다.

효는 중요하지만 전체 우리 삶의 차원에서 보면 일부일 수밖에 없습니다. 또한 타인에 대한 돌봄은 굉장한 에너지를 소모하는 행위입니다. 지속적인 돌봄을 제공하는 사람은 자신의 한계를 인정하는 것이 중요합니다. 앞서 진단이 되면 가족 회의를 먼저 하시라고 설명드렸습니다. 그것은 치매가 장기적인 돌봄이 필요한 질환이기 때문입니다. 비용, 간병 시간과 기간에 대한 분배를 구체적으로 논의해야 합니다. 그리고 언제든 간병을 담당하는 가족이 지칠 경우에 대한 대안을 꼭 마련해야 합니다. 정부에서 준비하고 있는 치매 돌봄서비스와 의료 기관을 이용하는 것도 중요한 대안으로 활용할 수 있어야 합니다.

요양 병원에 모시는 것에 대해서 죄책감을 심하게 가지는 가족들이 있습니다. 요양 병원의 서비스 수준이 초기에 비해서 많이 향상되고 있어 꼭 방문해서 상의해 필요한 경우에는 도움을 받는 것이 좋습니다. 앞서 설명한 이상 행동으로 인해 실종과 사고의 위험이 높고 폭력의 가능성이 많은 경우, 또 간병 가족의 소진 등이 보일 때 꼭 병원을 방문하도록 추천합니다.

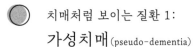

치매처럼 보이는 질환 1:
가성치매 (pseudo-dementia)

할머니 한 분이 따님과 함께 내원하셨습니다. 최근 깜빡깜빡하는 것이 심해져 치매가 아닌지 걱정이 돼서 검사하러 왔다고 하셨습니다. 표정 없는 굳은 얼굴에 약간 멍하고 대화에 반응이 조금 느린 모습이었습니다. 잠도 잘 못 잔다고 치매가 온 것 같다고 걱정하셨습니다. 여러 가지 질문에 대해서 약간 느릿하면서 성의 없어 보이는 불편감을 호소하셨습니다. 막연히 여러 곳이 아프고 소화도 잘 안되는 것 같다고 하셨습니다. 간단하게 인지 검사를 해 보니 실제 기억력은 좋은 편이었으나 집중력이 떨어져 보였습니다. 전형적인 가성치매의 예입니다.

자주 깜빡한다면서 걱정스럽게 오신 어르신들 중에 실제 치매가 아닌 분들이 종종 있습니다. 치매가 아니지만 기억력이 떨어진 것처럼 보이는 경우를 가짜 치매라고 해서 가성치매라고 부릅니다. 대부분의 경우 우울증인 경우가 많습니다. 우울증의 대표적 증상 중 하나가 집중력, 주의력 및 기억력 저하 등의 인지 저하거든요.

가성치매 어르신들의 특징은 자신이 치매는 아닌가 하는 것에 대한 걱정이 많다는 것입니다. 앞서 설명한 대로 진짜 치매 어르신들은 자신의 기억력이 좋다고 주장하면서 내원이나 검사가 필요 없다고 하시면서도 실제 검사하면 기억력이 좋다는 것을 보여 주기 위해 적극적으로 임하는 반면, 이분들은 병원 진료를 직접 원하여 내원하지만 실제 검사 때는 소극적이고 자주 모른다고 하시며 자신이 지금 문제가 심각하다고 호소하려 하십니다.

인지 검사 결과는 대부분 단기 기억보다는 집중력 저하 소견이 많고 다른 우울 증상이 동반된 경우가 많습니다. 노인성 우울증은 약물 치료가 효과가 좋기 때문에 치매가 아님을 알려 드리고 투약을 권유하면 잘 호전됩니다. 또 우울증의 원인이 영양이나 신체 건강 때문은 아닌지에 대한 검사를 병행하게 됩니다.

 치매처럼 보이는 질환 2:
섬망(delirium)

치매처럼 보이는 또 다른 대표적 질환은 섬망입니다. 가족 중에 심각한 질환으로 중환자실을 이용한 적이 있는 분들이라면 아마 한 번

쯤 들어 보았을 병명입니다. 저의 어머니도 심장 수술을 받고 중환자실에 지내신 적이 있습니다. 수술 후 깨어나신 어머니는 첫 방문한 저를 붙잡고 우시면서 아프지도 않은 사람을 왜 죽을 수술을 하게 했냐면서 저를 원망하셨습니다. 이유를 들어 보니 어젯밤에 저와 교수님이 같이 있는 것을 봤는데 당신이 죽을 거라고, 가망이 없다고 얘기하더랍니다. 그 이야기를 듣고 불안해서 잠을 못 잤다고 하시더군요. 그러니까 쉽게 표현하면, 어머니가 헛것을 보신 것입니다.

저는 어머니의 마음을 안심시키고 위로해 드렸습니다. 그리고 어머니가 어떤 문제로 어떤 치료를 받으셨고, 지금 여기는 어디인지, 시간은 어느 정도나 되었는지 설명하고, 돌보시는 치료진을 소개해 드렸습니다. 다행히 어머니는 하루 정도 지나서 섬망에서 벗어나셨고, 다시 밝은 모습으로 회복되셨습니다.

어머니의 경우처럼, 큰 수술이나 중한 질환으로 인해 건강이 심각하게 나쁜 상태에 빠지게 되면 갑자기 심한 치매가 온 것처럼 최근의 기억을 전혀 하지 못하고 엉뚱한 말을 하며, 심지어는 생생한 헛것을 보거나 들으면서 현실에 대한 지각을 못하게 됩니다. 때로 잠을 전혀 이루지 못하기도 하지요. 보호자들은 이런 경우 많이 당황하게 됩니다. 전혀 정신적인 문제가 없던 분인데 폐렴으로 입원하거나 수술을 한 이후에 갑작스럽게 딴사람이 된 것처럼 엉뚱한 말을 하거나 화를 내는 경우도 있기 때문입니다. 응급실에서 침대에서 계속 내려오려 하거나 수액을 뽑아 버리는 어르신들은 십중팔구 섬망일 것입니다. 혹시 의료 사고는 아닌지, 약을 잘못 써서 그런 것은 아닌지, 귀신 들린 것은 아닌지 별 생각을 다 하게 됩니다. 이럴 때 의사들은 섬망을 의심하고 정신건강의학과에 문의를 합니다.

섬망은 중증 질환이 있는 분들이 갑작스럽게 치매처럼 기억력이 떨어져 주변 환경에 대한 이해가 없고 이상 행동을 보일 때 진단할 수 있습니다. 섬망의 가능성으로 의뢰되는 환자는 대부분 이상 행동을 보이고 있어 약물 치료가 필요한 경우가 많습니다. 주로 목표가 되는 증상은 불면과 환각입니다. 야간에 수면을 취하지 못하고 나가려 하거나 치료에 협조가 되지 않고 심한 초조를 보입니다. 이때 환자는 생생한 환각을 동반하는 경우가 많은데, 혼잣말을 하거나 허공에 대고 상황에 맞지 않는 말을 하는 모습을 보입니다.

이런 환각은 환자에게 불안을 주는 경우가 많고 심하면 폭력적인 행동으로 발전해서 빠른 교정이 필요합니다. 주로 항정신증 약물로 불리는 약제를 사용하게 됩니다. 투약에 대한 반응은 빠르고 좋은 편입니다. 대부분 호전 후에는 섬망을 나쁜 꿈 등으로 모호하게 기억하지만 간혹 우울증이나 외상후스트레스증후군이 나타나기도 해서 조기 발견과 빠른 치료가 꼭 필요합니다. 가족들은 안경이나 보청기 등을 사용하여 감각 장애를 보조해 주어야 합니다. 달력이나 시계 등이 잘 보이도록 하고 가족사진이나 친숙한 물건 등을 이용하여 현재 상황을 파악하고 정서적인 안정을 가질 수 있도록 도와야 합니다.

● ● ●

요한복음 첫 장은 어려운 이야기로 시작합니다. 태초에 말씀이 계셨는데 그 말씀이 곧 하나님이시고, 그 말씀이 육신이 되어 우리 안에 거하시게 되었는데 그분이 바로 예수님이시라는 것입니다. 2000년 전 평범한 어부였던 요한이 쓴 글이라고는 믿어지지 않는 놀라운 표현입니다.

문학적인 표현이라고 생각한 '말씀이 육신이 되었다'는 것이 뇌에서는 실제로 일어나고 있습니다. 우리가 말씀을 듣게 되면 그것은 우리 귀를 통해 뇌로 전달되고, 기억이라는 형태로 저장이 됩니다. 그 기억은 영혼에 새겨지는 것이 아니고 바로 뇌세포의 변형이라고 하는 물리적 형태로 저장이 됩니다. 비물리적이고 비물질인 언어가 물리적 형체를 가진 물질로 환원이 되는 놀라운 일이 뇌에서 일어나고 있습니다. 성경과 뇌 과학에 숨은 이런 놀라운 신비에 깊은 경외감을 느끼게 됩니다. 날마다 순간마다 하나님을 친밀하게 경험하여 우리의 뇌가 복음의 뇌로, 말씀의 뇌로 변화되기를 기대해 봅니다.

기억은 육체와 함께 점차 쇠락해 갑니다. 정상적인 노화를 통해 기억의 소멸에 적응하며 살아가는 것은 참으로 복된 삶입니다. 하지만 안타깝게도 어떤 분들은 빠르게 병적으로 기억을 잃고 다양한 증상으로 고통받습니다. 우리는 그것이 인지 장애라고 배웠습니다. 정신건강의학과 의사인 저는 인지 장애를 최대한 정상적인 노화로 회복되도록 돕습니다. 이것이 저에게 큰 기쁨이 됩니다. 이런 소중한 일을 허락하신 하나님께 감사를 드립니다. 아무쪼록 많은 분이 이 글을 통해 인지 장애를 잘 이해하고 환자들을 도움의 길로 안내하는 데 작은 도움이 되었으면 좋겠습니다. 여러분의 성공적인 노화를 기원합니다.

실전 노트

기도

하나님 아버지, 감사합니다. 우리를 흙으로 빚으시고 당신의 생기를 주셨습니다. 흙으로 빚으신 우리의 육체와 생기로 주신 우리의 영혼이 당신의 형상 가운데 온전한 하나임을 또한 알게 하셨습니다. 하나 됨이라는 하나님의 형상을 우리 가운데 주심을 감사합니다. 그러나 죄로 인해 하나님의 형상, 즉 하나 됨이 깨어졌습니다. 우리의 육체는 영혼을 거스르고, 우리의 영혼은 육체를 상하게 합니다. 영원을 소망해야 할 우리가 제한된 삶을 살게 되었습니다. 우리에게 허락해 주신 노화에 잘 적응해 갈 수 있도록 하시고, 겸손과 지혜와 성실로 하나님의 사역을 감당케 하여 주옵소서. 노화로 인한 질환들이 우리를 위협하지만 의학을 허락하시어 함께 적응할 수 있는 치료들을 주셔서 참으로 감사합니다. 주신 은혜를 누리며 이웃들과 함께 행복한 노년을 보내게 축복하여 주시옵소서. 예수 그리스도의 이름으로 기도드립니다. 아멘.

꼭 적용해 주세요

○ 정기적인 건강 검진을 받으세요.
○ 65세 이상이 되면 기억력 검사를 받으세요.
○ 새로운 것을 공부하고 규칙적인 운동을 하세요.
○ 음식을 고르게 드시고 영양제를 잘 골라 드세요.
○ 보건소, 정신건강의학과, 요양 병원의 도움을 받으세요.

이렇게 하지 말아 주세요

○ 마음의 증상이 모두 스트레스 때문이라고 생각하지 마세요.
○ 노화를 부정하지 마세요.
○ 조기 진단, 조기 투약을 잊지 마세요.
○ 가족들은 치매 어르신을 돌보는 일로 소진하지 마세요.
○ 가족들은 병원 이용을 불효라 생각하지 마세요.

부족한 8명의 부산 기독정신건강의학과 전문의들을 통해 이 책을 쓰도록 인도하신 하나님께 감사와 영광을 올립니다. 하나님이 왜 연약한 우리를 통해서 작은 책 한 권을 쓰게 하셨는지 아직은 다 이해되지는 않는 것 같습니다. 분명한 것은 오병이어의 기적처럼 작은 것을 내어 드렸을 때 하나님이 하나님의 일을 이루신다는 사실입니다. 이 책을 통해 한 명의 영혼이라도 도움이 될 수 있다면 저희는 참으로 기뻐하고 감사할 것입니다.

정신건강의학과 의사들은 전공 분야의 특성상 사람의 마음을 다뤄야 합니다. 마음은 하나님이 임재하시는 장소이기도 해서 정신의학적 지식만으로는 다루기 어려울 수 있습니다. 마음을 창조하신 하나님을 배제한 상태로 마음을 들여다본다면 마음의 일부만 다룰 수 있을 것입니다. 정신의학을 기독교 관점으로 본다는 것이 언어도 다르고 접근도 달라 쉽지 않을 것이라 생각합니다.

많은 분이 "왜 꼭 정신의학을 성경적 관점으로 봐야 합니까?"라고 반문하기도 하십니다. 부분적으로 동의합니다. 하지만 저는 개인적으로 모든 피조 세계 안에 하나님의 임재와 하늘나라의 원리가 작동되어야 한다고 믿습니다. 정신의학도 예외는 아닌 것 같습니다. 진리와 은혜로 만들어진 사람을 해석하고 치료하는 데 진리와 은혜가 되신 하나님의 성경적 관점은 필수적인 것이지요.

정신의학의 본질 중 가장 중요한 것은 저는 '관계'라고 생각합니다. 부모와의 어린 시절 관계부터 자라면서 만나는 관계와 그로 인한 아픔과 기쁨, 나와 나 자신과의 관계로 인한 상처나 격려, 나와 세상과의 어려움과 즐거움 등 우리는 관계를 통해서 정신 병리가 만들어지기도, 치유되기도 하는 것 같습니다.

무엇보다도 관계의 핵심은 하나님과 우리의 관계이지요. 정신 병리도 에덴을 상실한 이후부터, 즉 하나님과의 관계가 단절된 이후부터 생겨났다고 생각합니다. 그래서 복음이 필요하고 말씀을 통한 정신 병리의 회복이 최종 목표라고 믿습니다. 물론 이 땅에서 정신 병리를 가지고 살아간다는 것은 무척이나 고통스럽고 어렵습니다. 그럼에도 복음과 사랑의 관계를 주셔서 우리의 마음을 위로하시고 회복하시는 주님이 계셔서 참으로 소망이 있다 생각합니다. 정신 병리의 회복을 넘어서 전인격적 구원에 이르도록 역사하시는 하나님 아버지로 인해 오늘도 기쁨으로 힘을 내는 것이지요.

때로 여전히 정신 병리로 인해 고통 가운데 평생을 살아가게 되기도 하지만, 그런 광야에서 하나님을 의지하고 산다면 100년의 삶을 다한 후 하나님 앞에 갔을 때 착하고 충성된 종이라 칭찬받을 수 있음을 믿습니다. 우리를 이 땅에서의 태어난 조건이나 외모로 판단하지 않으시고 중심으로 판단하시는 하나님을 찬양합니다. 정신병리가 여전히 있지만 완벽한 의인으로 불러 주시고 구원해 주신 참 좋으신 하나님 아버지가 계신 그 '영원'을 사모하는 우리가 되면 좋겠습니다.

바로 이 하나님 아버지를 힘입어 각자의 처소에서 최선을 다하시는 8명의 저자들이 오병이어를 하나님께 올려 드립니다. 많은 분이 보시기에 보잘것없는 작은 떡과 생선이지만, 그래서 이런 글을 독자들 앞에 보여 드리기가 송구스럽기도 하지만, 하나님이 이 작은 것을 축사하시어 많은 분을 먹이시길 믿음으로 기도합니다. 단순한 육적인 떡이 예수님을 통해서 영혼을 살리는 양식이 되었고, 그로 인해 많은 사람이 예수님을 알게 되었던 것처럼 그렇게 쓰임 받는 책이 되길 믿음으로 기도합니다. 저희들이 강해서도, 탁월해서도 아니라 연약해서, 부족해서 더더욱 하나님을 의지하는 마음입니다. 이 책을 통해 오직 하나님만 영광 받으시길 기도합니다.

글을 마무리하면서, 딱 하나 떠오르는 것은 감사입니다. 많은 분께 감사를 드리고 싶습니다. 먼저는 이 글을 위해서 기도해 주시고 애써 주신 대한기독정신과의사회 김도훈 회장님과 전체 회원들께 감사의 마음을 전합니다. 저희 부산지부에서 '마음여행'이라는 이름으로 사역을 시작할 때 지도해 주신 채정호 교수님께 큰 감사를 드립니다. 함께 고민하는 좋은 선배와 동료가 있다는 것은 큰 은혜이자 기쁨입니다. 도움을 주신 여러 목회자분들과 사랑하는 가족이 있어 감사드리고, 함께해 주시고 여러 모양으로 도와주신 모든 분께 감사의 마음을 전하고 싶습니다. 마지막으로 우리의 모든 것 되신 유일하신 참 하나님이신 아버지 하나님께 감사와 영광을 올려 드립니다.

김민철